[illegible] II

現代語で読む秘儀・呪法の根本史料

藤巻一保 著

戎光祥出版

現代語で誘《いざな》われる〝秘教〟世界

本書では、『秘教Ⅰ』で論じた諸秘教と深く関連している経典・口伝書・論書などの現代語訳を一冊にまとめている。『秘教Ⅰ』でも述べたとおり、秘教の中核はおおむね密教《みっきょう》を核心とする仏教におかれており、たとえば神道系の秘教においても、密教の教相《きょうそう》（教義理論面）や事相《じそう》（修法《すほう》・灌頂《かんじょう》などの実践面）で用いられる概念・用語によって説かれることが常なので、それらについては段を落としてやや詳しい注釈を付けている。

全体を通してみると、真言立川流《しんごんたちかわりゅう》に関係する文書が多い。直接的に立川流を論じたものは『受法《じゅほう》用心集《ようじんしゅう》』と『宝鏡鈔《ほうきょうしょう》』の二部だが、神道灌頂の秘伝書である『神祇灌頂私式次第《じんぎかんじょうしきしだい》』や、現世利益の異形神を勧請して行う盤法《ばんほう》（『秘教Ⅰ』第五章）と関連する『辰菩薩口伝《しんぼさつくでん》』（「如意宝珠王菩薩口決」「智証大師口決《ちしょうだいしくけつ》」「大師口決」）も広義の立川流に属している。このことは、訳者の関心がたんに立川流に集中していたためというより、中世以降の秘教の中心に〝立川流的〟な世界把握、〝立川流的〟な時代精神があったことを示すものだろうと、筆者は考えている。本書では紹介しきれなかったが、修《しゅ》験道《げんどう》にも、伊勢神道《いせしんとう》にも、あるいは密教とは遙かに遠いところにあるように見える浄土真宗《じょうどしんしゅう》の口伝法門にもその影がさしており、天台《てんだい》の玄旨帰命壇《げんしきみょうだん》もまた同様なのである。

本巻に収録した文書のうちの六点は『秘教全書』旧版に収載したものだが、全面的に見直しを行い、新たに三文書を増補した。底本はそれぞれの文書の冒頭に記してある。
収録した文書は、私自身が秘教を考察していくうえで必要と感じたものを、私案をさしこみながら原文・現代文まじりのノートにまとめてきたものがベースになっており、厳密な校訂などを行った上での翻訳ではない。そのため、訳者の拙い理解が原文の意味を損ねているのではないかという不安は、いまも拭えない。紙数の関係で原典まで収録することはできなかったが、内容に興味を持たれた方は、ぜひとも原典にあたっていただきたい。

令和四年正月

藤巻一保

目次

第七章　『辰菩薩口伝』

第八章　『天台灌頂玄旨』

第九章　『摩多羅神私考』

凡　例

編集部

一、本書は、著者の藤巻一保氏が、二〇〇七年に上梓した『増補改訂版　日本秘教全書』（学習研究社）を全面的に書き換え、新たに『秘教Ⅰ』『秘教Ⅱ』（全二冊）として刊行するものである。

二、『秘教Ⅰ』は「本文論篇」にあたる。また、『秘教Ⅱ』は「資料現代語訳篇」にあたるものである。本書では前著で一部にとどまっていた資料について全文を現代語訳し、さらに新たな資料を加え書き起こしたものである。

三、本書では、可能な限り原典に忠実な表記を用いた。そのため、漢字の表記は一部煩雑、かつさまざまな表記が混在しているが、あえて統一を避けた。

第一章　『簠簋抄』三国相伝簠簋金烏玉兎集の由来

解題

説話や芸能の世界で語り伝えられてきた晴明伝および『簠簋内伝金烏玉兎集《ほきないでんきんうぎょくとしゅう》』の由来譚などに関わる諸要素を紡ぎ合わせ、物語や説教、浄瑠璃、歌舞伎などを通して江戸時代に広く民間に浸透していくこととなる晴明物語の原型となったのが、ここに紹介する『簠簋抄』「三国相伝簠簋金烏玉兎集の由来」（以下「由来」）だ。

本書の成立に関して詳細な考証をおこなった渡辺守邦氏は、「由来」を「中世における安倍晴明説話の集大成」と位置づけている（『日本古典偽書叢刊』三巻「簠簋抄（序）」解題）。『簠簋抄』は『簠簋内伝』巻序に即した注解書だったと考えられるが、『簠簋内伝』には含まれない数々の話柄が付け加えられており、晴明を狐の子とする最も著名な「しのだ妻」伝説も、この「由来」が源流とされる。本書の成立にかかわる複雑な経緯については、渡辺氏の「『簠簋抄』以前——狐の子安倍の童子の物語」（『国文学研究資料館紀要』14号）、「『簠簋抄』以前・補注」（『説話論集』四）を参照していただきたい。

現代語訳に際しては、寛永六年九月菊屋勝太夫版を翻刻した渡辺氏の「由来」を用いた。ただし小見出し等は原文にはなく、すべて筆者が付した。カッコ内は筆者の注である。

1、秘書が天竺から大唐国に渡った由来

『文殊結集仏暦経』の由来

まず最初に、『文殊結集仏暦経《もんじゅけつじゅうぶつれききょう》』という書について述べておく。この書は、釈尊《しゃくそん》が『仏暦経』三千百巻に説かれた教説をまとめたという意味と、百六十巻に説かれた教説をまとめたという二つの意味がある。いずれにせよ、釈尊の教えを文殊菩薩が結集なさったものが『文殊結集仏暦経』だと心得べきものである。

その『仏暦経』が、どうして天竺《てんじく》から大唐《だいとう》に伝来したのかというと、大唐国雍洲城荊山《ようしゅうじょうけいざん》のふもとに、常人とは異なる出生の因縁をもった伯道上人《はくどうしょうにん》という仙人が住んでいた。伯道は、天地陰陽の究極の理《ことわり》については、いまだ知るところがなかった。そこでそれを極めようと思い立ち、小船を用意して大河を下って波間を進んでいくと、あるとき、浮木に乗ってやってくる童子と遭遇した。

「和尚はいずれから来られましたか」、童子が伯道にたずねた。伯道が、「私は天地の間に孕《はら》まれ、震檀国《しんたんこく》のかたわらに生をうけたが、いまだ天地陰陽の至理《しいり》をよく了解することができずにいる。それで何とかその秘密をつかもうと思い、こうして海上を旅しているのだ」と答えると、童子は浮木から

伯道の小船に乗り移り、船端を叩きながら、「小船を操って海を渡ることで天地の至理がたずねられるというのなら、鼈魚《べつぎょ》のはらわたを啜《すす》ったり、尾鰭《おびれ》を啜る漁師や船人も、ことごとく知者ということになりますね」とあざけった。

「いかにも童子のいわれるとおりだ。ならばあなたは天地の至理について研鑽を積まれているのですか」と伯道がたずねると、童子は、「天地の道理を知りたいと思うのなら、天竺の聖霊山《しょうりょうさん》に参られるがよろしい」と答えて虚空《こくら》に消えうせた。そこで伯道は、急ぎ恒河《こうが》のほとりに船を寄せ、棹を捨てると、ひたすら聖霊山に向けて進んでいった。すると、迎えの共命鳥《ぐみょうちょう》が飛んできたので、その背に乗ってほどなく聖霊山に着いたのであった。

聖霊山の様子は、言葉で表せないほどみごとだった。座席はどれも七宝や瑠璃といった宝石でできており、その座の四方にはあまたの菩薩が居並んで、そのさまは極楽浄土と変わるところがなかった。さらに目を凝らして中央に座す高貴な菩薩の尊容を拝すると、それは海上で出会ったかの童子であり、童子は（仏弟子中の知恵第一と称された）文珠菩薩その人だった。

伯道は、この文珠堂で天地陰陽の至理を記した秘書を、残らず文殊から相伝《そうでん》した。その後、ふたたび文殊から借り受けた共命鳥に乗って五天竺と須弥山《しゅみせん》世界を一時の間に経巡り、そのすべてをくまなく観察し了《お》えた。この功徳により、伯道は一気に羅漢果《らかんか》の境地に達し、無常無我《むじょうむが》の悟りを開いた。ゆえに伯道は、声聞《しょうもん》の聖者となったのである。

それから共命鳥に運ばれて荊山にもどり、その地で秘書を秘蔵していたが、やがて同書は大唐皇帝の御物に収まった。天竺で編まれた『文殊結集仏暦経』が大唐に伝来した由来は、おおよそ以上のとおりである。

2、遣唐使・吉備大臣と秘書の日本伝来の由来

安倍仲丸の霊鬼と吉備真備の入唐

次に、秘書が日本に伝来した由来を述べよう。

日本では仁王《にんのう》三十九代の天智《てんじ》天皇の御代から大唐に役人や貢ぎの金銭を遣わしており、天智天皇から数えて五十五年目には、年少の安倍《あべの》仲丸（仲麻呂《なかまろ》）が遣唐使《けんとうし》として唐に渡った。第四十四代元正《げんしょう》天皇の御代、大唐では第十代の梁《りょう》の武帝《ぶてい》が帝位にあった時代である。

この武帝は日本に対して疑心を抱き、「日本は小国で短慮の者の国である。いつまでも唐に従う気はないからこそ、わずかばかり貢ぎの金銭でお茶を濁しているのだ」と家臣に告げて、遣唐使の仲丸を責め殺させた。けれども仲丸は機略に優れた男だったので、死後、赤鬼《せっき》と化して大唐国を走り回り、夕暮れともなれば災いを振り撒いた。そのため唐人たちは、午後四時になると家にひきこもった。こ

うして仲丸の赤鬼は本朝への帰国がかなわないまま、唐にとどまったのである。

さて、そうこうしている間に、今度は吉備大臣《きびのおとど》（吉備真備《まきび》）が遣唐使に任命された。真備を乗せた船は、数度の渡唐を試みた後、丁巳《ひのとみ》の年にようやく大唐国に到着した。当時の唐帝も梁の武帝で、日本もまだ元正天皇の御代であった。そのため武帝は、仲丸同様、吉備大臣の殺害を命じた。大国大唐の法義にのっとって使者の知恵をはかり、知恵が不足しているなら殺してしまおうというのである。

「わが大唐国には、軍略にも応用される囲碁というものがある。これはいまだ日本には伝えていない。使者に囲碁を打たせてその知力を試させよ」と武帝は命じた。何も知らない吉備大臣は、宿舎で床に伏した。するとその枕頭に仲丸の赤鬼が立ち、吉備にこう告げた。

「この私を何者だと思いますか。私は先に遣唐使として遣わされた安倍仲丸です。あなたも私のように殺してしまおうとて、殿上《てんじょう》であなたに囲碁を打たせるはかりごとが巡らされているのです。すでに皇帝は、明朝、あなたの相手をさせるために、大唐国の囲碁の名人と呼ばれる憲当《けんとう》という者を召し出しており、憲当は明日の勝負のために、今宵、妻と二人で模擬戦をおこなっています。これから私とともに憲当の部屋に行き、その手筋を見てまいりましょう」

夢うつつのままに、吉備大臣は赤鬼のたもとに触れた。と思うやいなや、二人は宮殿に到着していた。見ると憲当らは、金玉《きんぎょく》の碁石を握り、瑠璃の碁盤に向かって碁を打っている。四方に蠟燭を立てて一心に碁を打っているさまは、言葉にできないほどの凄まじさがあった。夫婦は黙々と三番続けて碁を打った。吉備はその三番の手筋をしっかりと脳裏に刻みこみ、もとの宿舎にもどった。

明けて翌朝、吉備は皇帝のお召しによって殿上に参内《さんだい》した。案の定、武帝は吉備に憲当と碁を打つよう命じた。憲当は昨夜と同じ戦法で吉備に臨んだが、その手筋の一切を夢うつつの中で観察していた吉備は、三番とも打ち勝った。そのため武帝も、これでは吉備を殺すことはできないと思い、今日はもうもどってよいと声をかけた。そこで吉備は、宿舎に帰ったのであった。

『文選』と『邪馬台詩』の試問

囲碁で吉備を殺すことに失敗した武帝は、次の策を指示した。

「吉備はわが子昭明太子《しょうめいたいし》が作った『文選《もんぜん》』については、まだ何も知らないだろう。次はこの文選をやつに読ませよう。もし読めなければ殺してしまえ」と家臣に命じたのであった。

ところがその夜、またしても仲丸の赤鬼が吉備の夢枕に立ち、「武帝は毎晩、『文選』を読むことを日課としております。私の背に乗って王宮に行き、武帝の読みようをしっかり聞き覚えてください」と言って武帝のもとに運んだ。そこで吉備は、読み方をしっかりと聞き覚えて宿舎にもどった。

後日、武帝がまた吉備を召し出し、「これを読め」といって第二の試問である『文選』を示した。そこには、「流水早く落ち、飛鳥《ひちょう》速《すみ》やかに去る」などの文句があったが、吉備はすらすらとそれを読み切った。そのため武帝は、またしても吉備を殺す機会を逸したのであった。

そこで武帝は、第三の試問として、大国の儒者として知られた宝誌《ほうじ》和尚が新たに作った文篇を吉備に読ませようと考えた。その文篇は『野馬台詩《やばだいし》』と題された扶桑国《ふそうこく》の讖文未来記《しんもんみらいき》（東方日本に関する一種の予言書）で、五言十二韻を踏み、文を構成する百二十の文字は不規則に入り乱れて、読解は困難を極めた。そのため、武帝はもちろんのこと、王宮に召し出されて文篇を読むよう命じられた唐国の儒者のだれ一人として、判読することができなかったという、いわくつきの代物であった。

これなら使者を殺すことができようと武帝はほくそ笑み、「明朝、この詩を使者に読ませるようにせよ」と命じた。試問を前に、ふたたびかの赤鬼が吉備の枕頭に立ち、右の様子を吉備に告げた後、「私もあなたの命替わりになりたいと陰からお助けしてきたが、不智の自分では、とても宝誌和尚の知恵にはかないません。かくなる上は、神国日本の仏神、三宝《さんぼう》の冥助《みょうじょ》にすがって失命を免れるよりほかに手だてはないでしょう」と助言して虚空に消え去った。

夢中に仲丸の言を聞いた吉備は驚愕した。これまで助けてくれた仲丸もお手上げとあれば、明日、自分が殺されることは万が一にも間違いない。かくなる上は、仲丸の教えに従うよりほかに助かる道はないと床からはね起きた吉備は、ただちに東方日本の方位に向かい、「日本は神国なり。天神《あまつかみ》七代、地神《くにつかみ》五代、上は宇宙の頂点である有頂天から、下は須弥山世界の最底辺である金輪際《こんりんざい》の底獄に至るまでの仏神三宝よ、どうかこのたびの害から免れますようご加護をお願いいたします」と地に額をこすりつけ、一心不乱に祈念を凝らした。

わけても熱烈に祈ったのは、若年のころから厚く信仰していた大和国長谷寺《はせでら》の観世音菩薩だった。「南無大慈大悲《なむだいじだいひ》の観世音菩薩よ、なにとぞこんどの試問で私が他国で命を落とすことを遁《のが》れさせたまえ」と祈りに祈っているうちに、いつの間にか眠りに落ちた。すると夢に香衣《こうえ》をまとった老僧が、枕神《まくらがみ》となって立ち現れた。「われを何者と思うや。われは日本国長谷寺の観音であるぞ。そなたは禁中において『野馬台詩』を読むよう命じられるが、文字が乱雑に入り乱れているため、どこからどう読んでいいか皆目わからなくなるであろう。けれども落胆には及ばない。明日は朝日に向かって詩篇を開いておれ。われは蜘蛛となって最初に読むべき文字の上に落ち、順次、糸をはいて次に読むべき文字を示すであろう。そなたはその糸に従って読めばよい」と告げて消えうせた。

夢から覚めた吉備は、さらに心をこめて観音に祈念しているうちに、早くも夜が明けた。すると、案の定、禁中からお召しがかかり、『野馬台詩』を読むよう命じられた。

霊夢の教えのままに、吉備は朝日に向かって文篇を開いた。すると、どこからか蜘蛛がやってきて詩の「東」の文字の上に落ち、糸を曳いた。東から始めて、昨夜の観音の教えのとおりに蜘蛛の糸をたどっていくと、一文字として読み飛ばすことなく読み通せることがわかった。

そこでその後、武帝の面前で読む段になったが、吉備は何のとどこおりもなく、すらすらと通読し了えた。これを見た武帝は、「この男は天下無双の知恵者だ。かほどの知者を殺すのは、あまりにもったいない」といって、その命を奪うことを中止したのであった。

吉備大臣、七宝を得て帰朝する

三つの試問を終えたあと、ついに武帝は吉備を自らの師として迎えることにした。そこで吉備は、三年の間、武帝に仕えた。そうして三年が過ぎたある日、武帝から、「吉備が渡海してから長い月日が経った。もう日本に帰してやろう」との綸言《りんげん》があった。

帰朝に際し、武帝は吉備に七つの宝物を与えた。その宝物とは、一は七帝の政《せい》、二は伯道から伝えられた『簠簋内伝金烏玉兎集』（文殊結集仏暦経）、三は野馬台詩、四は囲碁、五は金鶏、六は日本領、七は火鼠《かそ》と伝えられる。

この七つの宝を積みこみ、吉備は大船に乗って帰国の途についた。ところがそのとき、「吉備大臣は天下無双の知者にして、その寿命は十八歳」という声が天から響き、武帝の耳に達した。「吉備は十六歳で入唐《にっとう》し、三年間、滞在したから、当年で十八になる。大事な知者の寿命がここで尽きてしまうのはあまりに惜しい」、武帝はこう仰せになって、ただちに使いの橋舟を走らせ、吉備の乗った船を呼びもどした。その上で七帝の政を執りおこない、さらに一千人の僧侶を召し出して、万部の『法華経』を読誦《どくじゅ》せしめた。

加えて、陰陽道《おんみょうどう》の秘法である生活続命《しょうかつぞくみょう》の法をおこなわしめたところ、今度は地から、「吉備大臣は天下無双の知者にして、その寿命は八十歳」と言い返す声が響いてきた。これにより、吉備の寿命は天の呼びかけた「十八歳」から、地が呼び返した「八十歳」へと置き換えられた。こうして吉備はまた大船に乗り、無事、日本に帰りついたのであった。

3、仲丸の子孫への『簠簋内伝』の伝授

真備が『簠簋内伝』を仲丸の子孫に渡す

吉備大臣は、帰国の際、武帝から日本領を授けられていたので、日本国王を称することもできた。けれども、忠孝の仁心に厚かった吉備は、聖武《しょうむ》天皇を王と仰ぎ、みずからは臣下の地位に甘んじた。そうしてついに八十の歳《よわい》を迎えたころ、吉備はこう考えた。

「ここまで生きながらえて、ようよう八十の歳を迎えたが、わが寿命も必ず当年で尽きることであろう。これまでの命は安倍仲丸からもらったようなものだ。大唐国の武帝から授かった『金烏玉兎集』は今の代《よ》には広めず、仲丸の子孫に譲って安倍家相伝《そうでん》としたいものだ」

そんなことを考えていたところ、仲丸の子孫が関東の常陸国の筑波嶺《つくばね》のふもとの吉生《よしう》というところに住んでいるという話を耳にした。また、真壁《まかべ》の猫嶋《ねこしま》というところともいう。

そこで吉備は関東に向かい、ようやく吉生の近くまでたどりついて、筑波根のふもとで休んでいると、奇妙な光景を目にした。その村には六、七歳になる少年が十二、三人いた。彼らの遊ぶ様子を見て

いると、空から天蓋《てんがい》が下ってきて、中の一人の少年を覆った。不思議なこともあるものと、吉備はそのあたりの老人にたずねてみた。「あの子こそ、先に入唐した仲丸の子孫でございます」――老人がこう答えたので、吉備はそのまま少年の家をたずねて行き、『簠簋内伝』を譲り渡した。ただし、相手が年端のゆかぬ子どもだったため、秘書を実際に活用するための秘法を相伝することはできず、ただ正本のみを渡したのであった。

以上が、吉備から安倍の先祖までの伝来の由来である。

龍宮で宝を授かり、烏の言葉を聞き分ける

吉備から秘書を譲り受けたかの童子も、世の常の人とは異なる出生の因縁を持った者（「化来《けらい》ノ人」）だった。そこで、長じてのちに鹿嶋明神《かしまみょうじん》への百日の参籠《さんろう》を自らに課し、また、「いかなる生き物であれ、それが死ぬところの姿を見ることは決していたしません」と明神に誓いを立てた。

ところが参籠の九十九日目に、子どもらが多数集まって小さな蛇を殺そうと引き回しているところに出くわした。死相は見ないとの誓いを立てていた安倍童子は、子どもらに金子《きんす》を与えて小蛇を解き放った。その功徳のゆえに、百日参籠の満願《まんがん》の日、鹿嶋の宮に美しい女性が示現《じげん》し、「わたくしは昨日の蛇で、龍宮《りゅうぐう》の弟女《おとめ》がほんとうの姿でございます。お礼を述べたく思いますから、どうか龍宮においでください」と告げたのである。

安倍童子が参詣させていただきますと答えると、使いの弟女は、「龍宮には大切な宝として四寸（約十三センチ）の石の匣《はこ》がございます。たとえ千金が手に入るとしても、この石匣だけは手に入るものではありません。あなたはこの石匣をいただきたいと申し出るのですよ」と安倍童子に教えた。

ほどなく、童子らは龍宮に着いた。王宮では、龍宮の王がこう仰《おお》せになった。

「昨日、わが一人娘の弟女をお助けくださったことは、いかなる言葉をもってしても感謝しきれるものではない。千金をもって礼を述べさせていただこう」

けれども童子は、千金の謝礼を断った。そうして、「龍宮には四寸の石匣があるそうですが、私はそれを賜りたいと存じます」と願い出た。「これはまた不思議な望みだ。まあよい。授けてやろう」といって、龍宮王は童子に石匣を授けた。

やがて安倍童子が人間世界にもどろうと暇乞《いとまご》いをしたところ、龍宮王は童子の耳に「烏薬《うやく》」という薬を塗りつけてくれた。ほどなく童子は鹿嶋の宮にもどったが、烏薬のおかげでいかなる鳥のさえずりでも、その話の内容が理解できるようになっていた。

龍宮からもどった童子が、そのままなんとなく鹿嶋神宮の拝殿の前に座っていると、東と西から烏が二羽飛んできてお宮の上にとまり、こんな会話をかわしあった。

「おまえはどこの烏だね」

「おれは都（京都）の烏だ。おまえはどこの烏だ」

「おれは関東の烏だ。ところで都では、何か変わったことがあったか」

「都では近ごろ天皇様がご病気で大変なことだぞ」

「そりゃまたどうしたわけで」

「去年、御寝殿《しんでん》を造営されたおり、丑寅《うしとら》（東北＝鬼門）の柱の礎石を据えるときに、蛙と蛇を生き埋めにしちまったのさ。蛇は蛙を飲みこもうとするし、蛙は飲まれまいとして戦う。その執念の炎が御寝殿の上に立ち昇って、真上でお寝《やす》みの天皇様がご病気というわけだ」

安倍童子が聞いていると、さらに西の烏がこうさえずった。

「柱の礎石を掘り起こして蛙と蛇を取り出したら、帝《みかど》のご病気はたちまち癒えるのだがなぁ」

これを聞いた安倍童子はただちに都にのぼり、「天下無双の博士《はくじ》」の立看板をあげた。

安倍童子、天皇の病を癒す

やがてこの看板のことが、天皇の臣下の一人である大臣の耳に入った。

大臣は、大きな車櫃《くるまびつ》にたくさんの蝮《まむし》を入れたものを用意し、かの博士を呼び出して車櫃の中身を占うようにと命じた。このとき、またしても童子の耳に、鹿嶋のときと同じように、櫃の中身についてさえずる烏の声が聞こえてきた。

そこで童子は、占うそぶりを見せてから、「櫃の中には蝮がございます」と、詳細に占いの結果を申し上げた。周囲で見ていた人々は口々に「不思議なことよ」と言い立て、割れんばかりに手を拍《う》った。さっそく大臣や公卿《くぎょう》ら殿上人《てんじょうびと》が集まって相談し、童子に天皇の病気の原因を占うよう申しつけた。もとより童子は、鹿嶋で烏のさえずりを聞いて、病気の原因も解決法も知っている。そこで、何をどうすべきか詳しく言上《ごんじょう》した。臣下たちは、博士の言うとおりに御寝殿の丑寅の礎石の下を掘り起こした。すると、言葉どおりに蛙と蛇が出てきたので取り除くと、天皇の病気がややおさまってくる気色《きしょく》が見えた。

そこで博士に対し、さらに丹精こめて祈禱をするようにとの綸言が下った。博士は全身全霊をこめて種々の祈禱をおこない、公卿・大臣らも御悩平癒《ごのうへいゆ》の助けになるような善政をさまざまに布《し》いたので、それらの験《しるし》が現れて、ついに天皇の病気は平癒した。

その後、博士は宮中に召された。ちょうど清明《せいめい》の節気《せっき》の時期だったので、博士は天皇から清明（晴明）の名を賜った。清明とは三月節の名である（「由来」では晴明の名に清明の文字を使っているが、以下の訳では本来の晴明で表記を統一した）。またこのとき、「これほど優れた博士はほかにはおらぬ」との綸言があり、童子は自称の博士から天皇勅許《ちょっきょ》の博士となった。また、ただちに四位《しい》を授かり、縫殿頭《ぬいどののかみ》に任ぜられて、以後、縫殿頭と号するに至ったのであった。

4、安倍晴明の出生と道満との出会い

葛葉伝説

仲丸の子孫の安倍童子は龍宮に詣でたほどの不思議な因縁を持つ出自の者なので、子々孫々、晴明を名乗って、さまざまな片田舎の国で暮らしてきた。その末孫《ばっそん》が、仁王《にんのう》七十四代の鳥羽院《とばいん》の時代から、比叡山の坂本に住みつくようになった。彼の生国《しょうごく》は筑波嶺《つくばね》の猫嶋とも伝えられているが、権化再来《ごんげさいらい》の人は、いずれも生国が定まらないものである。

さて、その末孫の晴明の母というのが、これまた化来《けらい》のものであった。彼女は諸国を巡りあるく遊女となって遍歴した末、猫嶋に住むある男のもとに三年間とどまり、その間に今の晴明を生んだ。その後、童子が三歳の暮れ、

「恋しくば　尋ね来て見よ　和泉《いずみ》なる　しのだの森の　うらみ葛《くず》の葉」

という和歌を一首書き残して、かき消すように姿を隠した。

そこで長じてのち、猫嶋から都に出た晴明は、まず母の詠《よ》み置いた歌の意味をたずねたいと思い、和泉国は信田《しのだ》の森に入った。森の中には神社があった。社前に伏して、どうか母の様子をお知らせく

ださいと祈っていると、一匹の年経た狐が現れ、「われこそは汝が母なり」と告げて消えた。これぞ信田の明神であった。

このように、晴明は信田明神の子として生をうけた者である。それゆえ彼には博士としての生まれながらの天来の知（自然智《じねんち》）が備わっているのであり、その名を天下に馳《は》せることができたのである。

晴明と道満の方術合戦

晴明が比叡山の坂本に居住して、博士としての名声を天下に鳴り響かせていたころ、薩摩の国に道《どう》満《まん》という術者がいた。この道満が晴明の名声を聞きつけ、晴明と知恵を競おうと思い立って都にのぼってきた。一方、晴明は自分の身辺に起こる出来事を毎日占っていたから、二十日よりさらに前から、道満という者が知恵比べのために上京してくることを察知し、人々にその旨を告げていた。

ほどなく薩摩から道満が都にやってきた。道満が坂本の市《いち》の住人に晴明のうわさをたずねると、二十日以上も前から西国《さいごく》より道満の来ることを知って待っているという。こう聞かされては、道満も心中穏やかではいられない。ならばと、大柑子《おおこうじ》（夏ミカン）を加持《かじ》して家来の家臣や中間《ちゅうげん》に変化《へんげ》させ、木の枝を加持してつくりだした太刀や長刀《なぎなた》などを帯びさせてお供とした上で、道満自身は破れ笠にぼろ蓑という異形の風体で晴明の家をたずねていった。

「さても奇特なご上洛でございます」——出迎えた晴明は、こう言ってただちに道満を家に招き入れ、種々談論した。その談論の中で、道満は自身の上洛の理由を説明して、「私がこうして都にのぼってきたのは、他に子細があってのことではございません。ただ、あなたと知恵比べをしたいというためだけにやってきたのです」と述べた。

「いかにもそのとおりでしょう。よろしい、お相手いたしましょう」と、晴明が受けて立つと、道満が、重ねてこう申し出た。

「お受けいただいたからには、白黒は内裏《だいり》の白州《しらす》の場でつけていただきたい」

「それがよい。ならば帝にそのよしを奏聞《そうもん》いたしましょう」

「どうかよしなに」

こうして話が決まったので、天皇におうかがいをたてたところ、「そのように」とのお言葉が下《くだ》しおかれたので、二人はそろって参内《さんだい》した。

さて、二人が内裏で待機していると、大きな柑子を十六個入れ、鎮《おもし》をかけていかにも重そうに見せかけた長持が、奥から運ばれてきた。晴明と道満は、戦いで負けた者は、何があろうとも勝った者の弟子になることを誓いあった。

やがて天皇から、「占い申せ」とのお言葉がかかった。まず晴明が、式盤《ちょくばん》を用いて占い始めた。ところがいつまでも盤を操作したままで、なかなか答えを出さない。そこで先に進み出ていた道満に、「先に占い申せ」とのお言葉がかかった。「中は大柑子十六個でございます」と、ただちに占った道満が答えた。

この道満の答えを聞くや、晴明は、すぐさま術をもって大柑子十六個を鼠十六匹に加持し変えた。それから、「長持の中身は鼠十六匹でございます」と答えたのである。

そのとき内裏に居並んでいた殿上人たちは、中身が大柑子十六個だということを知っていたので、道満が的中して晴明が外《はず》したと思い、長持の蓋を取らなかった。道満はただちに開けるようにと迫り、晴明も同じく促した。そこで蓋を開けたところ、鼠が十六匹、長持から踊り出し、四方八方に飛び散った。大柑子はただの一個も見いだせなかった。

天皇はじめ殿上人たちは、「晴明の知恵方術《ほうじゅつ》のなんと広大にして不思議なことよ」と口をそろえて感嘆した。以来、約束どおり、道満は晴明の弟子となり、叡山の坂本に居住するようになった。晴明と道満の方術合戦とは、かくのごときものであった。

5、妖狐玉藻前の調伏

妖狐玉藻前が帝に取り憑く

仁王第七十六代の近衛院《このえいん》の時代のことである。

これほどの美貌の持ち主は世に二人といないという美麗容顔の女性が、ひょっこり宮中に現れた。彼女を見た者は悶々として恋慕の情に身を焦がし、彼女を所望しない男は一人としていなかった。あるとき、天皇がその女のうわさを聞きつけた。そこで、さっそく后《きさき》に迎え入れたが、彼女とたわむれるようになって七十五日ほどで病みついた。この后になった女を玉藻前《たまものまえ》という。あまりに美しく、まるで宝玉のようであったところから、かく呼ばれたのである。

ときに安倍光栄《みつよし》（賀茂《かもの》光栄の誤記）という者が、天皇の病気を占うよう命じられて参内した。その光栄が、「去《い》ぬる年、禁中で知恵比べをして不思議至極の技を見せた晴明という博士がございましょう。彼に仰せつけられるがよろしかろうと存じます」と言上《ごんじょう》した。そこでさっそく勅使が立ち、晴明が呼び寄せられた。近衛院の時代といえば、かつて晴明が宮中で術比べをしたころから随分時代が隔たっているが、晴明は人間ならざる出生の者なので、世の常の人のように死ぬこともなく存命していた。それで参内できたのである。

さて、晴明はこう言上した。

「広大無辺の自然智にまかせて、帝のご病気の理由を、何ひとつ包み隠さず、また遠慮することなく占い申し上げよとの仰せでございますな。確かに病気の原因については、明々白々な占断を得ておりますす。しかし、それをありのままに申し上げますのは、帝の御心《みこころ》を思えば、いささか憚られる子細がございます」

そこで臣下大臣らが、それでもかまわないからありのままに申し上げよと促すので、晴明はようやく重い口を開いた。

「このたびの帝のご病気は、妖魔の変化である容顔美麗の女をお后に据えて、これを愛したがための祟《たた》りでございます。それ以外の原因はございません。かの女人《にょにん》は、昔、漢土《もろこし》におりました。当時、褒姒国《ほうじこく》という国があり、周《しゅう》の幽王《ゆうおう》と戦争して敗北いたしましたが、大国のいくさの習いで、負けた側が勝った側に国中で最も美しい女性を人質として差し出すことで鉾《ほこ》を収めるという慣例がございました。そこで褒姒国でも国一番の美女を人質に差し出しましたが、その人質というのが、実は千人の徳の高い僧侶を集め、年経た狐を修法《しゅほう》の壇上に据えて僧侶らに種々の加持祈禱をおこなわせしめて、美女に変えたものだったのでございます。

褒姒国から送られてきたこの老狐の化身の美女を見て、幽王はすっかり虜になりました。彼女は王の寵愛を一身に集めましたが、なぜかいつまでたっても笑顔というものを見せません。これほどの美女が笑ったら、その美しさはどれほどみごとなものになるか、はかりしれない。なんとか笑顔を見たいものだと、幽王は寝ても覚めてもそのことばかり考えて過ごしておりましたが、あるときこの后が、臣下の死刑の場面を見て笑みを浮かべたのでございます。

その媚《こび》を含んだ美しさたるや、筆舌に尽くしがたいものでございました。そこで王は、彼女の笑みを見たいというただそれだけの理由で、罪もなき人々を次々と殺戮していきました。そのため三大臣、公卿《くぎょう》をはじめ、国中の軍兵が集まって議論をし、王を弑《しい》し奉《たてまつ》らないかぎり、天下人民《にんみん》は生きていくことはできないとの結論に達し、ついに王位を傾け弑逆に及んだのでございます。このとき、かの妖狐は、幽王に殉じることなく、我が身こそが大事とばかりに周の国から逃げ去りました。

次に妖狐は、夏《か》の梁王《りょうおう》のもとに走り、后となりました。そうして梁王の寵愛を一身に集めましたが、やはり笑顔を見せることはございませんでした。ところがあるとき、放火を見て笑みを浮かべたので、その笑顔見たさに、梁王は罪もない人々の家に次々と火を放つようになりました。大唐国では、王城に火の手があがるのが見えましたら、国中の諸候はただちに軍兵を率いて駆けつけ、王城を守護することが習いになっておりました。けれども、放火があまりに度重なるため、軍兵が諸大夫《しょたいふ》に理由をたずねると、別に深いわけがあるわけではなく、かの美女を寵愛するがゆえの放火だとの答えが返ってまいりました。

そのため、以後は火を見ても駆けつける者がなくなりました。そしてまさにそのとき、他国から大敵が襲ってきて、王宮を破壊したのでございます。彼らが町に火を放ったときも、参内する者はだれ一人としておりませんでした。かくして梁王も空しく滅び去ったのでございます。

そこで妖狐は、次には殷《いん》の国に逃れ去り、周王の后におさまりました。后は梁王のときと同じように放火を見て笑みを浮かべたので、殷でも同じような悲劇が繰り返されました。その結果、周王はついに臣下大臣らによって詰腹を切らされ、果てたのでございます」

晴明、泰山府君の法などを修して妖狐を調伏する

「このように、かの妖狐は大唐国でも三ヵ国を乱して多数の臣下を亡き者としたため、ついに大唐七百余洲から追い出され、今は日本に逃れてまいっております。妖狐は大唐においては国ごとに名を変えて王に取り憑きました。周の幽王のもとでは褒姒女《ほうじじょ》といい、夏の梁王のもとでは妲嬉《たんき》といい、殷の周王のもとでは末嬉《びき》と名乗っておりました。またあるときは、天竺まで化け巡ったとも言われており、天竺では妲嬉、大唐国では末嬉と呼ばれたとも伝えられております。そしてこの日本では、玉藻前というのが妖狐の名なのでございます」

博士晴明の説明を聞いて、大臣公卿らはみな色を失い、肝をつぶした。「証拠は立てられるか」と、ある公卿が晴明にたずねた。晴明が、「かの后を寄《より》（神霊を自らの体に寄り憑かせる役割の霊媒、憑坐《よりまし》）に仕立て、五色の幣《ぬさ》を持たせて泰山府君《たいざんふくん》の法を修すれば、女人の本体がすみやかに露見いたしましょう」と答えたので、大臣公卿らはさっそく玉藻前に寄になるよう申し出た。

玉藻前は大いに腹を立て、「寄など愚かしい下々《しもじも》の者にこそふさわしきもの。帝の后の身で、どうして寄などに立てましょう」と拒絶したが、大臣公卿らも引かない。「ことは帝のご病気にかかわること。后が寄に立ったからといって、何で見苦しいことがございましょう」と、大臣公卿がしきりに勧めるので、玉藻前も我意を張り通すことができず、ついに寄に立った。

そこで晴明が種々の祭事を執りおこなったが、その勤修《ごんしゅ》の威力がまことに確かなものであったため、

女人はついに正体を顕《あらわ》し、七色の狐となって逃げるように禁中から飛び去った。

かの妖狐は関東は下野国《しもつけのくに》の那須野の原において、上総介《かずさのすけ》がこれを射止めたと伝えられる（その由来は次のとおりである）。

「かの狐は末代まで那須野《なすの》の原に隠れ住み、祟りをなすことでございましょう」、晴明が重ねてこう言上したので、朝廷では、無双の弓の名人を妖狐討伐のために派遣した。上総介と三浦介《みうらのすけ》の二人がそれである。

勅命を受けた二人は那須野の原におもむき、策を練り上げて妖狐を狩り出した。妖狐狩りの軍勢は喜び勇んで矢を射かけたが、矢はひとつも当たらず、妖狐はかき消すように姿を隠した。そこで一同は家にもどり、おのが氏神、伊豆箱根の若宮、八幡宮に祈念をこらした。祈りはその夜のうちに神に通じた。上総介と三浦介が夢でかぶら矢をたまわり、同時に、「百日間、犬を訓練し、矢を射る習練を積んだうえで妖狐に臨めば、たやすく射止めることができよう」との夢告《むごう》を得た。

そこで一同はお告げのとおりに百日の稽古を重ねた。その上で妖狐に攻めかかると、思いどおりに狩り出されてきたところを、上総介の矢が射止めた。その後、二人はいっしょに都にもどり、名を天下に馳せるようになった。

このとき天皇が、「那須野の原での妖狐狩りを都でも再現して見せよ」とお命じになった。そこで八町にわたって囲いをめぐらし、そこに犬を追い入れて騎馬で射るさまを、天皇にご覧いただいた。

これが天皇の御心にかなったため、犬追物《いぬおうもの》の行事として今日に伝えられるに至った。この行事は近衛院の時代から始められたのである。

一方、かの狐を殺したあとに流れ出た血は、那須野の原にこぼれて石となり、折りにふれて人々を悩ました。あるとき、玄能《げんのう》という名の法師が通りがかり、石の性質を察して払子《ほっす》で打ち砕いた。どのように察したのかというと、おまえは元来、人を毒気で殺す殺生石《せっしょうせき》であろうと察したがゆえに、そのことが科《とが》となって、石は玄能法師に打ち砕かれたのだと伝えられている。

6、入唐修行および道満との最後の戦い

伯道のもとでの修行

このように、晴明がたびたび天皇のために占い申し上げたので、仁王七十六代の近衛院は「これほどの博士はまたとはいない。格別の博士である」と仰せになって、じきじきに四位に任ぜられ、主計《かずえの》権頭《ごんのかみ》に任命された。さらに、「天地陰陽の道理をより一層深く極めて、その秘奥《ひおう》を相伝してくるように」と、晴明に入唐《にっとう》をお命じになった。

綸言をこうむった晴明は、入唐中の留守居を弟子の道満と妻の梨花《りか》に任せて、鎮西《ちんぜい》薩摩の国に下っ

た。そこで大船をしつらえ、吉日良辰《きちじつりょうしん》（星巡りのよい日のこと）を占って纜《ともづな》を解き、帆柱に帆をあげ、順風にまかせて唐国を目指した。

唐国明洲《めいしゅう》の港に着いた晴明は、さっそく土地の者に、「天地陰陽の至理に通暁した鍛練の人は、この国の何方《いずかた》におられましょうか」とたずねた。するとある者から、「鍛練の方なら雍洲《ようしゅう》は城荊山《じょうけいざん》のふもとにおられます。伯道上人というお方です。そこをおたずねなされよ」と教えられたので、さっそく雍洲に進み、伯道に面会して、己《おの》が抱負と願いの筋を述べたのである。

「お前さんに三機（三つの働き）があるかい」と、伯道は晴明に尋ねた。「三機とはいかなるものでございましょう」と晴明が尋ねると、「三機とは一に志《こころざし》、二に手足の奉公、三に報謝（お礼）だよ」と伯道が答えた。「志がなければ、いかにして万里の波濤を乗り越えられましょうか。手足の奉公については、いくらでも仰せに従いますから、何なりとお申し付けくださいませ。ただ、第三の報謝につきましては、万里の波濤、はるか海の彼方《かなた》からの旅でございますれば、御心にかなうほどのものはございません」と答えると、伯道は、「手足の奉公があるというなら、今日から毎日三度ずつ、萱《かや》を刈ってごらん」と晴明に課題を与えたのであった。

伯道に命じられるがまま、晴明は、三年と三ヵ月の間、萱を刈り続けた。その間、伯道は荊山にのぼって赤栴檀《せきせんだん》を切り、その木を用いて文珠菩薩の像を彫った。また、晴明が刈った萱で仏閣を造り、文珠の大像を本尊として安置して、その堂中で晴明に（文殊から相伝した天地至理の）秘伝を授けた。

その後、晴明が日本に帰るというとき、伯道は晴明に三つの制（戒め）を与えた。

第一の制は、七の子の妻には心を許すなということ（「七人の子をなしたとしても、妻には気を許すな」、もしくは「七つ子を生むような異類の妻には気を許すな」）。

第二の制は、大酒は飲むなということ。

第三の制は、一方に偏した見方、考え方をするなということであった。

この三つの制をちょうだいして、晴明は日本国にもどったのである。

道満、書を盗んで晴明の首を刎ねる

ようやく日本にたどりついた晴明は、大和国宇多郡《うだのこおり》に居をかまえ、吉備大臣から伝わったかの書は、先祖の晴明が龍宮で授かってきた石櫃《せきひつ》に納めて秘蔵した。

ここに至るまでに、晴明は十年の修行の歳月を費やした。すなわち、渡唐の船旅に三年と三月《みつき》、伯道のもとで三年と三月、帰朝に三年と三月の、つごう十年である。その留守の間に、晴明は弟子の道満と妻の梨花を留守居としておいたが、いつの間にか道満と梨花は理《わり》ない仲となっていた。

さて、晴明が所用で外出したある日のこと、道満が、「この家の主《あるじ》は唐で十年ほども修行を積んだわけだが、修行の成果はありましたか」と梨花にたずねた。「成果のしるしかどうかはわかりませんが、なにやら一個の石の匣があります。何が入っているのか、中身までは知りませんが」と梨花が答えたので、「開いて見せてください」と頼みこんだ。「開けようと思っても開けられませんよ」といいながら、梨花は石匣を道満に渡した。そこでさっそく蓋を開けようとしたが、開かない。よく見ると、蓋の上に縦に「一」の文字がある。一の字に「拍《う》つ」という訓《よ》みがあるのを思い出した道満は、ためしに蓋を拍ってみた。すると、蓋が開いたのである。

石匣の中には『金烏玉兎集』が入れられていた。道満が借覧をせがんだが、梨花はじきに晴明がもどってくるので無理だと出し渋った。「すぐにも書き写します。ほんの少しの間、貸してください」となおも道満が求めてきたので、梨花も折れて書を渡した。そこで道満は、ことごとく中身を筆写したうえで、書をもとのように石匣にもどしたのである。

その後、道満は晴明に向かってこういった。

「私はこのほど不思議な夢を見ました。天竺の清冷山《しょうりょうざん》にお参りして『金烏玉兎』の一巻の書をたまわるという夢でございましたが、これが正夢で、目覚めたところ、確かにその書を得ておりました」

晴明は道満の言を信じず、「夢は妄想転倒《もうそうてんどう》の偽りごと。明らかに千金を手にしたと夢見ても、目覚めたあとまで千金があったためしはない。夢で書を得るようなことも、かつてあったためしはないだろう」と論駁した。

けれども道満は、「いえいえ、ございます」と言い張って引かない。激しい議論の末に、それなら互いに首をかけようと話が決まったが、かねて写し置いた書なので、当然所持している。ふところから件《くだん》の書を取り出して晴明に示した上で、道満は約束どおりただちに晴明の首を刎《は》ねた。そして不義の仲となっていた梨花を堂々とわがものとし、二人は思いを遂げたのであった。

伯道、晴明を蘇生させる

日本で晴明が首を刎ねられたそのとき、大唐の荊山に建てられていた文珠堂が一時の間に焼け落ちた。不思議に思った伯道上人が穀城山《こくじょうざん》にのぼって泰山府君の法を行じてみたところ、晴明の死相が見えた。伯道と晴明には深い師弟の契りがある。そこで伯道は日本に渡ることに決め、ようやく大和国に着いた。

大和国で晴明の居所をたずねると、ある者が、「晴明なら弟子の道満という者との争いに負けて、三年も前に首を刎ねられて死にました。あれに見える柳を植えた塚が晴明の墓です」と教えてくれた。そこで伯道は古塚《ふるづか》のところまで行き、生い茂った雑草を引き抜き、土を掘り起こした。墓の中には十二の大骨と三百六十の小骨が、ばらばらになって埋まっていた。それらの骨を一本残らず拾い集め、ただちに生活続命《しょうかつぞくみょう》の法を修すると、晴明が蘇った。

「師弟の契りの何というありがたさよ、何とかたじけないことよ」と、晴明は感極まって涙した。

「このかたきをとらねばなるまい。かたきはどこだ」と伯道が尋ねたので、晴明は竹林《ちくりん》を指さして、

「あれなる竹林の中にあるのが、私の庵室でございます」と答えた。

そこで伯道は庵室に行き、顔を出した道満に晴明の消息をたずねた。

「晴明ならある者と争いをして首を切り落とされ、もう三年も前に果てて亡くなりました」と道満が返答した。そこで伯道は、首をひねってこういった。

「そなたの言葉は嘘であろう。わしはつい今しがたその晴明と出会い、この庵《いおり》に一晩泊めていただくということを堅く約束したばかりだ」

「晴明が本当にこの世にいたなら、わが首を差しあげる」

と、道満が気色《けしき》ばんだ。そこで伯道は、「晴明が存命なら、必ずその首をもらい受けるぞ」と断ってから手を打って晴明を呼ぶと、この世にいないはずの晴明が、しきりにまばたきをしながら、ひょっこりと現れた。

約束に従って、伯道は道満の首を刎ね、彼が盗み写した『金烏玉兎集』も焼き捨てた。また、道満と通じた梨花も屠《ほふ》った。その後、道満の遺骸を塚に埋め、墓標として松を植えた。そのゆえに、柳に二生《にしょう》あり、松に二生なしと言い伝えるのである（柳を墓標とした晴明が蘇生し、松を墓標とした道満が絶えて生き返らなかったという意）。その後、伯道は唐に帰ったという。

今日に伝わる『簠簋内伝金烏玉兎集』は、蘇生後に晴明が（道満のような盗法者に秘密を盗まれぬよう）書き改めたものなので、所々に口伝《くでん》等がある。よくよく道に達した師のもとで学び、文章の内奥《ないおう》に参入して密意を問い明かさねばならない。

第二章『北辰妙見大菩薩神咒経』

解題

『北辰妙見大菩薩神咒経《ほくしんみょうけんだいぼさつしんじゅきょう》』は、仏典の『七仏八菩薩所説大陀羅尼《だいだらに》神咒経』巻二から北辰菩薩が神咒を宣説《せんせつ》している部分を抜き出して独立させたものだが、『七仏八菩薩所説大陀羅尼神咒経』自体は『陀羅尼雑集』などの雑密呪術経典から陀羅尼（神咒＝真言）の功徳と種々の仏神が捧持する陀羅尼を集めて一本としたもので、星神関連の経典というわけではない。北斗信仰の隆盛を受け、日本で独立経典とされたもので、経文自体は『七仏八菩薩所説大陀羅尼神咒経』をまるごと引いている。『北辰妙見大菩薩神咒経』が『大正新脩大蔵経』に収載されず、『修験聖典』に収められていることからもわかるように、主に修験道で用いられてきた経であり、広く民間でも用いられてきた。

現代語訳に際しては三田村玄龍《みたむらげんりゅう》（鳶魚《えんぎょ》）編『信仰叢書』のテキストを用いたが、末尾の真言（妙見奇妙心真言・妙見心中心咒）は『七仏八菩薩所説大陀羅尼神咒経』に説かれるものではなく、修験で用いられる真言である（『修験聖典』は妙見奇妙心真言のみを掲げている）。

『北辰妙見大菩薩神咒経』本文

私は北辰菩薩である。号して妙見という。今、神咒を説いて、もろもろの国土を擁護しようと思う。この北辰菩薩のおこなうわざは、はなはだ不思議で神妙なものである。そのゆえに妙見と名づくのである。今は人間世界（閻浮提《えんぶだい》）に身を置いており、もろもろの星の中で最も勝《すぐ》れた星、神仏中の仙、菩薩の中の大将たる者である。諸菩薩の上首《じょうしゅ》としてこれを支配統率し、広くもろもろの生きる者を救済している。

私は大いなる神咒を持受《じじゅ》している。その神咒を故捺波《こなは》という。国土を擁護し、諸国の王をたすけ、災いを消し、敵を退けようとするのであれば、必ずこの神咒に由《よ》るべきである（その神咒とは以下の通りである）。

目低帝《ボチティ》　屠蘊吒《トソダ》　阿若密吒《アジャビダ》　烏都吒《ウドタ》　具耆吒《グキタ》　波頼帝吒《ハラチタ》
耶弥若吒《ヤビジャタ》　烏都吒《ウドタ》　拘羅帝吒《クラチタ》　耆摩吒《ギマタ》　莎訶《ソワカ》

この神咒を五回誦《じゅ》し、七色の糸を結んで三結《さんけつ》となし、痛むところに掛けるがよい。

この大神咒は過去四十億恒河沙《ごうがしゃ》の諸仏が説かれたものである。私は過去世《ぜ》において、これらの諸仏に従っていた。そこで諸仏が、この大神咒の力を説かれるのを聞くことができたのである。そのときから七百劫《こう》の時を経て、人間世界に住するようになり、大国師《だいこくし》となって全世界を領し、また諸星の王としてあらゆることを自在におこなうことのできる法力《ほうりき》を得て、世界一切の国事を、ことごとく掌《つかさど》ってきた。

もしもろもろの人間の王が正しい法によって臣下を任用せず、おのれを恥じらい天を畏れる心もなくて、暴虐な振る舞いによって世の中をかき乱し、ほしいままに群臣・百姓を酷虐《こくぎゃく》するようであれば、私はその者を王位から退け、賢明で才能ある者を召し出して、新たな王に据えるであろう。

もしよく慚愧《ざんき》し、悪を改め善を修《しゅ》し、あるいはよく善を任じてもろもろの悪人を退け、その心が広く大きくて、一切のものをあまねく慈しみ、橋や船のようによく万物を救い渡し、民物《みんぶつ》を包含することと父母の子に対するがごとき賢者が国にあるのであれば、私はその者を選び出して用いるであろう。

国王は、あたかも父母を仰ぎ見るように賢者を敬い、聖人を尊び、宰相らに任せたりせずに王みずからがその身を運んで政務を執《と》りおこない、民物を正しい目的のために用いること、なお明鏡のようにすべきである。もし国王がこれらの徳をよく修めようと思うのであれば、昔日の過ちは改め、来《きた》るべき日のためにはぬかりなく準備をととのえ、先につくった罪を悔いて慚愧・反省し、過失や咎《とが》をいやしいものとして悼《いた》み、みずから悔い改めて三つの徳を身につけなければならない。

三つの徳とは、第一は阿弥陀如来・観世音菩薩・勢至菩薩の弥陀三尊への恭敬《くぎょう》の徳、第二は民の貧窮を憐れみ、身寄りのない老人がいればこれを救済してやるがごとき憐憫《れんびん》の徳、第三は自分に対して怨《うら》みを抱いている親族の中にあっても常に心を平等に保ち、怨恨や不正で曲がった思いは正しく処断し、民物は私物化せず公のために用いるような平等心の徳である。

もしよく右に挙げてきた諸徳を修行するなら、そのとき私は、まさに諸大天王・諸天・帝釈天・司《し》命《めい》尉《い》・天曹都尉《てんそうとい》らを率いてその者から死を除き、生を定め、罪を減じ、福を増し、命数《みょうすう》を益して寿命を延ばしてやることであろう。

諸天曹に申し上げて諸善神一千七百をつかわし、国界《こっかい》が犯されることのないよう守りかため、国土を守護し、その災患を除き、その姦悪を滅ぼすであろう。

また、その国土の風雨は吹くべきときに吹き、雨降るべきときに降るようにし、穀物や稲は豊かに熟し、疫病をもたらす気は消し去り、その国に対抗できるようないかなる強敵もないようにし、人民《にんみん》が安楽に暮らせるようにして、その王の徳を称《たた》えるであろう。

王がもし以上の三つの徳をよく修めたうえで、兼ねて先の神咒の読誦《どくじゅ》をおこなうのであれば、それはたとえば世界の究極の王者である転輪聖王《てんりんじょうおう》が、さらに如意宝珠《にょいほうじゅ》を得て、宝珠の神気《しんき》が災禍を消伏《しょうぶく》するがごとくであろう。

この私も、今はこの大神咒の力をもって上来《じょうらい》の諸徳はことごとくよくわきまえ、あらゆる災悪を滅し去ること、右に述べたごとくである。

まさに知らねばならない。この大神咒の力は転輪聖王が所持する明珠《みょうじゅ》のようであり、また、右に説きたったごときものであると。(終)

妙見奇《き》妙《みょう》心真言《しんしんごん》　オン　ソジリシュッタ　ソワカ

妙見心《しん》中《ちゅう》心呪《しんじゅ》　オン　マカコシリエイジリヘイ　ソワカ

第三章　『聖徳太子伝暦』

解　題

『秘教Ⅰ』で詳述したように、聖徳太子伝《しょうとくたいしでん》の決定版として後世に絶大な影響を及ぼし、世間に流布する太子像を形づくったのが本書で、『平氏伝《へいしでん》』『二巻伝《にかんでん》』『伝暦《でんりゃく》』などとも呼ばれる。蔵人頭《くろうどのとう》・藤原兼輔《ふじわらのかねすけ》の撰というのが長い間定説の地位を占めたほか、『平氏伝』の異名にもとづき平基親《たいらのもとちか》・平季貞《すえさだ》・葛原親王《くずはらしんのう》などの撰とも考えられてきたが、いずれもそれを証拠立てる史料がなく、現在は著者未詳と考えられている。

成立年も不明だが、『三宝絵詞《さんぼうえことば》』（九八四年）や『政事要略《せいじようりゃく》』（一〇〇八年頃）が『伝暦』の原型と思われる内容を含んでいることなどから、それ以前に原型がつくられ、遅くとも平安時代末までには上下二巻の今日の形が整えられたのではないかとする説が有力視されている。

翻訳にあたっては『大日本仏教全書』の「聖徳太子伝叢書」（二五四巻）を用いたが、寛文刊本も適宜参照した。〈〉（山カギ）は『伝暦』の割注（『伝暦』が書写される過程で書き加えられた部分）および寛文刊本の頭注と傍注を示す。それ以外の文章中のカッコ内、および※印は訳者による注である。

1、聖徳太子伝暦　〈巻上〉

金色僧の霊夢

欽明《きんめい》天皇〈諱《いみな》は天国排開広庭天皇《あめくにおしはらきひろにわ》。磯城島金刺宮《しきしまのかなさしのみや》に天下を治められること三十二年〉三十一年庚寅《かのえとら》の春二月、橘　豊日尊《たちばなのとよひのみこと》（欽明天皇の第四皇子で聖徳太子の父）が、庶妹《しょまい》（父の妾が生んだ年下の女性）の穴穂部間人皇女《あなほべのはしひと》を妃《きさき》とした。

翌三十二年辛卯《かのとう》の春正月、甲子《きのえね》の日の夜に、妃が夢を見た。金色《こんじき》に輝く、姿や立居ふるまいのいかにもうるわしい僧侶が、妃に向かって立ち、「私には救世《くせ》の願《がん》があります。願わくばしばらくの間、妃の腹に宿りたいと思います」と語った。

「そうおっしゃるあなたはどなたでございましょうか」と妃がたずねると、僧は、「私は救世の菩薩です。家は西方《さいほう》にあります」と答えた。

「妾《わらわ》の腹は穢《けが》れております。どうして貴人を宿すことができましょう」と妃は辞退したが、夢の僧は、「垢穢《こうあい》は厭《いと》いません。ただしばらくの間、人に感応してその腹をお借りしたいのです」と答えた。

そこで妃が、「そうまでおっしゃるのであれば、あえてお断わりはいたしません。ともかくも菩薩さまの命におしたがいいたします」と了承すると、僧は顔に喜びの色をあらわして、躍るように妃の口内に入った――そこで驚いて目覚めたのである。

※『太子伝古今目録抄《たいしでんこきんもくろくしょう》』には、「釈尊が妊《やど》ったとき、摩耶夫人《まやぶにん》は大きな象がやってきたと夢に見られた。また、弘法大師の母の阿刀《あと》氏は天竺の聖人が自分の腹に飛来したと夢み、浄蔵貴所《じょうぞうきしょ》の母は天人が懐中に入るという夢を見た」とある。

目覚めたあとも、喉のなかは、まだなにか物を飲んだような感触が残っていた。この夢を大いに奇《く》霊《し》なものと思い、妃が夫の皇子に夢を物語ると、皇子も、「あなたが生む者は必ず聖人となるでしょう」と語った。これより以後、妃は初めておのれの妊娠を知ったのである。

妃が妊娠したとき、腹の子はすでにとても賢く、ふるまいはみやびやかで爽やかであり、親のいうことはもちろん、仏教のかなめのことまで理解していた。そうして、妊娠して八ヵ月を経ると、胎児の言葉が腹の外に聞こえてきた。父の皇子と妃は、不思議なことだと大いに驚かれた。

救世の菩薩の出産

敏達《びだつ》天皇〈諱は淳名倉太玉敷《ぬなくらふとたましき》天皇。欽明天皇の太子で橘豊日尊の兄に当たる。磐余譯語田宮《いわれおさだのみや》で天下を治めること十四年〉の元年 壬 辰《みずのえたつ》の春正月一日、妃が宮の中を巡って厩《うまや》に至ったとき、急に産気づいて、知らないうちにお産をしてしまった。正月一日に入胎《じゅたい》して、出産もまた正月一日だった。太子は妃の腹で十二ヵ月をすごしたのである。

妃のお産に気づいた内侍所《ないしどころ》（神鏡の奉安所、賢所《かしこどころ》）の女官は、驚いて赤子を抱きあげ、大急ぎで寝殿に駆けこんだ。妃は産後具合が悪くなることもなく、すこやかな様子で寝所の幄《とばり》の中に入り、お休みになった。夫の皇子が驚いて庭にいた侍従《じじゅう》にたずねると、たちまち赤や黄色の光が西方からさしこんできて、宮殿の内を照らして耀《かがや》かし、しばらくしてから止んだ。

このとき敏達天皇は皇子の住まう東宮にいたが、異変を聞いて急ぎ駕《のりもの》を命じた。ちょうどそのとき、東宮の殿の戸に、またさきほどと同じく光が照り耀くということがあった。天皇は大いに霊異なことだと思われ、「この児は後に世に異なることがあるだろう」と群臣に仰せになった。

そうして、ただちに産湯をつかさどる大湯坐《おおゆえ》・若湯坐の役人を定めるよう有司《ゆうし》に命じ、赤子を沐浴させて抱きあげたところを天皇が褓《むつき》をもって抱き受けて、皇后に赤子を手渡した。皇后は赤子を父の皇子に手渡し、皇子は妃に渡した。妃はふところをひらいて赤子を受け取ったが、そのとき赤子の身体から、とてもかぐわしい香りがした。

※『秘教I』聖徳太子の章でも書いたとおり、出生時、太子が舎利を握っていたという秘伝が、法隆寺《ほうりゅうじ》や四天王寺《してんのうじ》で伝承されていた。『太子伝古今目録抄』所引の『扶桑舎利集《ふそうしゃりしゅう》』によれば、「法隆寺の仏舎利一粒は（略）太子が母の胎内から手のひらに握って御誕生になったものである。その後も手を開かず、二歳の春に東方に向かって南無仏と称《とな》えたときに、掌中からこぼれ出たもうた」という。この舎利は法隆

寺の上宮王院《じょうぐうおういん》（後の夢殿《ゆめどの》）の宝蔵に安置されていると『扶桑舎利集』は記している。

三日の夜は天皇が宴を設けて群臣に物を賜った。七日の夕は皇后が宴を設けて後宮の職員らに物を賜った。大臣以下の群臣は、つぎつぎと饌《たべもの》を献じた。これを養産《うぶやしない》という。また、天皇は太子を養うための乳母《ちおも》三人を定めた。いずれも臣連《おみむらじ》の女《むすめ》をあてた。

夏四月をすぎたころには、太子はよくものを言い、よく話をするようになった。また、人の挙動を察して、みだりに泣いたりするようなことはなかった。

南無仏と称える

敏達天皇二年癸巳《みずのとみ》〈太子二歳〉の春二月十五日の夜明けごろ、太子は初めて掌を合わせて東に向かい、「南無仏」と称えて再拝した。だれかに教えられて、そうしたのではなかった。

乳母はそのおこないをやめるようにと、いつも諫《いさ》めていたが、太子は目をあげて乳母をみつめながら、乳母の制止に従わなかった。けれども七歳をすぎてからは、朝ごとに南無仏と称えることを止めて、以後はおこなうことがなかった。

身体の香気

三年甲午《きのえうま》〈太子三歳〉の春三月、桃花の咲き匂う日の朝、父の皇子と妃が太子をつれて後の園に遊んだ。太子は妃に抱かれており、そのすぐ近くに皇子がいた。

「わが児よ、桃花と松葉、おまえならどちらを賞《め》でたいと思うか」と、皇子が太子にたずねた。

「松葉を賞したいと思います」と、太子が答えた。「それはなぜだね」と皇子がたずねると、「桃花はひとときだけ栄えるもの、松葉は万年の貞木です。だから私は松葉を賞でたいと思うのです」と返答した。これを聞いた皇子は、その頭を撫で、太子を抱きあげた。すると、その身は、はなはだかぐわしく、かつてかいだことのない香りがした。

太子は皇子をあおぎ見て、「お父上の御手に抱かれると、百丈の巌《いわお》に登り、千尺の波に浮かんでいるような気持ちになります。とてもとても恐ろしくて、危ない気がします」と言ったので、皇子はいかにもうれしそうにほほ笑んだ。

四年乙未《きのとひつじ》〈太子四歳〉の春正月、皇子の宮殿で、たくさんの若い王子たちが口論したり叫んだりしている声が聞こえた。騒ぎを聞きつけた皇子が笞《むち》を手に王子らを追ったところ、みな恐れて逃げ隠れた。ところが太子だけは、衣を脱いでひとり皇子の前に進み出た。

「兄弟が仲良くせず、集まって言い争いをしている。そのようなことはいけないことだと笞によって教えてくれようとしたところ、みな素早く逃げて隠れてしまった。なのにおまえだけは、なぜひとりで進み出たのだ」――皇子がたずねると、太子は掌を合わせ、皇子と妃に向かって頭《こうべ》を垂れて、「いくら高い階段を立てても、天まで昇ることはできません。いくら深い穴を地面に掘っても、それで身を隠すことはできません。ですから私は、みずから進んで笞を受けようと思いました」と答えた。

皇子と妃は太子の答えをとても喜び、「おまえがものの道理をよくわきまえることは、今日にはじまったことではない」といって、妃が太子を抱きあげると、その身ははなはだ香《かぐわ》しかった。

妃は子のなかでも、太子を最も寵愛した。ある説にいう。ひとたび太子を抱くと、数ヵ月はふところが香しかった。そこで、後宮の者はきそって太子を抱こうとした。妃も、ひんぱんに太子を抱いた、と。

推古天皇との因縁

敏達天皇五年丙申《ひのえさる》〈太子五歳〉の春三月、敏達天皇が豊御食炊屋姫尊《とよみけかしきやひめのみこと》〈後の推古天皇〉を立てて皇后とした。姫尊は太子の姑である。

この日、太子は乳母に抱かれて皇后の前にいた。群臣がやってきて、皇后に拝礼しようとした。すると太子は、「大臣《おおおみ》が皇后を拝まれるまえに、私を膝からおろしてください」と乳母に言った。

やがて大臣の蘇我馬子《そがのうまこ》がやってきた。膝からおろされた太子は、自分の衣や袴をきちんと調《ととの》え直し、皇后の前から後ずさりするようにして退くと、ゆっくり歩を進めて大臣の前に立ち、皇后に向かって再拝した。このとき五歳であった。

太子のそのふるまい、しぐさは儀礼にかなって、まるで成人のようだった。天皇と皇后は、この不思議な子のおこないにますます驚き、より一層寵愛するようになった。

「わが皇子よ、どうして群臣と一緒に皇后を拝されたのですか」と、乳母が太子にたずねた。すると太子は、小声で、「あなたの知るところではありません。このかたはわが天皇におなりになるのです」とささやいた。のちにそのとおりになった。

秋八月、太子が、「子どもというものは、だれでも必ず文や書を学ばねばなりません。どうして私に筆や墨をもってきてはくれないのですか」と乳母にたずねた。

乳母が皇子にうかがいを立てると、皇子は筆と書法を太子に与えた。太子は毎日筆をとって書を学び、習字した文字数は数千字になった。三年後には書の達人として知られた中国の王右軍《おうゆうぐん》の書を臨書するほどの腕になったが、そのときにはすでに書法の骨体を会得しており、流れるように運ぶ筆の勢いは電《いなずま》のようであった。時の人は大いに驚いた〈太子の儒教経典の師は博士学架《はくじがくか》ら、仏教経典の師は博士恵慈《えじ》であった。恵慈は高句麗《こうくり》の人である〉。

太子、前世と仏縁を語る

敏達天皇六年丁酉《ひのととり》〈太子六歳〉の冬十月、百済《くだら》の国に派遣した使者の大別王《おおわけ》が、経論ならびに律《りっ》師《し》・禅師《ぜんじ》・比丘尼《びくに》らをひきいて帰国し、その由を奏上した。

このとき太子は天皇の座所の下にはべっていたが、大別王の奏上を聞いて、「日本に渡された経や論を、ぜひ拝見したいものです」と天皇にお願いした。

「なにか理由でもあるのか」と天皇がたずねると、太子はこう答えた。

「私は昔、漢《から》の国におりました。漢の衡山《こうざん》の峰に住して、数十回も転生をくりかえしながら、仏道を修行したのです。そのとき、仏が、『有にもあらず、無にもあらず。諸善を奉行し、諸悪を作《な》すことなかれ』と、私に教えてくださいました。そのゆえに、いま、百済から献じられてきた経や、菩薩の諸論を読みたいと願うのです」

天皇は大いに不思議なことだと思い、「おまえはまだ六歳だ。いまもこうしてひとり朕《わたし》の前にいる。それなのにいつ漢国にいたというのか。なぜそのようなでたらめなことをいうのだ」とたずねた。すると太子は、「私には前世のころの記憶があるのです」と答えた。天皇は感嘆して手を拍ち、なんと不思議な話だろうと驚いた。また、それを聞いた群臣たちも、大いに舌を鳴らし、手を拍ってこれを奇とした。

翌年の七年戊戌《つちのえいぬ》〈太子七歳〉、百済から経論数百巻がもたらされた。春二月から、太子は香を焚きながら経論を読み始め、日ごとに一、二巻を読了し、冬になるまでに、ひとわたり読み終えた。そこで天皇に、「月の八日、十四日、十五日、二十三日、二十九日、三十日。これを六斎《ろくさい》ともうします。この日は梵天と帝釈天が天からおくだりになり、国のまつりごとをご覧になる日です。そこで、これ以後は、六斎日には殺生をお禁じになられますように。これは儒教にいうところの仁のもといでございます。儒教の仁と仏道の聖と、その心は近いものでございます」と奏上した。天皇は大いに悦んで勅を天下に下し、六斎日の殺生を禁じた。

八年己亥《つちのとい》〈太子八歳〉の冬十月、新羅《しらぎ》の国から仏像が献じられてきた。太子は父の皇子を通じて、

「これは西方の聖人の釈迦牟尼仏の遺像でございます。末世にこの像を尊べば、禍《わざわい》を消して福《さいわい》をこうむります。ないがしろにすれば、災いを招き、寿命を縮めるのです。私が読みました御仏の経は、その教えの旨は奥深く容易にはとらえられない妙《たえ》なるものでございます。どうか仏像を崇め貴んで、経の教えのとおりに修行をなさいますように」と奏上した。

天皇は大いに喜んで仏像を安置し、供養した〈この仏像は今は興福寺《こうふくじ》の東金堂《とうこんどう》にある〉。

火星の怪異

敏達天皇九年庚子《かのえね》〈太子九歳〉の夏六月、ある人が天皇に奏してこう言った。

「土師連《はじのむらじ》八嶋《やしま》という者がおります。歌をうたわませたら世に並ぶ者がおりません。その八嶋のもとに夜な夜な訪れてくる者があって、八嶋の歌にあわせて競ってうたうのですが、その音声が尋常ではございません。不思議なことだと、八嶋がその人を追っていくと、住吉の浜にたどりつきました。やがて夜明けになると、その人は海に入っていったそうでございます」

天皇の側で話を聞いていた太子が、天皇に奏上した。

「その人は、おそらくは熒惑星《けいこくしょう》（火星）でございましょう」

天皇は大いに驚き、どういうことかとたずねた。すると太子は、こう答えた。

「天に五星がございます。木火土金水《もっかどごんすい》の五行をつかさどり、青赤黄白黒の五色を象《かたど》ります。歳星は青く、東を主《つかさど》ります。五行の木でございます。熒惑は赤く、南を主り、五行の火に当たります。この熒惑は、天降って人に化すと童子にまじって遊び、好んで謡歌《わざうた》を作り、未来のことを歌うのです。八嶋とともに歌ったという人は、おそらくこの星でございましょう」

天皇は大いに喜んだ。

蝦夷の叛乱

十年辛丑《かのとうし》〈太子十歳〉、春二月。数千人の蝦夷《えみし》が辺境で叛乱を起こした。天皇は群臣に招集をかけて、いかに征討するか議論させた。このとき太子は天皇の側にいて、耳をそばだてて議論を聞いていたが、天皇から意見を問われたのでこう答えた。

「私のような幼くつたない者に、どうして国の大事を議《はか》るような力がございましょう。とはいえ、いま群臣方が議論していることを聞くと、どれも衆生を滅ぼす話ばかりでございます。私は、まずかしらの魁帥《ひとこのかみ》〈魁師とは大毛人《えみし》のことである〉を召し出して厳重に教えさとし、しっかり盟約をとったうえで叛乱の罪は問わずに故郷に帰してやり、いままで以上に禄を加えて、彼の貪りの性を奪えばよいのではと思って聞いておりました」

天皇は大いに喜び、群臣に勅して魁帥の綾糟《あやかす》らを召し出し、「ふりかえって考えてみれば、大足彦《おおたらしひこ》天皇（景行《けいこう》）はおまえたち蝦夷のうちの殺すべき者は斬って殺し、赦すべき者はゆるして放した。朕もいま、大足彦天皇の前例にしたがって悪の根本を誅しようと思う」と詔した。

これを聞いた綾糟らは怖じ懼れ、泊瀬川〈長谷川〉まで行って三諸山（三輪山）に向かい、「臣ら蝦夷は、今日から以後は、子々孫々にいたるまで、清く明らかな心で天皇にお仕えいたします。もしこの盟《ちか》いに反したときは、天地の諸神および天皇の霊よ、どうかわが種族を絶ち滅ぼしてください」と誓約した。以後、久しく蝦夷が辺境を犯すことはなくなった。

超人的な能力

敏達天皇十一年壬寅《みずのえとら》〈太子十一歳〉の春二月、太子が童子三十六人を率いて後の園で遊んだ。太子は童子のうちの十二人を自分の左右に立たせ、残り二十四人を両陣に分けて、順に声をあげて自分の思うところを述べさせた。童子たちは、あるいはふざけまじりに、あるいは真剣に、ある者は長々と、またある者は手短に、自分の思うところを一斉に述べ立てた。

太子は、長椅子に座してじっと童子たちの言葉を聞いていたが、全員が述べ終わると、めいめいの述べたことを、すらすらと復唱していった。その復唱は一言一句までが聞いた話と同じで、ひとことでも言い落とすということがなかった。

こうして数日間、太子は同じ遊びをくりかえしていたが、そのことを童子らが家に帰って父母に告げた。父母らは、ひそかに難解な辞句をつくって、わが子に与えた。ところが、どんなに難しい表現でも、太子は記憶してすらすらと復唱した。とても人の心の及ぶところではなかった。

このことを聞いた皇子が、お忍びで太子らの遊んでいる後の園に出かけ、そっと様子をうかがった。すると、自分でも理解できない言葉がたくさん出てきた。宮にもどった皇子は、「あの子は聖人と変わらないのではないか」と妃に漏らした。

太子がすぐれていたのは、記憶力だけではなかった。どの童子も、腕力で太子に勝てる者はなかった。弓を射ても、石を用いた遊戯でも、太子と互角に勝負できる者はなかった。

また、太子は立ちのぼる雲気のように軽々と身を浮上させ、はるか数十丈の空中に浮かぶことができた。走れば雷電のように疾駆することができた。前にいたと思ったら、いつの間にかひょっこりと後ろに立っているといった具合で、だれもその姿をとらえることはできなかった。

身体から発せられる香気も、尋常ではなかった。皇子や妃、天皇・皇后、ならびに後宮の貴人たちが沐浴後の太子を抱いたが、えもいわれぬ香りが太子から匂い立ち、その香気が一度でも衣につくと、数ヵ月は消えずに残った。

日羅との出会いと予言

敏達天皇十二年　癸卯《みずのとう》〈太子十二歳〉の秋七月、百済の賢者、葦北達卒《あしきたたちそち》の日羅《にちら》が、遣百済使の吉備《きび》海部羽嶋《あまのはしま》にしたがって来朝した。

勇猛で知略に富む日羅はその身から光明を放っており、そのさまは火炎のようであった。天皇は詔して阿倍目臣《あべのめのおみ》、物部贄子大連《もののべのにえこ》、大伴糟手子連《おおとものあらてこ》らを遣わし、日羅に国政について問わせた。

太子は、日羅が異相の人物だと聞いていたので、天皇に、「使いの臣らと一緒に日羅が滞在している難波の館に行って、かの人の人となりを観察させてください」と願い出た。けれども、天皇の許しが得られなかったので、ひそかに父の皇子に事情を話し、身分の低い者が着る粗末な衣服に着替えると、他の子どもたちにまじって館にもぐりこみ、日羅を観察した。

このとき日羅は床にいたが、集まってきた者たちをながめまわし、太子を指さして「あの者はいかなる童子なのか。あれは神人だぞ（那童子也、是神人矣）」と言った。太子は織りの粗い粗末な衣をまとい、顔をわざと汚し、帯のかわりに縄をしめ、馬飼の子と肩を並べて立っていた。日羅が人を遣わして太子を引いてこさせようとしたので、太子は驚いて門外に逃げた。すると日羅が、逃げた太子のほうに向かって拝んだ。何事かと驚いた大夫たちが門外に出てその子を見ると、それは太子その人であった。

太子は衣服を着替え、あらためて日羅の前にまかり出た。迎えた日羅が太子に再拝を二度も繰りかえしたので、大夫たちも驚いて非礼を詫び、再拝したうえで日羅の居室に導いた。日羅は地にひざまずき、合掌して、「敬礼救世観世音《きょうらいくせかんぜおん》大菩薩、伝燈東方粟散王《ぞくさんおう》（救世観世音大菩薩に敬礼いたします。菩薩は東方粟散王に仏の法燈を伝えられました）」と唱えたが、だれもその言葉を聞きとることはできなかった。

※太子は救世観音の化身とされているが、法隆寺僧の顕真《けんじん》は六観音すべての化身が太子だとして、こう書いている。「太子が厩戸で生まれたのは馬頭観音の表示である。拳に舎利を握って生まれたのは如意輪観音の表示である。南無仏と称えたのは聖《しょう》観音の表示である。光を放ったのは十一面観音の表示である。守屋《もりや》の軍と戦ったのは千手観音の表示である。十七条憲法を製したのは不空羂索《ふくうけんじゃく》観音の表示である」（『顕真得業口決抄《けんじんとくごうくけつしょう》』）。

太子は日羅に向かって威儀を正し、身を折り曲げて感謝の言葉を述べた。このとき日羅が身体から光を放ったが、その光は燃え盛る炎のようであった。太子もまた眉間から光を放ったが、それは太陽から四方八方に放散される光の枝のようであった。

両者の放つ光は、しばらくして止んだ。このとき太子が日羅にこう語った。

「害をこうむってあなたの命は尽きるでしょう。ああ、なんと惜しまれることだ。けれども、聖人ですらそれを免れることはできない。まして私には、どうすることもできないのです」

二人はその日、一晩中、俗世を離れた世界のことを語り合った。側にいた者はだれもその話を理解することができなかった。翌日、太子は自分の宮に帰った。

冬十二月晦日《みそか》の夜、新羅人が日羅を殺した。けれども日羅はいっとき蘇生し、「私を殺したのは、わが奴《やっこ》だ。新羅国人のしわざではない」と言い終わって死んだ（『日本書紀』によれば暗殺の首謀者は百済の恩卒《おんそち》、実行者は下士官の徳爾《とくに》であるという）。

訃報はただちに太子にもたらされ、日羅の死を聞いた太子は、左右の者にこういった。

「日羅は聖人であった。私が昔、漢《から》の国でくらしていたとき、彼は私の弟子であった。常に日天を拝んでいたので、その身から光明を放つのである。前世から日羅をうらみに思う仇が離れずつきまとっていたため、このように命を断つことでつぐなったが、生を捨ててのちは、必ず天上の世界に生まれるだろう」

日本最初の仏寺と仏舎利

敏達天皇十三年甲辰《きのえたつ》〈太子十三歳〉の秋九月、弥勒菩薩の石像一軀〈今は古京・平城京の元興寺《がんごうじ》東金堂にある〉が百済からもたらされ、蘇我大臣馬子《おおおみうまこ》が請い受けた（『日本書紀』によれば、この年、百済から帰朝した鹿深臣《かふかのおみ》が弥勒石像を一体、佐伯連《さえきのむらじ》が仏像を一体持ち帰り、二体とも馬子が請い受けたという）。あわせて恵便《えべん》という狛国《こま》（高麗国）の還俗僧が播磨の国にいたので、彼を再出家させて師僧とし、三人の尼も出家させた。そうして仏殿を自邸の東に建立して石像を安置すると、三人の尼を招いて盛大な法会をおこなった。また、仏殿を石川の自宅にも建立し、いつも参拝して仏像を敬っていた。このとき、司馬達等《しばたっと》が献じた斎食《さいじき》の上に、忽然と仏舎利が出現した。これは蘇我大臣や司馬達等が深く仏法を信じ、修行を怠らなかったことに仏が感応したためである。

大臣の家に仏殿ができて以降、太子はしばしばお忍びで寺に出向き、仏のために散花《さんげ》し、供養をおこなった。そうして、大臣に密かに思いを伝えた。

「私は過去世から数十身を歴《へ》て修行を重ねてきました。けれどもその間、立てた願の万分の一も成就させることができず、人を救済することができないまま、今生に至っています。あなたがこうして仏殿を営み、それを貴みはじめたことは、はかり知れない功徳です。たとえば虚空の広さが不可思《ふかし》量《りょう》（無限）であるのと同じように、この功徳も不可思量というべきです。私は幼くて未熟な者ではありますが、ともに仏縁を結び、仏道を外護して人々を導く善知識《ぜんちしき》となり、如来の教えを伝え、仏の幡《はた》のしるしを建てて、仏道を盛んにしていこうではありませんか」

この言葉を大臣馬子はかしこんでうけたまわって、以後、仏への敬礼を怠けたり緩めたりすることがなかった。

翌十四年乙巳《きのとみ》〈太子十四歳〉春二月、蘇我大臣が塔を大野の嶽の北に造立し、盛大な斎会《さいえ》をおこなった。太子も儀をととのえて斎会に臨んだ。いよいよ塔の中心となる心柱《しんばしら》を立てるという段になったとき、太子が合掌三拝して、左右の者にこういった。

「塔は仏舎利の器です。舎利を安置せねば、仏塔とすることはできません。釈迦如来が入滅なさってのち、砕骨の舎利が後世《ごせ》の衆生の心やおこないに感応して出現するようになったのです。これは如来が仏教徒以外の世界の人々のために施したもうご加護です。釈迦如来という聖人は、滅後も舎利の感応という形で、つねに身近に顕現なさっています。どうしてはるか遠い、手の届かないところの存在などといえましょう。ですから大臣も、心柱に舎利を安置すべきです。そうしないままで塔を立てると、やがてこの塔は必ず倒壊してしまうでしょう」

話を聞いた大臣は、舎利の感得にあずかりたいと願い、祈った。すると二十一日の後、斎食の上に一枚の舎利が現れた。大きさは胡麻つぶほどで、色は紅白。紫光が四方に放射していた。水に入れると沈まず、舎利の半分ほどを水面上に出して浮かんでいた。そこでこんどは、願い事を念じて舎利を水に投げ入れると、願いに応じてあるいは浮かび、あるいは沈んだ。

舎利は、激しく叩いても撃っても砕けるということがなかった。激しく撃ちすえればすえるほど、いよいよ霊妙な光を吐いた。馬子が試しに舎利を鉄敷《かなしき》の上に置き、金鎚で撃つと、鉄敷と金鎚はことごとく砕け散ったが、舎利だけは少しも砕けなかった。

馬子は瑠璃の壺に舎利を納め、朝夕、これを礼拝《らいはい》した。舎利はいつも壺のなかを動きまわり、あるときは二つ三つになり、またあるときは五つ六つに増えて、定まった数というものがなかった。そうして、夕べごとに光を吐いた。太子は馬子の家を訪れては舎利を礼拝し、「これはまさしく本物の仏の遺骨です」と大臣に告げた。いよいよ心柱を立てるというとき、大臣は斎会をおこなって、この舎利を心柱の根元に安置したのである。

崇仏と廃仏の争い

このとき、大臣に罹患の兆候があった。祟りの原因を占わせると、「馬子の父・稲目《いなめ》のときに仏を祭ったことが原因で、病気は神の御心だ」という占断がでた。悩んだ馬子は、さっそく書をしたためて天皇におうかがいを立てた。

※『日本書紀』によれば仏教の公伝は欽明天皇十三年（五五二）。百済の聖明王《せいめいおう》が釈迦仏の金銅像や経論若干巻を送ってきたので、天皇が仏教受容の可否を群臣に問うた。物部尾輿《もののべのおこし》や中臣鎌子《なかとみのかまこ》らが反対する中、蘇我稲目が崇仏を主張して仏を祭ったが、疫病が起こった。そこで仏像を難波の堀江に捨て、稲目の寺を焼いたと伝える。この稲目による崇仏の祟りが馬子に累を及ぼしたというのである。

このとき、太子は天皇のそば近くに侍っていた。その太子に向かい、天皇が「わが国のまつりごとの基本は神をもって主としている。しかるにいま、蘇我大臣は異国の神を祭りたいと請うてきた。どうしたものであろう」とたずねたので、太子はこう答えた。

「諸仏と世尊が教え説かれた道は、目に見える世界から、目にも見えない世界にわたる、もっとも精微にして霊妙な道でございます。諸神もこの道に随っており、あえて仏に違背するということはございません。いま、大臣はその仏法の道を興そうと願い、その許しを請うておりますが、これは国家にとっての福《さいわい》でございます。大臣に祭祀を許す旨の詔《みことのり》をお与えになり、御仏を祭らせるべきでございます」

一方、馬子は弥勒石仏を礼拝して、どうか寿命を延ばしてくださいと祈っていた。ところがそれとときを同じくして国に疫病が広まり、多くの民が死亡した。

塔が成った翌月の三月、事態を憂慮した物部弓削大連《ゆげのおおむらじの》守屋、中臣勝海《かつみ》連らが、「先の天皇より下々にいたるまで、多くの者が疫病でたおれておりますが、疫病はいまだ息《や》むようすも見えません。このままでは人民が絶えてしまいましょう。これはひとえに蘇我大臣の仏法興業のゆえでございます」と、天皇に訴え出た。

訴えを聞いた天皇は守屋らの主張を認め、「まさにそのとおりである。よろしく仏法を断つべし」と詔《みことのり》し、馬子に仏法を断つよう命じた。これを聞いた太子は、

「物部と中臣の二臣はいまだ因果の理《ことわり》を識りません。善いおこないを心がければ福《さいわい》がおとずれ、悪をおこなえば禍《わぎわい》が訪れます。これは自然の理法、如来の教えでございます。いにしえの聖人は、善をおこなって大災に打ち勝ちました。大旱魃を克服した帝堯《ぎょう》や、大洪水を克服した殷《いん》の湯王《とうおう》の事蹟がそれだと私は聞いております。いまの疫病も、徳をもって除《はら》うべきでございます。いままさに興そうとしている仏法を滅ぼしたからといって、どうして疫病で死にかけている者の命を救うことがで

きましょう。二臣はいまにかならず天の禍をこうむりましょう」

こう述べて天皇と二臣を諫めた。けれども二臣は聴きいれず、内裏を出るとその足で馬子の建てた寺に行って堂塔を破壊し、仏像を打ち砕いて火を放った。さらに、焼け残った仏像は難波の堀江に投げ棄てた。また、寺を守っていた三人の尼を召し出して法服をはぎとり、海石榴市《つばいち》（現・桜井市金屋）のあばら家まで引っ立てて、鞭打ちの刑という恥辱を加えたのであった。

疫病の大流行

この日、雲もないのに大風雨があった。太子は父の皇子に、「これから禍が始まります」と告げた。はたして、それ以後、天然痘《てんねんとう》が蔓延した。死者は国中に充ち満ち、瘡《かさ》を病んだ者は、「この痛さは、まるで五体を焼き裂かれるようだ」と呻き苦しんだ。そうして、老いも若きも、「これは仏像を焼いた罪のせいだろう」とささやきあうようになった。

このとき太子は、父の皇子に、「如来の教えは、一度は仏の入滅とともに滅びましたが、その後、弟子たちによってまた興されました。そうしてこの国でも、蘇我大臣が興そうとしたのに、それを滅ぼしてしまったのです。いま、二臣の破法の報いによって、この瘡の疫疾が起こっております。仏に祈請《きしょう》してこの苦境を脱するべきです」と申し出た。そこで皇子は、太子とともに香炉を捧げて仏を拝礼した。

夏六月になっても、馬子の病は快方に向かわなかった。そこで馬子は、病が久しく癒えないので、どうか仏法僧の三宝《さんぼう》に帰依し、加護を祈ることをお許しくださいと、天皇に願い出た。

「おまえ独りがおこなうことは許そう。ただし、他の者を引きこむことは許さぬ」と天皇は詔し、仏に仕えさせるために、三人の尼を馬子に与えた。馬子は歓喜して三人の尼をもらい受けた。

太子も喜び、「大臣はその威勢をもって仏法という比類のない教えをこの国に興された。天皇の詔が得られたのだから、これで我が国に初めて正式に仏法が興ることになります。なんとすばらしいことでしょう」と、馬子を祝福した。

さきに建てた寺は壊されていたので、大臣は新たに石川精舎《しょうじゃ》を営《つく》り、そこで三人の尼を供養した。我が国の仏法は、このときから始まり興ったのである。

父の天皇の即位と崩御

用明《ようめい》天皇〈諱は橘豊日《たちばなのとよひ》。欽明天皇の第四子で、敏達天皇の第三の弟である。磐余《いわれ》の池辺双槻宮《いけべのなみつきのみや》で天下を治めること二年〉の元年丙午《ひのえうま》〈太子十五歳〉春正月、天皇は庶妹の穴穂部間人皇女《あなほべはしひとおうじょ》を皇后に定めた。用明天皇は敏達天皇が崩御した年の九月に即位したが、あえて即位したとは称えなかった。

このとき太子は、父の天皇にこう奏上した。

「天の星々を観察いたしましたが、帝の長寿はかないません。とはいえ、兄の敏達天皇に代わって践祚《せんそ》（即位）なさいました以上、どうか仁徳を施してくださいませ。まだ諒陰《りょうあん》（喪中）ではございますが、天皇としてのお務めに励まれますように」

　奏上を聞いた天皇が、太子にそっとささやきかけた。「私は自分の跡継ぎが続かなくなることは恤《うれ》うるが、自分の寿命が長くないことは、むしろ喜んでいる」という天皇に、太子は、「寿命の長いも短いも、すべては過去の因縁によっております。自分の霊魂が肉身から脱して子孫の代に替わろうとも、屍《しかばね》を解いて仙界に登り、魂が蓮の花に孕《はら》まれるなら、なんの恨みがございましょう。因縁はいかんともなしがたいものでございます」と応えた。天皇は黙然として、わが子の言葉を聞いていた。

　二月、太子がひそかに奏上した。

「叔父（穴穂部皇子）が姑后《こごう》（後の推古天皇）と不和をかまえようとしております。また、守屋と勝海も天皇に不忠をなさんとしております」

　これを聞いて、天皇は天下の穏やかでないことを嘆いた。

　即位二年目の丁未《ひのとひつじ》年〈太子十六歳〉夏四月、用明天皇が病に倒れた。太子は衣帯《いたい》も解かず天皇のそばにつききりとなり、天皇が食事をとると、ようやく自分も食事をとり、天皇が次の食事をとると、自分もそれにならうといった日々で、かたときも天皇から離れなかった。また、快癒のために香炉をささげて仏に祈り、その声は宮内に響いて絶えることがなかった。

　天皇の病状は、よい方向には向かわなかった。そこで天皇は群臣を集め、「朕は三宝に帰依しようと思う。卿達はよろしくとりはからうように」と詔した。それを聞いた物部守屋や中臣勝海は、「どうしてこの国の神々に背いて、外国の神をお敬いなさるのですか。そのようなことは過去にも聞いたことがございません」と反対した。けれども蘇我大臣は、「詔を拝承して帝をお助けもうしあげるべきでしょう。だれが異を唱え、帝のみ心に反するはかりごとをしようというのですか」とはねつけ、ついに九州から豊国《とよのくに》の法師を呼んで、内裏に入れた。

太子は大いに喜び、大臣の手を握りしめ、涙を流してこういった。

「仏の教えがいかにありがたいものであるかを、人々は知りません。みだりに異説を言い立て、邪《よこし》まな見解を唱えては、罪をつくっているのです。ところが大臣はいま、心をみ仏の福田に帰し、豊国法師たちを呼び寄せて帝の寿命のために祈らせてくれました。私の心は大いなる喜びにあふれています。帝の御病気は深い悲しみですが、御病気なればこそ、それが縁となって三宝興隆の果という喜びがやってくるからです」

これを聞いて、大臣はもったいないというように深く頭《こうべ》を垂れ、「私ではなく、殿下の聖徳によって三宝は興隆するのです。臣が死んで後も、いまと同じように三宝は興隆することでございましょう」と答えた。

このやりとりを聞いていた大連の守屋が、いやな目付きで二人を睨み、怒りをあらわにした。太子は左右の者に、「大連は因果の理を知らない。しかもいま、まさに亡びようとしている。ところが彼はそのことを知らない。ああ、悲しいことだ」とつぶやいた。

　このとき、ある人が大連に、「いま群臣があなたを亡き者にしようと謀《はかりごと》をめぐらせています。慎まれないと危ないことになりますぞ」とささやいた。これを聞いた守屋は、内裏から阿都《あと》（跡部《あとべ》）の自宅にもどるや手勢を集めた。中臣勝海もまた人を集めて守屋を助けようとし、同時に馬子ら崇仏派を呪詛するための厭魅《えんみ》をおこなった。そのことが天皇の耳まで届き、厭魅のことが発覚した。大臣は太子の舎人の迹見赤檮《とみのいちい》を守屋のもとに送りこみ、守屋を殺そうとした。一方、守屋は使者を大臣宅に遣わし、「群臣が私を亡きものにしようと謀をなしていると聞きました。そのゆえに、身の危険を感じて内裏を退出したのです」と弁明した。

　ちょうどそのころ、造仏師の鞍部多須奈《くらつくりのたすな》が天皇のために出家して、丈六（一丈六尺＝約四・八メートル）の仏像と坂田寺《さかたでら》を建立した。太子は多須奈の手をとり、「この愚かでとるにたらない私でも、あなたに助けられて法を崇《あが》めることができました。たとえ千年万年の後といえども、どうしてこの冥助《みょうじょ》の福慶を忘れることがありましょうか」と、泣きながら感謝の言葉をのべた。

　この月、父の帝の用明天皇が崩御した。太子は身の置き所もなくうろたえ慟哭し、自分も何度も息が絶えかけた。やがて、天皇の口のはしに綿を近づけて、本当に息が絶えたかどうかを調べる属纊《しょっこう》の儀がおこなわれたが、天皇の口元につけられた綿は、少しも動くことがなかった。太子は悲しみのあまり大臣の首にすがりつき、泣き叫んだまま気を失い、正気づいてはまた気を失うということを三度もくりかえした。ともに悲嘆の淵に沈んでいた大臣は、ただなぐさめの言葉をかけるしかなかった。

物部守屋の滅亡

こうしてその年の六月を迎えた。大臣馬子は炊屋姫尊《かしきやひめ》の詔を奉じて、穴穂部皇子と宅部《やかべ》皇子の弑《しい》殺《さつ》に出た。両皇子は亡き用明天皇の兄弟だったが（『日本書紀』では宅部皇子は宣化《せんか》天皇の皇子）、物部大連守屋と手を組んで天皇を呪詛し、大臣を厭魅した。それが原因で、用明天皇は崩御したというのが、馬子の言い分であった。

馬子は、佐伯連丹経手《にふて》らに兵を与え、両皇子の宮に向かわせた。これを聞いた太子は、大臣を諫めて、「人の人たるゆえんは、みなその生命にあります。かの二人の皇子は亡き天皇の兄弟であり、私の伯叔にあたります。罪あってそれを裁くとしても、どうか軽い刑に処すようにしてください。願わくば私のために二人を寛大な心で恕《ゆる》し、他国への配流で済ますようにしてください」と頼んだ。けれども馬子は、「大義のためには親でも滅ぼすといいます。そしていまが、まさにそのときでございましょう」と主張して、諫言《かんげん》を聴かなかった。「大臣もまた因果に迷った。彼もまた悪果を免れることは難しいだろう」、太子は左右の者にこうつぶやいた。

七月になった。大臣馬子は諸皇子らとともに軍を率いて、大連討伐のために出陣した。大伴咋子《くいこ》連、阿倍臣、平群神手《へぐりのかむて》臣らも兵を率いて志紀《しき》郡から駆けつけ、渋川に集結して、大臣とともに大連討伐に向かった。一方、物部大連はわが子や兄弟や家の奴を集め、稲束を積んで城を築いて大臣の軍を迎え撃った。物部の軍は強く意気盛んであり、数も多く、兵たちは家に満ち、野にあふれた。その勢いに恐れおののいて、蘇我の軍は三たび退却した。

ときに太子は十六歳。しんがりとして従軍していたが、「仏に願かけて祈る以外、勝利は得られない」と考えて、副官の秦造《はたのみやつこ》川勝《かわかつ》（河勝）に白膠《ぬるで》の木を用意させた。そうしてその木で四天王の像を刻み、みずからの頂髪に置いた。それから、「いま我をして敵に勝たしめたまわば、必ず護世の四天王のおんために寺塔を起立せん」と誓願した。それを見た大臣馬子もまた、同じように願を発し、あらためて軍を進めて戦った。

このとき大連守屋は、榎の大木にのぼり、「これはこれ、物部の府都《ふつ》の大明神の矢（物部氏の守護神の放つ矢の意）」と氏神に誓って矢を放つと、矢は太子の鐙《あぶみ》に的中した。そこで太子も、舎人の迹見赤檮に命じて、四天王の矢を射させた。すると矢は大連の胸を射貫き、大連はどっと大木から転げ落ちた。大連が倒れたので敵軍はあわてふためき、大混乱に陥った。このとき川勝が、大連の首を斬りとった。〈太子の『本願縁起《ほんがんえんぎ》』は、守屋についてこう記している。「守屋の臣は生き変わり死に変わりして絶えず仏法を障碍《しょうげ》する破賊である。私が震旦《しんたん》や漢土《かんど》において男や女の姿をとって仏法を広め、人々を仏の道に導いていたときも、常に私の身辺に付き従い、まるで影のように離れなかった。その後、私は五百回の転生をへて大小の寺塔・仏像の建立を発起し、六宗の教法を崇め、今生においては八箇所の寺院と塔を建て、仏菩薩の像を建立した。また、自ら著した『法華義疏《ほっけぎしょ》』『勝鬘経義疏《しょうまんぎょうぎしょ》』を寺ごとに写して納め、寺を維持し、運営するための資財として施入した封戸《ふこ》や田園も数々ある。けれども、逆臣やその化身である猛悪な鳥は、以後もしばしば現れては人の心を揺り動かし、迷わせ、乱すであろう。邪悪な心に兇悪な思いをさしはさんで田地を掠め取り、寺塔を破滅させるであろう。これはただ守屋が変現したものである。私と守屋とは本体と影、音声とその響きのようなものである。寺塔が滅亡すれば、国に壊失するであろう」。〉

大伴咋子連、阿倍臣、平群神手臣の三人の副将軍はただちに守屋邸になだれこみ、その子孫と資財と田宅をとりあげて、すべてを寺の分とした。〈『本願縁起』はこう記す。「物部守屋の子孫と彼に従う者二百三十七人を、永く寺の奴婢とすることに決めた。また、守屋の官職を奪い、所領の田園十八万六千八百九十代《しろ》（一代《ひとしろ》は約二十三平米）は寺の永財と定めた。その内訳は、河内国が弓削《ゆげ》・鞍作《くらつくり》・祖父間・衣摺《きずり》・虵草《はぐさ》・足代《あじろ》・御立・葦原《あしわら》の八箇所、併せて十二万八千六百四十代。摂津国が於勢《おせ》・模江《かたえ》・鵄田《とびた》・熊凝《くまごり》などの散地、併せて五万八千二百五十代である。ほかに守屋の三箇所の邸宅と資財なども、ことごとく寺の分と計《かぞ》えて施し入れた。ただし大連の私田万頃《まんけい》は迹見赤檮らに褒賞として与えた。こうして戦後処理を終えると、玉造の岸のほとりに初めて四天王寺を建立し、大倭飛鳥の地には法興寺（飛鳥寺）を建てた。いずれも太子と馬子が話し合った上での建立であった」。〉

秋七月、用明天皇を河内の磯長《しなが》の中尾の山陵に葬った。太子は斬服し（葬儀に用いられた喪服の一種の斬衰《ざんさい》か、未詳）、徒歩で葬送の列に参列した。両足から血が流れたが、天皇の柩を乗せた輿を止めることもなく、そのまま強行して山陵に至った。

いよいよ柩を下ろす段になると、悲しみで胸がいっぱいになり、人目もはばからずにうろたえ泣き騒ぎ、ついには失神して、また正気づくといった様子だった。それを見た参列者も、深い悲しみに沈んだ。この日、空は曇り、何度も小雨が降った。人々は太子の帝に対する孝心に天が感応して、涙雨を降らせたのだろうと心に思った。

崇峻天皇の即位

崇峻《すしゅん》天皇〈諱は泊瀬部《はつせべ》。欽明天皇の第十二皇子で、用明天皇の第十一の弟である。倉橋宮で天下を治めること二年〉の元年戊申《つちのえさる》〈太子十七歳〉春三月、百済の使者ならびに僧恵聰《えそう》・令欣《りょうこん》・恵寔《えしょく》らが来日して仏舎利を献じた。また恩率首信《おんそつすしん》らが来日し、貢ぎ物を進《たてまつ》るとともに、仏舎利ならびに僧聆照《りょうしょう》・律師令威《りょうい》・恵衆《えしゅ》・恵宿《えしゅく》・道厳《どうごん》・令開《りょうけ》ら、寺大工一人、鑪盤師《ろばんし》一人、造瓦師二人、画工一人を献じてきた。

使者が携えてきた百済の国書には、こう記されていた。

「本国の王（威徳王）が、日本国王にこのようにお伝え申しあげるようにと申しております。

『承るに、陛下（用明天皇）は日本国王がお開きになられた道を継いで践祚なされ、初めて仏道を興されました。漢帝東流《とうりゅう》の夢、法王西来《せいらい》の猷《はかりごと》が、いまに至ってしるしを顕したというべきでございましょう。前世、仏教の法燈を伝えられた聖皇（用明）は、いままた附神（神国日本）のもとにご誕生なさいました。また、過去世において仏法の幡を立てられました真人《しんじん》（聖徳太子）も、生まれ変わって馬台（耶馬台＝日本国）にご生誕なさいました。その仏縁の国に使者を送ることのできますことは、臣らの無上の喜びでございます。そこで経律論の三蔵の大師と律学の比丘を貢渡いたします。伏して乞い願い上げます。陛下よ、仏という太陽を、日出ずるところに生えるという桑の若木の郷《さと》（日本）に照り輝かせてくださいませ。仏の慈悲の雲が、扶桑の村（日本）をあまねく覆うようにしてくださいませ』。」

太子はこの国書を大いに喜び、献じられてきた僧侶たちに仏道の根本の義をもって質問した。僧侶たちもまた、太子の真意をよく理解し、普通の者ではなかなか理解することのできない奥深い言葉をもって返答した。

崇峻天皇の凶相と出征

この年、崇峻天皇はひそかに太子を召し出し、「人々が、そなたには神通の働きがあり、また、よく人相を見るといっている。朕の顔かたちを相《そう》してみよ。褒めるような気遣いはいらぬ」と勅した。そこで太子は天皇を相して、こう申しあげた。

「陛下の玉体はまことに仁君の相がそなわっておいでです。ただ、たちまち命をなくすような事態に立ち至る恐れがございます。伏して請い願いあげます。よく周囲の守りをおかためになり、姦人をお近づけになりませぬように」

「何をもって、そのように相したのか」

「赤い文様が陛下のまなこを貫いております。これを傷害の相と申します」

そこで天皇は、鏡をとりだして自分の顔を見た。すると、太子のいったとおりの相が現れていたので、大いに驚いた。その後、太子は側近にこう語った。

「陛下の相は、これからも消えることはあるまい。あの傷害の相は過去世からの因縁によっているのだ。ただし、もし三宝を崇めて魂を仏教の知恵の教えにあそばせたまい、因縁から免れることを心から願われるのであれば、万分が一の可能性がないではない」

太子は群臣および左右の者に命じて、よく陛下を護衛させた。また、近習《きんじゅ》の者には、昼夜交替で天皇を守らせた。

崇峻天皇二年己酉《つちのととり》〈太子十八歳〉、太子が、「日本全国のまつりごとの様子を、使いを出してお知りになったほうがよろしいでしょう。使いを三道に派遣して、諸国を巡察させていただきたいと思います」と天皇に奏した。

そこで天皇は、近江臣満《おうみのおみみつ》を東山道に、宍人臣雁《ししひとのおみかり》を東海道に、阿倍臣牧吹《ひらぶ》（比羅夫）を北陸道に派遣した。三道使節は任務を終えて帰国し、巡察の結果をご報告申しあげた。「太子の力がなかったなら、朕は外国の境（辺境の地のこと）を知ることができなかった」といって天皇は大いに喜んだ。

崇峻天皇三年庚戌《かのえいぬ》〈太子十九歳〉春三月、仏教を学んでいた尼の善信《ぜんしん》らが（留学先の）百済からもどってきた。太子は天皇の御前で釈迦の説いた律法の義について善信尼らにたずねたが、彼女らは答弁することができなかった。それを見た天皇は、「仏のみ教えについて、なにもわざわざ海の彼方の国に問うまでもなかろう。いま、目の前に経律論に通じた三蔵の大師（太子）がいるのだから」と太子をほめた。

冬十一月、太子が冠をかぶって元服の儀をおこなった。群臣はこれを祝賀した。

崇峻天皇四年辛亥《かのとい》〈太子二十歳〉秋八月、「朕は任那《みまな》を建てたいと思う。みなのものはどうか」と、天皇が群臣にたずねた。群臣らは、われら一同の思いは陛下の思し召しと同じでございますと答えたが、太子だけが、「新羅《しらぎ》は豺狼《さいろう》（山犬と狼）のようで、その貪欲さははかりしれません。外に向かってはともに従いますといいながら、内では心を合わせて叛《そむ》くことを考えるような国でございます。いま軍《いくさ》を興しても、任那再興は成りがたいと存じます。ましてや近い将来、宮庭に血の臭いのあるこの時期には……」と反対した。けれども天皇は聞き入れず、その年の冬十一月、紀臣《きのおみ》男麿《おまろ》、巨勢臣猿《こせのおみさる》、大伴連咋、葛木臣《かずらきのおみ》小楢《おなら》らを副将として二万六千人の外征軍を組織し、筑紫に送った。

この出征について、太子は、「軍は目的を達しえないだろう。海外に打って出るつもりだろうが、海を渡ることはかなわない。いたずらに人力を費やすだけだ。出征を取りやめるにこしたことはないのだが」と周囲に漏らした。それを聞いた天皇は、太子の言を憎んだ。

天皇暗殺

崇峻天皇五年壬子《みずのえね》〈太子二十一歳〉の春二月、天皇はひそかに太子にたずねた。

「天は尊《たか》く、地は卑《ひく》い。貴と賤は定まった位である。であればこそ、君主は北極星の位である北に座して南に向かって政務をおこない、臣はその君主に北面して仕えるのである。これは不変の条理である。しかるに蘇我の臣は、内には私欲をほしいままにしながら、外ではそれを隠して自分を餝《かざ》っている者のようだ。初めて如来の教えを興したという功績はあるが、和順・忠義の情はない。おまえはそうは思わぬか」

太子はこう答えた。

「人の守るべき君臣の道・父子の道・夫婦の道の三綱や、人の守るべき仁義礼智信の五常の徳目は、実際には聖人でもおこないがたいものでございます。一元四千六百十七年のうち（元は中国の宇宙周期の単位）、最初の一百六年の中に陽が極まって旱害をもたらす年が九回ある（「陽九百六」）と申しますが、その陽九百六には、愚臣もまた害をなすものでございます。蘇我大臣は、いまや仰せのとおりに驕りたかぶった臣といえましょう。とはいえ、仏教には真理に至るための六つの知恵の道（六波羅《ろくはら》密《みつ》）がございます。なかでも耐え忍ぶ忍辱《にんにく》を、仏はとくに大切なこととしてお教えになられました。陛下におかれましては、どうかこの忍辱の功徳をおこなわれまして、み心を怒りではなく忍辱にお向けになさいますようお願い申しあげます。政治を左右するような重要なことがらは、順を追って発するもの。臣に誉れを与えるのも、恥辱を加えるのも陛下でございます。どうか陛下は口をかたくお閉ざしになり、みだりにご発動なさいませぬよう」

これを聞いて、崇峻天皇は太子の言葉にしたがった。とはいえ、天皇の人となりは剛胆だったので、なかなか人の非をゆるすということがなかった。そこで太子は、しばしば天皇を諫めていたのである。

こうして、その年の冬十月をむかえた。ある人が、朝廷に猪を献上してきた。その猪を見て、天皇が「いつの日か、この猪の首を断つごとく、朕の嫌っているところのあの者（馬子）の首を断ってやろう」と口にした。太子は非常に驚き、「禍はこれより始まります」と奏上した。

猪が献上されたので、天皇はささやかな宴会を催して、群臣や側近、宿衛《しゅくえい》の兵たちに禄物を授けた。この日、太子は宴会に出た者たちに、「今日、天皇がおっしゃったことは他人に語ってはならぬ」と注意したが、一人の愚かな男が大臣馬子に漏らしてしまった。馬子は、自分が天皇に嫌われていることを恐れ、（この国に帰化してきたばかりで、よく国情を知らない）東漢直駒《やまとのあやのあたいこま》を召し出した。そして、「おまえは私のために天皇を弑《しい》し奉れ。ほうびはおまえの心が望むままに与えよう」と、ひそかに指示を与えて暗殺者に仕立てた。

駒という男は性質が愚かで驕りたかぶっており、剛腕大力であった。また、宮中に出入りすることができたので、夜、宿衛の中に入って、「陛下は起きておられるか、お休み中か」と尋ねた。宿衛の者が「ぐっすりとお休み中だ」と答えたので、駒はただちに寝室にもぐりこみ、剣を抜いて天皇を暗殺した。

群臣は大いに驚いた。馬子はただちに人を遣わし、これは大臣の仕業ではないかと驚き怪しんでいる者を捕縛した。そのため人々は、黒幕がだれかはわかっていながら口を閉ざした。変を聞き、太子は慟哭して、「陛下は、この愚児のいうことを用いられなかった。これは過去の報いなのだ。けれども、たぶん大臣も同じ運命だろう。報いはたちまちやってくるはずだ。駒もみずからの意志ではなく、大臣の命令に従って動いたとはいえ、やはり悪報は免れえないだろう」と嘆いた。

天皇暗殺後、大臣は駒を大いにひきたてて、数限りない褒賞物を与えた。ところが、駒は、大臣の邸宅に出入りし、家の中と外とを問わず、ひそかに大臣の娘で天皇の妻の一人である河上の嬪《ひめ》（天皇の妃）を犯してしまった。

馬子は激怒し、「漢の奴《やっこ》は私の命じたとおりに天皇を弑したてまつったが、だからといって、どうしてわが娘を犯すことまで許されよう。それに、天皇に手を下したのはこの奴だし、わが悪名を千年先まで伝えるのも、この漢の奴だ」といって引っ捕らえ、庭の木の枝に駒の髪を結わえ、ぶらさげさせた。そうして、みずから弓を手にとると、「おまえは、わが言を用いたとはいえ、天皇を弑し奉った。これが罪の第一。またあのとき、私は天皇のお言葉を聞いて思わずカッとなっただけなのに、それを慮《おもんぱか》ることなく、いとも簡単に奴の分際で天皇を弑し奉った。なんという愚かで驕慢な性格だろう。これが罪の第二だ。さらに、おまえはひそかに天皇の嬪《きさき》を犯した。これが罪の第三だ」といって、ひとつ罪を数えあげるごとに、矢を射た。

駒は激怒し、「あのとき俺は、この国で偉いのは大臣だけだと思っていた。天皇が尊い方だということは知らなかった。だから天皇を弑し奉ったことは悔いているが、それ以外の罪については、謝る必要などない」と叫んだ。駒の言葉に憤激した馬子は、剣を投げつけて彼の腹を断ち割り、ついでその首をはねた。

下手人の駒が馬子に殺されたと聞いて、太子は側近につぶやいた。

「君を弑したという汚名は、たとえ犯人を処刑したとはいえ、千年ののちまで雪《すす》ぐことはできないであろう」

太子、摂政に立つ

推古天皇〈諱は豊御食炊屋姫《とよみけかしきやひめ》。欽明天皇の娘で、敏達天皇の后である。小墾田宮《おはりだのみや》で天下を治めること二年〉の元年 癸丑《みずのとうし》〈太子二十二歳〉春正月、飛鳥寺の塔の刹柱《せっちゅう》(塔の上部の柱、旗を立てる柱)が立てられた。太子は儀式に臨んで塔を拝礼し、百済から献ぜられてきた舎利を心柱に安置した。舎利は再三光を放ち、観る者は大いに悦んだ。

夏四月、天皇が、初めて群臣を集め、彼らの言葉を聞いて、こう勅した。

「朕は女人であり、性はくらくて物事を解する力がありません。けれども、処理しなければならない政務は日々新たに生まれ、国務はますます積み重なって多忙になっています。そこで、天下のまつりごとに関することは、みな太子に啓《もう》しあげるようにしなさい」

すなわち、その日のうちに太子を皇太子とし〈かつ摂政に任じて〉、すべてのまつりごとをことごとくまかせた。このとき太子は二十二歳〈このかたは橘豊日天皇の第二の皇子である。母は穴穂部間人皇女である〉。『暦録』にはこう記されている。

「懐妊（出産）の日、皇女は禁中を巡行し、厩の戸のところで太子をお生みになった。よってこれを名とし、厩戸皇子とした。皇子は聖《ひじり》の知恵をおもちであり、また未来のことを知り、釈迦の教えについても、孔子《こうし》の教えについても、妙通していないものはなかった。父の用明天皇は皇子を愛して、自分の宮の南の上《かみ》つ宮《みや》に住まわせた。そこで上宮太子とも称された。いま、坂田寺と呼んでいるところが、その宮跡である」

この年、四天王寺を初めて解体して、難波の荒陵《あらはか》の東のほとりに移築した。〈『本願縁起』にこう記されている。「敬田院《きょうでんいん》の敷地内に池があり、荒陵池と号《よ》ばれている。その底は深く、青龍が住みついている。丁未《ひのとひつじ》の年、最初の四天王寺が玉造《たまつくり》の岸のほとりに建てられたが、推古元年、荒陵池のある土地を改め転じて青龍を鎮祭したうえで、四天王寺を移築した。移築先の難波の荒陵の地は、昔、釈迦如来が法を説かれた転法輪《てんぽうりん》の場所である。そのとき太子は長者となって生まれており、如来を供養し、仏法を外護した。この因縁をもって、いま四天王寺を建立したのである。……四天王寺の宝塔と金堂は、西方極楽浄土の東門の中心に当たっている。塔の心柱《しんばしら》の根元には太子の髻髪《たぶさがみ》六毛に、仏舎利六粒を加えたものが籠《こ》め納められている。六毛と六粒は、地獄・餓鬼・畜生・修羅・人間・天の六道を輪廻して廻るものを残らず救済することを表している。……金堂の内には金銅の救世《くせ》観音像が安置されている。百済国にあった仏像・経律師・法服・尼らを、この日本に渡したものである……。〉

　太子は儲君《もうけのきみ》（皇太子）の位を再三にわたって固辞した。

「臣は生まれつき徳が薄く愚かであり、政務をとるにふさわしくございません。私の志は、神仏の深く隠された秘奥の教えに沈潜しており、魂を彼岸に遊ばせたり、意識を道場で消すようなことをおこなってきたのです。過去世において数十回生まれ変わったのち、私は漢土に生まれ変わって王族となり、仏法を鍛錬し、悟りを通じて浄土に到ろうと心に期してまいりました。しかるにいま、みだりに儲君と摂政を拝領するようなことがあれば、天津神《あまつかみ》から天皇に託された神器は空虚なものとなり、連綿としてつづいてきた天皇の治世も、頽《くずお》れやすくなってしまいましょう。

　天皇の御前に伏して考えてみますに、陛下は天子の号をおつぎになり、天帝がおすわりになるという北極紫微宮《しびきゅう》と同じ位の座におつきになっておられます。この国を統御するにあたっては、万人が長寿を楽しめるよう仁の心をもって政務に当たられ、天地人の三才をいつくしむに当たっては柔和の心を法となさるようであれば、はるか海の彼方の国々から辺境の地にいたるまで、みなが陛下の治世にしたがい、喜ばしい天のしるしはしきりと現れ、年ごとに豊かなみのりが続くことでございましょう。

伏して願い上げたてまつります。どうか賢明で人柄のよい者を選びだして、その者に治世の補佐をお命じくださいませ。善良で知恵のある者を用いて、民衆をいつくしみ育てるようになさってくださいませ。そうすれば万国の民は歓喜し、四海は平安となりましょう。臣たる私は出家して仏の道に入り、仏の教えの外にいる者たちをこの道に導き入れて仏教をさかんに興し、仏家の深く果てのない教えの家風を受け継いで、それをこの国で照り輝かせたいと念じております」

太子はこう懇請した。けれども天皇はゆるさず、勅してこういった。

「大切なあなた（阿児《あご》）よ、そういうことは申すでない。朕はあなたをわが耳とし、わが目としているのです。この姥《ばば》が、阿児なしで何によって国を治めるというのです」

ここまでいわれては、太子もそれ以上の固辞はできず、儲君と摂政をお引き受けした。天下の人民はそれを聞いて大いに喜んだ。そのさまは、まるで慈父や慈母と遭ったときのようであった。

漂着した霊木

推古天皇二年甲寅《きのえとら》〈太子二十三歳〉の春二月朔《ついたち》、天皇が皇太子と蘇我大臣馬子に詔して、三宝を興隆するよう命ぜられた。詔を聞いたもろもろの臣・連たちは、天皇と親の恩に報いるために競って仏殿を造った。これを寺という。

三年乙卯《きのとう》〈太子二十四歳〉春三月、土佐の南海に夜な夜な大きな光物《ひかりもの》が現れた。また、声がして、雷のようであった。そんなことが三十日も続いた。

夏四月、その光物が淡路島の南の岸に流れついた。島民はそれが沈水香《じんすいこう》という貴重な香木とは知らず、薪にまじえて竈《かまど》で焼いた。太子は使いを遣わしてその香木を献上させた。香木は一抱えほどの太さで、長さは八尺（約二・四メートル）あった。とても強烈な芳香を発した。運ばれてきた香木を見て、太子は大いに喜び、天皇にこう申し上げた。

「これは沈水香というもので、もとは梅檀《せんだん》という香木でございます。南天竺の南海の岸に生えております。冷気があるため、夏の間はさまざまな蛇がこの木に巻きついており、人は矢をもって蛇を射、冬になって蛇が巣穴にこもると、木を切り倒して採取いたします。梅檀の実は雞舌《けいぜつ》、花は丁子《ちょうじ》、脂《やに》は薫陸《くんろく》と申します。水に沈んで久しいものを沈水香、あまり久しくないものを浅香と呼んでおります。いま陛下は釈尊の教えを興隆し、初めて仏像をお造りになられました。その徳に感応なさった帝釈天と梵天が、香木を海に漂わせて送ってこられたのでございます」

そこで天皇は百済の造仏師に命じて、栴檀から観音菩薩像を彫りあげさせた。高さは数尺、吉野の比蘇寺《ひそでら》に安置している。この観音像は、ときどき光を放つことがある。

豊聡八耳皇子の由来

同じ年の五月、高麗の僧侶・恵慈《えじ》（太子の仏教上の師）と百済僧の恵聡《えそう》らが日本に帰化してきた。二人の知識は博く儒教と仏教にわたっており、とりわけ仏教に通暁していた。そこで太子は二人に道を問うた。二人が一を答えると、それによって太子は十を知り、十を聞けば百を悟った。恵慈と恵聡は、「このかたは実に真人である」と語りあった。

太子はまた、思索によらずして真理を直観し、論理を超出した。三年間で学びの業は成り、幽冥界と顕界（現実世界）の両道に通暁された。

摂政としてまつりごとをおこなった日、むかし起こされた訴訟で、いまだ黒白のついていないものがあり、八人が同時に自分の主張を訴えたが、太子はその一つ一つを聞き分けて答弁した。その答弁はみごとに人情と義理にかなっていたので、だれ一人として、再度おうかがいを立てるという者はなかった。そこで蘇我大臣馬子は、群臣以下をひきいて太子に御名を献じた。その御名とは、厩戸豊《うまやとのとよ》聡八耳《とやつみみ》皇子であり、また大法王皇太子である。けれども太子は謙遜してその名を受けとらなかった。

旧蔵『法華経』の不思議

推古天皇四年丙辰《ひのえたつ》〈太子二十五歳〉の夏五月、太子と恵慈法師がこんな会話をかわした。

「『法華経』中のこの句のなかに、字が抜け落ちているところがあります。恵慈法師の所見をお聞かせください」

「他国の経にも、その句にご指摘の文字はございません」

「落ちているのは、句の最後の一文字です。私がかつて所持していた『法華経』には、確かにこの字があったように記憶しております」

「殿下がお持ちだったというその経は、いまはどこにございますか？」

恵慈がこうたずねたので、太子は微笑してこう答えた。

「大隋国は衡州・衡山寺の般若台の上にございます」

これを聞いて恵慈は大いに奇霊《くしび》なことだと感嘆し、合掌して太子を礼拝した。

冬十一月、法興寺《ほうこうじ》が完成したと造寺司《ぞうじし》が報告してきた。この日から恵慈と恵聡は法興寺に住するようになった。太子は天皇に奏上して、法興寺落慶を記念した無遮大会《むしゃだいえ》（男女や貴賤、出家在家を問わず、平等に財施・法施をおこなう五年に一度の大きな法会）を催した。法会も進んでやがて夕方になったとき、花蓋《かがい》のような形をした一片の紫雲が天から下ってきて、法興寺の塔や仏堂をまるく覆った。それから五色の雲に変じ、あるいは龍や鳳、また人や獣のように形を変えた。かなりの時間、変幻をくりかえしてから、雲は西に向かって流れ去った。

太子はその雲に向かって合掌し、消え去るのを見送ってから、左右の者にいった。

「この寺に天が感応したからこそ、この瑞祥が現れたのだ。ただし、法興寺はいまから三百年ののちにはすたれて、訪れた者の衣を草の露が濡らすようになり、五百年ののちには塔も堂院も廃亡するであろう」

前世の弟子との邂逅

推古天皇五年丁巳《ひのとみ》〈太子二十六歳〉の夏四月、百済の威徳王《いとくおう》の使者の阿佐《あさ》王子らが来日して貢ぎ物を献じた。それから領客使《りょうかくし》（接待役の官僚）に、「私はこの国に一人の聖人がいらっしゃると聞いています。自分の目で拝謁できるなら、わが願いは満ち足りるのですが」とたずねてきた。そこで太子は、阿佐王子を引見した。

太子に拝謁した阿佐王子は驚き、つくづくと太子の顔をみつめ、両方の手相と足裏の相を拝観した。そのうえで立ち上がって太子を再拝すること両段。さらに退いて庭に出ると、右膝を地につけ合掌恭《く》敬《ぎょう》して、「救世大慈《くせだいじ》観音菩薩、妙教流通《るづう》東方日国、四十九歳伝燈演説、大慈大悲敬礼《きょうらい》菩薩」と礼讃した。

太子は阿佐王子と目を合わせ、ややあって眉間から白い光を放った。その長さは三丈ばかりもあった。やがて放光が徐々に縮まっていき、ついに額におさまった。阿佐はまた立ち上がって再拝をくりかえし、東宮から退出した。

その後、太子は左右の者に、「あの者は前世の私の弟子であった。そのゆえにいま日本にやってきて、私に謝礼したのである」と語った。人々はなんと不思議なことだと感心した。

六年戊午《つちのえうま》〈太子二十七歳〉の春三月、太子は膳部《かしわでべ》の大娘《おおいらつめ》を妃とし、侍従にこういった。

「私はいつも諸氏の女たちの様子を相ていたが、この膳部の大娘は、私との相性がすこぶるよかった。そのゆえに妃とするのだ」

天皇は歓んで宴を賜い、群臣から女官に至るまで、身分に応じて物を与えた。

神馬・驪駒との出会い

夏四月、太子は左右の者に命じて良馬を求めた。諸国から数百匹の馬が献じられてきたが、甲斐の国からは脚の部分だけが白い一頭の驪駒《くろこま》（甲斐の名産として知られた黒毛の馬）が献じられてきた。この馬を見た太子は、「これは神馬《しんめ》である」といって、残りの馬はすべてもとの国に返し、舎人の調子《ちょうし》磨《まろ》に驪駒の飼育を命じてあずけた。

秋九月、太子が試しに驪駒に乗ると、馬はふわりと浮雲のように空に駆けあがり、東方に走り去った。侍従が仰ぎ見ると、調子磨だけが馬の右側に付きしたがって雲の中に入っていくのが見えた。人々はその様子を見て驚嘆しあった。

それから三日の後、太子が轡《くつわ》をまわして東宮にもどり、こう物語った。

「この馬に乗って雲を踏み、霧をしのいで、真っすぐ富士山の頂上に飛んでいった。それから信濃まで飛んだが、その飛び駆けるさまはまるで雷電のようだった。越前・越中・越後の三越をぐるりとまわって、いまこうして帰ることができた」

それから調子麿に向かい、「麿は疲れも忘れて私に従った。おまえはまことの忠士だ」と褒めた。「自分では空を飛んでいる気はせず、両足は陸を踏み歩くように感じていたのですが、周囲の山々を見ると、自分の足の下にありました」と調子麿は返答した。
※驪駒は帝釈天の化身とされた神馬。『伝暦』には太子が驪駒に乗って富士山などを巡った目的は記されていないが、太子の廟所である叡福寺《えいふくじ》には、自分の葬地を探すために空行し、富士山の頂上から磯長《しなが》の廟所地を定めたという縁起がつくられている。「(富士山頂から) 四方を見渡してごらんになったところ、畿内の上、河内の方面に五色の光明が天を射るような瑞相を感見し、その光のさすところを求めて今の廟の北側にお着きになった。五字ヵ峰がその場所である」(『叡福寺略縁起并古蹟霊宝目録』)。五字ヵ峰は太子廟の裏山をいう。また、御者の調子麿は個人名ではなく、馬を調使する男の意だが、太子信仰の深まりとともに神秘化が進み、法隆寺別当家の祖先と見なされるまでになった。『太子伝古今目録抄』や『聖徳太子伝私記』編著者の法隆寺僧・顕真《けんじん》は、調子麿二十八代の末裔を称した。
この秋、新羅王がつがいの孔雀を献じてきた。ご覧になった天皇は、その美麗さを珍しいものとして賞美した。すると、太子がこう申しあげた。

「そのように怪しみ驚くほどのものではございません。鳥のなかには、鳳《おおとり》といって南海の丹穴《たんけつ》の山に住んでいるものがございます。天子に聖人の徳がなければ、現れることはないといわれている霊鳥でございます」

天皇は、「夢にでもいいからその鳥を見ることができれば、それで満足ですのに」と漏らしたが、はたしてその夜、夢に鳳凰を見た。翌朝、さっそくその姿を太子に説明したところ、太子は大いに喜んで、「これぞ天皇の長寿のしるしでございます」と祝福した。

地震を予知する

推古天皇七年己未《つちのとひつじ》〈太子二十八歳〉の春三月、空の様子を観察した太子が、地震の襲来を察知して奏上し、屋舎が倒壊しないよう備えをかためよと天下に命じた。すると翌四月に大地震があり、屋舎がことごとく倒壊した。そこで太子が天皇に密奏した。

「天を男とし、陽とします。地を女とし、陰とします。陰気が不足すると陽気が通ぜず、陽気が不足すると陰気が塞がれて通じません。このように陰陽の流通に障害があると、地震が起こるのでございます。陛下は女帝として男の位に就いておられます。女帝なるがゆえに陰から起こる徳は御《おさ》めておられますが、陽から起こる徳の施しに不足がございます。ゆえにこの譴《とがめ》が起こったのです。民に恩恵を施して物を潤し、民が帝の仁政を享受できますよう、伏して願いあげます」

この献策を聞いて天皇は大いに喜び、天下に勅を下してこの年の調庸と租税を免除した。

秋八月、百済国から駱駝《らくだ》一匹、ロバ一匹、羊二頭、白雉《しらきじ》一隻《せき》が献上されてきた。

「白雉は鳳の類いですが、それ以外の獣はかの国では普通に見られる獣です。珍奇とするに足りません」と太子は奏上した。そうして、百済の使者は手厚く遇したので、使節の往来はますます繁くなった。

新羅と太子

八年庚申《かのえさる》〈太子二十九歳〉の春正月、天皇が、「新羅が任那《みなま》を攻めているが、このことをどう思うか」と群臣にたずねた。そこで太子は、「新羅は虎狼《ころう》の国。わが君の命令を承《う》けずして、勝手に任那を侵しております。新羅を滅ぼさないかぎり、彼の国の攻撃は止まないでしょう。討伐して服属させるようにとご命令くださいますよう」と奏上した。

天皇はこの意見を受け入れ、阿倍臣を大将軍とし、穂積《ほづみ》臣を副将軍として、二万余の兵を送って任那のために新羅を伐《う》った。すなわち五つの城を攻めて陥落させたのである。新羅王は恐れて白旗をあげ、日本軍のもとに使者を送って六つの城を割譲すると申し出て降伏を請うた。将軍は詔を奉けてこれをゆるし、新羅から帰国した。

ところが、日本軍が引くと見るや、新羅がまた任那を侵した。それを聞いて、太子は「新羅を滅ぼさないかぎり任那攻撃は止まないといったが、そのとおりになった」と左右に漏らした。

翌九年辛酉《かのととり》〈太子三十歳〉春二月、太子は初めて自分の宮を斑鳩《いかるが》に造営した。三月、高麗と百済に命じて任那を救わすべしという太子の献策が受け入れられ、使者として大伴咋が高麗に、坂本糠手《さかもとのあらて》が百済に派遣された。両大使は、それぞれの派遣先で「ただちに任那を救うように」と詔を伝えた。秋九月、迦摩多《かまた》という名の新羅の間諜《うかみ》が対馬にやってきたので、捕らえて天皇にさしだした。朝廷では死罪に処すと決めたが、太子の減刑の請願が通り、上野国《かみつけのくに》に流された。冬十一月、新羅攻撃のことを話しあった。

翌十年壬戌《みずのえいぬ》〈太子三十一歳〉春正月、太子が、「数万の征伐軍を興して派遣し、新羅を伐つべきです」と奏上し、天皇は了承した。

二月、息子の来目《くめ》皇子を大将軍とし、二万五千人の兵を率いさせて、新羅討征に派遣した。軍は四月には九州の筑紫にたどり着いたが、そこで来目皇子が病に伏したため、海に乗り出すことができなかった。それを聞いた太子は、新羅が将軍を厭魅《えんみ》したためだといい、おそらく渡海はできないだろうと周囲に語った。

僧・観勒の来朝

この年の冬十月、百済僧の観勒《かんろく》が来朝し、暦本および地理・遁甲《とんこう》・方術の書を献じた。朝廷は書生三、四人を選びだし、観勒につけて勉強させた。陽胡史《やこのふびと》の祖の王陳《たまふる》は暦法を習い、大友村主高聡《おおとものすぐりこうそう》は天文と遁甲を習い、山背臣日立《やましろのおみひたて》は方術を学んで、それぞれがその道の専門家になった。このことを聞いた太子は、左右の者にこう語った。

「私が昔、衡山において修行をしていたとき、この僧は私の弟子であった。彼は私の身辺につき従い、つねに天文占星術を用いて七曜の動きを計算したり、風水をもって山河の利害のことなどを話していた。私はそれらの術が、とるにたらない術であることを厭《いと》い嫌って退けたが、観勒は生まれ変わった後までも、私を追って来朝してきた。そうまでしてやってきたものを、むげに退けるわけにはいかない。だれか器量のある者を選び、観勒につけて習わせるがよかろう」

閏《うるう》十月、今度は高麗僧の僧隆《そうりゅう》と雲聡《うんそう》らが来朝してきた。太子が二人の僧に、「おまえたちはどうしてこのようにやってくるのが遅かったのか」とたずねると、僧らは、「過去世においてつくった業因がいまだ清算されず、このように拝を致すのが遅くなりました」と謝った。この問答を聞いた太子の側近たちは、不思議なことをいうものだと首をかしげた。すると太子がこういった。

「彼らは昔、私と一緒に修行をした仲間だ。いま、私を追ってたずねてきたのだ」

推古天皇十一年癸亥《みずのとい》〈太子三十二歳〉春二月、大将軍の来目皇子が筑紫で亡くなった。「新羅の奴等はついに将軍を呪殺した」と、太子は侍従につぶやいた。天皇は勅して軍を都に呼びもどした。

冬十月、天皇が宮を小墾田《おはりだ》に遷した。太子は僧侶らに命じて地鎮の経である『安宅経《あんたくきょう》』を宮庭で講じさせた。

冠位十二階と憲法十七条の制定

この年の十一月、太子は閣議にはかって大楯《おおたて》と靫《ゆき》を作らせ、旗幡《きはん》を描かせた。十二月には、初めて五行の位である冠位十二階を制定した。徳仁礼信義智のそれぞれに大小があり、都合十二階となる。五行に対応するのは仁義礼智信の五常だが（『秘教Ⅰ』第一章1参照）、その上に徳の階を置いたのは、徳が五行を摂《おさ》めるものだからである。この制度を、群臣は大いに喜んだ。

翌十二年甲子《きのえね》〈太子三十三歳〉の春正月、初めて冠位を賜った。冠位は豪族らの出自や経歴などにより、それぞれ差がつけられた。

夏四月、太子は『憲法十七条』を制定した。太子自身が憲法を書いて天皇に奏上した。その奏状には、こう書かれていた。

「一に曰く、和《やわらかなる》をもって貴《とうと》しとなし、忤《さか》うることなきを宗《むね》とせよ。人みな党《たむら》あり、また達者《さとるひと》少なし。ここをもって、あるいは君父《きみかぞ》に順《したが》わず。また隣里《さととなり》に違《たが》う。然れども、上《かみ》、和らぎ下睦《しもむつ》びて事を論ずるに諧《かな》わば、則ち事理自《おのずか》ら通ず。何事か成らざらん」（二条以下は略）

天皇はこの十七条の憲法を大いに喜び、群臣はめいめいが一本ずつ写しとって、天下の者に読み伝えた。天下の人々もまた大いに喜んだ。

秋七月（『日本書紀』では九月）、朝廷の礼制を改め、こう詔《みことのり》した。

「およそ宮門を出入りするときには、両手を地につけ、両足を跪《ひざまず》くようにせよ。この四つん這いの形で門の閾《とじきみ》（敷居）を越え、過ぎてのちに立って歩くようにせよ」

平安京の予言

この年の八月、太子は秦造《はたのみやつこ》河勝《かわかつ》に、昨夜見た夢のことを語った。

「都から北方五、六里のところまで行くと、美しい村にたどり着いたのだ。そこには楓の林があり、とてもかぐわしい香りがした。この林のふもとで、親族を率いたおまえが、私を大いに饗応してくれた。この夢に見た場所に行こうと思うのだが」

すると河勝は、太子を敬って頭を下げてから、「臣の村は、まさに殿下がごらんになった夢のとおりでございます」と申し上げた。そこで太子は、ただちに駕《のりもの》を出すように命じ、その日のうちに、河勝の案内で夢の村に出向いた。

夕方、太子一行は泉河《いずみがわ》の北のほとりで宿泊した。そのとき太子は従者らに「私が死んで二百五十年後に、一人の仏弟子が修行して道を崇め、この地に寺を建てるであろう。その仏弟子とは、ほかでもない、私の生まれ変わりの一人だ。その人の弟子たちは法を尊び、仏の法燈を伝えるだろう。それは末法の初めのことで、このとき仏教は大いに繁興するであろう」と語った。

翌日、太子が兔途橋のところまでやってくると、河勝の一族の秦氏の者たちが橋のほとりで出迎えた。一族の者たちはみなきらびやかな衣服で身を整え、馬に乗っていた。太子一行に河勝の眷属が加わって、道中は大いににぎわった。その様子を見て、太子は左右の者に、「漢人の親族はみなとても裕福だ。自分たちで絹やかとり絹（細かく堅く厚手に織った古代絹）を織っているから、身にまとう衣服は美しくあでやかなのだ。これは国の宝だ」と語った。

※秦氏は秦始皇帝《しんしこうてい》の裔《すえ》を称した渡来氏族で、新羅系といわれる。河勝は山背《やましろ》国葛野《かどの》郡を本拠とする秦氏の族長的人物で、聖徳太子から仏像を授かり、葛野に蜂岡寺《はちのおかでら》（広隆寺）を建てたと伝えられる。『伝暦』で語られている絹やかとり絹は、秦氏が朝廷に納めていた税金（庸調）である。養蚕・織物のほか土木建築、醸造などにも秀でた富裕な殖産氏族として知られるが、用明天皇が病気のとき、馬子が九州から呼び寄せた豊国法師《とよくにのほうし》（道教や仏教に通じた呪術的医療をつかさどる巫医兼宗教者）も秦氏に属しており（中野幡能『八幡信仰』）、呪術方面でも力をもっていたと考えられる。なお、用明天皇のほか、雄略天皇の病気でも豊国法師が看病（呪術的治療）をおこなったことが『新撰姓氏録《しんせんしょうじろく》』に見える。

やがて一行は木郡《きのこおり》（後の紀伊郡、ただし太子の時代には郡制はまだ敷かれていない）に着いた。河勝の眷属は、めいめいが太子に煮物料理を供し、太子のお付きの者から輿をかつぐ者まで二百人ばかりが、飽きるまで酒を飲んだ。太子は大いに喜び、その日は楓野《かかどの》の大堰《おおい》のあたりに泊まることにした。そこで、秦一族がさっそく蜂岡のふもとに仮宮を造営しはじめ、日ならずして造り終えた。仮宮に入った太子は、侍従にこう語った。

「私はこの地を相してみたが、ここは国のなかでもとくに秀でたところだ。陽をつかさどる南方は開けて明るく、陰をつかさどる北は塞がって（気をこの地に送ってきて）いる。開けた南方の前には河川が東に流れて風水《ふうすい》の理にかない、北は高岳になっていて、山上の龍が窟宅《くったく》をなして土地を守護している（この高岳は北から気を運ぶ龍脈の末端であり、東に流れる前面の河川は、風水でいう得水《とくすい》の吉相をあらわしているということ）。さらに、東には厳神、西には猛霊が鎮座する山並がつらなっている（龍脈に沿って流れこむ生気の飛散を防ぐための砂《さ》（＝気の防波堤）の形の意で、地全体が風水でいう四神相応の吉地になっているということ）。いまから二百年（二百年の誤記）ののち、一人の聖皇《せいおう》（桓武《かんむ》天皇）が現れ、都をふたたび遷してこの地を王都（平安京）とするであろう。その聖皇は釈尊の教えを興隆し、子々孫々にいたるまでその教えを相続して、昔たてられた規範を無にするようなことはないであろう。そうであればこそ、私は夢想にそのことを感じて、いまこうしてこの地に遊んでいるのだ」

太子はこの地に十日とどまり、ようやく自分の宮に帰った。以来、太子は多いときには年に三度、そうでないときでも二年に一度はこの地に遊ぶようになった。その際には、駕を待たずにお忍びでやってくることもあれば、威儀をととのえ、駕に乗ってやってくることもあった。この宮は楓野の別宮と呼ばれた。太子はのちに楓野の別宮を寺（蜂岡寺）に改築し、河勝に賜った。また、寺の前の水田三十町と寺の後方の山野六十町、新羅王が献じてきた仏像や播蓋《はんがい》なども河勝に授けた。

冬十二月、諸寺に仏像を描かせた。そのおり、寺を荘厳《しょうごん》するための専属の絵師（後の画工集団、画部《えかきべ》）も定めた。黄文《きふみ》の画師《えかき》、山背の画師、簀秦《すはた》の画師、河内の画師、楢《なら》の画師らである。彼らは租税が免除され、長くその業を継承することが許されたのであった。

斑鳩への遷宮と飛鳥寺の本尊造立

推古天皇十三年乙丑《きのとうし》〈太子三十四歳〉、天皇はつねに太子の妙説をお聞き入れになり、ついに仏法の不可思議なことを理解して大誓願をおこした。仏工の鞍部鳥《くらつくべのとり》（鞍作鳥《くらつくりのとり》）に、銅《あかがね》製と繍《ぬいとり》製の丈六の仏像三軀をつくるよう命じたのである（飛鳥寺本尊の釈迦三尊像）。このとき、高麗《こま》国の大興王《だいこうおう》は、黄金三百両を仏像分として貢《たてまつ》った。太子は大いに喜び、天皇に奏して厚く高麗王にむくいた。

秋七月、太子は諸王・諸臣に命じて褶《ひらおび》を着けるようにさせた。

冬十月、太子は斑鳩宮《いかるがのみや》に遷《うつ》った。この遷宮の前に、太子は天皇にその旨を報告した。すると天皇は、「朕《わたし》は人民の主である天皇の位についてはいますが、ただ皇太子のたすけをたのんで日夜天下の政務をおこなっているのです。あなたが遠く斑鳩に行ってこの小墾田宮から離れてしまうことは、朕には歓迎できません」と涙を流した。そこで太子が、「別宅に住まいするといっても、この臣がどうして帝のおそばから離れるなどということがございましょうか」と答えると、天皇は大いに喜んで太子に宴と禄を賜った。以後、太子は早朝、驪駒《くろこま》に乗って斑鳩から小墾田まで出仕し、政務を加えるとまた斑鳩にもどった。そのため日々あわただしく、暇がなかった。普通、朝廷に出仕する者は宮の近くに住まいするものだから、時の人は太子のことを、不思議なことをするといぶかった。

翌十四年丙寅《ひのえとら》〈太子三十五歳〉の春三月、斑鳩宮にいた太子が、急に駕を出すように命じて椎坂《しいさか》（法隆寺から西に二十町ばかりのところを流れる平群《へぐり》川の西の地）の北の岡に行き、平群の里を遠望して、左右の者にこう語った。「平群の地はなんと麗しいのだろう。この地には、三百年の後に帝皇の出現する気配がある」。

平群の神手臣《かんて》は、太子が近くまでいらっしゃっていると聞いて、驚いて親族を召し集め、太子を迎えて再拝し、狩で得た獲物などの贄物《にえもの》を献じた。

「私は仏法に帰依して殺生を好まない。あなたが献じた贄《にえ》は、その好まないものだ。こうしたものではなく、菓子や美しい花をもってきなさい」

太子がこういったので、神手臣は一族の者を率いて争ってさまざまな花をとり、太子にささげもち、太子が乗っている輿の前に献じた。太子は柏手をうち、神手臣らに、彼らを祝福するまじないの言葉を賜った。臣らは再拝をくりかえして、すっかり恐縮しながら退き帰った。

その後、太子は勢夜《せや》の里を望んで、左右の者にこういった。「この村には平群の里のような気はない」。また、区徳《くど》の里を望んで、こういった。「三百年後に平群の里に帝皇が出現したあと、ここからも帝皇が出るであろう。また、この地には大臣の出る気もある」。

夏四月、昨年、推古天皇が鞍作鳥に命じて造らせていた丈六の仏像が完成したので、飛鳥寺（蘇我馬子が氏寺として建てた法興寺のこと）に運んだ。太子も儀をととのえて仏像を迎え、飛鳥寺まで先導したが、仏像の丈が金堂の戸より高かったため、堂に入れることができなかった。工人《こうじん》たちは、堂の戸を壊して入れるしかないだろうと話し合ったが、鞍作鳥は、他に抜きん出た工《たくみ》だったので、戸を壊さずに仏像を金堂に納めた。

この日、飛鳥寺では盛大な法会を行った。夕方、五色の美しい雲が現れ、仏堂の甍《いらか》をおおった。また、夜には仏像が数回、光明を放った。そのうちの一度は、光明がまるで火のように輝き、堂の内外を照り映かせた。太子は天皇に奏して、これ以後、四月八日と七月十五日に斎会を営むよう寺に命じた。五月、太子は天皇に奏して仏工の鳥の功を賞し、彼に大仁《だいにん》の位と近江の坂田郡の水田二十町を与えた。

『勝鬘経』と『法華経』の講義

秋七月、天皇が太子に、「諸仏の説かれた経の数々についての講説は、すでに聞き終えました。けれども『勝鬘経《しょうまんぎょう》』については、まだその説をつまびらかに聞いておりません。朕の前で『勝鬘経』の義を講説してください」と詔した。

けれども『勝鬘経』については、太子はまだ講義ができるまでの準備が整っていなかった。そこで、「臣はこのごろ、『勝鬘経』の義疏《ぎしょ》（注釈書）を書きたいと思い、その準備を進めております。ただ、まだ途中の段階なので、その経の教えの本質について、はっきり見えているとは申せません。おそらく五、六日の後には私の理解も熟しましょうから、そのときには払子《ほっす》を手にとって師子の座（講義のための高座）に登らせていただきましょう」と申し上げた。

そこで天皇は、「ならばまず太子が講説をおこない、次に諸の名僧や大徳に、経の妙義について質問させてあなたが答えるという問答の形式でおこないましょう」と提案し、太子も了承した。

数日して、講説の日がやってきた。太子のよそおいはまるで僧侶のようで、講説と問答は三日にして終了した。その日の夜、講説がおこなわれた宮からほど近いところに、蓮の花が降った。花の長さは二、三尺で、三、四丈ほどの地が蓮花で埋まった。

翌日の朝、天皇にこのことを奏する者があった。なんと奇霊《くしび》なことだと天皇は驚き、車駕《しゃが》で行幸《ぎょうこう》して、地に満つ蓮をご覧になった。そうして、この地に寺を建てることを誓い、ついに寺堂が成った。これがいまの橘樹寺《たちばなでら》（橘寺とも書く。本尊は聖徳太子坐像）である。

天皇はまた、「『法華経』は釈迦如来の最も深遠な教えを説いたお経と聞いています。この経についても、どうか講説してください」と太子に詔した。太子は謹んでお受けし、前回と同じく僧のようなよそおいをして、岡本宮で『法華経』の教えについての自分の考えや先師の解釈などを講義した。これを聞いた王子や大臣、諸庁の長官らは、みなそろって『法華経』の教えを信じ、帰依するようになった。天皇も命婦《みょうぶ》以下をひきつれて、太子の法筵《ほうえん》（講義の場）に出御した。

講説は七日にして終えた。天皇は大いに喜び、播磨国の水田三百六十町を太子に賜った。そこで太子はこの水田を法隆寺に施入し、のちには分割して中宮寺《ちゅうぐうじ》にも納れた。法隆寺は斑鳩宮と同じ敷地内に建てられた寺で、宮の西にある。中宮寺は、もとは太子の母の穴穂部間人《あなほべはしひと》皇后の宮で、皇后の崩御後、寺としたものである。

太子は講義した二経を略述して義疏をつくりはじめた。ただしこの時点では、義疏はまだ流通していない。講説のおり、高麗の恵慈法師以下の僧侶たちが、『勝鬘経』と『法華経』を学んで自分が得たところの見解をもって、それぞれ太子に質問をした。それらの見解のうち、正しいものとそうでないものを取捨して、太子は僧侶たちを正しい理解に導いた。このときから、太子の心中には義疏の完成という究極の志が抱かれていたのである。義疏は後年にいたって完成した。

遣隋使と前世経の将来

推古十五年丁卯《ひのとう》〈太子三十六歳〉の夏五月、太子が天皇に、「前世、私が漢土で修行していたときに所持しておりました経が、いまも衡山《こうざん》にございます。お許しいただけるなら使者を隋国に遣わして日本に将来し、現在この国で用いられている『法華経』と比較校正して、現行の経の文字の誤りを正したいと思います」と願い出た。

前世の経とは不思議なことだ、そのようなことがあるものだろうかといぶかりながらも、天皇は、「あなたがそういうのなら、そのようにとりはからいましょう。それで誰を使者にするのですか」とたずねた。太子はくまなく百官の人を相したうえで、「大礼《だいらい》の冠位にある小野臣妹子《おののおみいもこ》が、私の見立てにかなっております」と奏した。こうして、妹子の派遣が決まった。

秋七月、天皇は妹子らを隋に遣わした〈ある説では、このとき鞍 作 福利《くらつくりのふくり》が通訳についたという〉。

出発前、太子は妹子に対し、「大隋国の赤県の南、江南道《こうなんどう》のなかに衡州があり、その州のなかに衡山がある。衡山はまたの名を南岳《なんがく》という。この南岳山中に、般若台《はんにゃだい》がある。南の谷間のふもとから登り、繁茂した松林の中を進むこと三、四里ばかりで、谷のほとりに臨む般若台の門に出る。私が昔ともに修行をした仲間はみな遷化《せんげ》して、いまも残っているのは三人ほどだ。おまえはこの法服を持ってこの三人の僧をたずね、私の名を出して法服を贈ってくれ。また、私がかつて般若台に住んでいたときに所持していた『法華経』がある。私が書写した一巻本だ。これを乞い受けて日本に将来せよ」と、特命を与えた（このエピソードを「南岳取経」という）。

〈太子の前世を記した『七代記』にこう述べられている。

「南岳衡山は衡州に属している。東西南北中央の五岳のうちの南の霊山である。衡山には五つの峰がある。一に般若峰、二に柱括峰、三に恵日峰、四に祝融峰、五に紫蓋峰である。それぞれの峰に、仏道修行のための禅房静室がある。慧思《えし》禅師は、六たびこの衡山に生まれて仏道を修行した。そしてひとつの生ごとに、一塔と一磐石《ばんじゃく》を建てた。六生の間に立てた三つの磐石は般若峰般若台の仏殿の前にあり、三つの塔は般若台の南にある。鋭く聳える般若峰の山中には、仙界がある。そこには不思議な果実を結ぶ千年を経た梨の木が生えている。この木は修行によって聖果を得た者があると、たちまち梨の実を生ずる。慧思禅師も修行の末に聖果を得て、この実を食べた。その味は甘美で、世間に匹敵するものはなかった。大きさは鉢ほどもあった。慧思禅師が食べたあと、いまに至るまで仙木に梨の実は生《な》っていない。

さて、いよいよ入滅というとき、禅師は自分が使っていた『法華経』と飲食用の鉢と錫杖《しゃくじょう》を、般若台北方の石室中に持ちこんだ。そうして弟子に向かい、〝死後、私は仏法の伝わっていない地に生まれ変わり、そこで暮らす人々を教化しよう〟と遺言して遷化した。般若寺には、いまでも禅師の素《そ》影《えい》（肖像画）が堂に懸けられている。師の素影とともに掲げられている高弟二人の肖像も、同じ時代のものである。二人の高弟は、慧思禅師と同じく、ともに聖人である。一人は智顗《ちぎ》（『法華玄義《ほっけげんぎ》』『法《ほっ》華文句《けもんく》』『摩訶止観《まかしかん》』の天台三大部を著した天台宗開祖、天台大師）という名で、天台山および荊州《けいしゅう》玉泉に寺があった。智顗はこの両寺に来去して住持した。もう一人は智勇《ちゆう》という。南岳衡山で仏道を修行した。

慧思禅師の碑には、こう記されている。

〝日本国の天皇（聖徳太子）は、かの聖（慧思）の化せるところである。聖人が遷化してから隋代以下に至るまで、禅師の調度品である金銀の画像、仏の肉舎利、仏陀の諸経典、秘口伝、香炉、経台、水瓶、錫杖、石鉢、縄製の寝台、禅師が用いた松室、桂殿などはいまだ傾きも朽ちもせず、すべて衡山道場に安置されている。今の世の道俗はそれらを仰ぎ見、帰依している〟」（以下、『釈思禅師遠忌《しゃくしぜんじおんき》伝《でん》』の引用があるが略す）〉。

※太子を慧思の生まれ変わりとする「聖徳太子慧思託生説《たくしょうせつ》」の初出は、太子が亡くなって百四十五年後の神護景雲《じんごけいうん》元年（七六七）三月につくられた淡海三船《おうみのみふね》の漢詩の序で、「隋代・南岳衡山に思禅師あり。常に願って言うに、我没後かならず東国に生まれて仏道を流伝せん、と。その後、日本国に聖徳太子あり。……時の人、みな『太子はこれ思禅師の後身なり』という」と記されている。同じく淡海三船の編述になる『唐大和上東征伝《とうだいわじょうとうせいでん》』（鑑真伝《がんじん》）でも鑑真が慧思の託生説を語ったと記されており、鑑真とともに来朝した弟子・思託《したく》の『上宮皇太子菩薩伝』（延暦《えんりゃく》年間）では、より詳しい託生説が記されている。したがって、奈良時代の後期には聖徳太子慧思託生説が語り伝えられていたことは確実だが、それ以前の段階では、慧思の後身は聖徳太子と限定されず、ただ「倭州王家」「倭州天皇」に生まれ変わったとする説が原初的な形だったらしい（蔵中しのぶ「聖徳太子慧思託生説と百済弥勒寺『金製舎利奉安記』」）。『伝暦』の引く『七代記』の碑文冒頭の「倭州天皇、彼所聖化」と記している文がそれにあたる。

太子の特命を帯びて妹子は隋に渡り、土地の人に道をたずねながら、ついに衡山に着いた。命ぜられたとおりに南渓《なんけい》のふもとから般若台めざして登り、門のそばまでくると、門内に一人の沙弥《しゃみ》がいた。その沙弥が妹子の姿を見て、「念禅法師（慧思の前世名）の使いの方が見えられました」と奥に声をかけた。すると、一人の老いた僧が杖をつきながら出てきた。また、あとに続いて二人の老僧も出てきて、たがいに見交わしてほほ笑みを浮かべた。

妹子は三人の老僧に三拝した。言葉が通じなかったので、地面に文字を書いて来意を伝え、太子から渡された法服を贈った。老僧の一人が「念禅法師は転生《てんしょう》先では何と号《よ》ばれているのか」と地面に書いた。そこで妹子は、こう書いて答えた。

「わたしの国は倭国です。東海中にあります。この衡山とは、あい隔てること三年で往来する距離でございます。念禅法師（慧思）は、いま聖徳太子と号されております。念禅法師という名の方はおられません。聖徳太子は仏道を崇め尊んで、その妙義を流通し、ご自身で諸経を説き、また義疏も製しておられます。私はその聖徳太子の令旨《りょうじ》を受けてこの地にまいりました。その令旨とは、昔、この般若台で所持していた『法華経』一巻を持ち帰るようにということでございます。ほかにはとくにございません」

老僧たちは大いに喜び、沙弥に件《くだん》の経をもってくるよう命じた。やがて経が運ばれてきたので、一人の僧が漆の箱に経を納め、妹子のもとにやってきて、こう書いた。

「この経と箱は、いずれも念禅法師が所持していたものです。念禅がこの般若台での読経中、つい倦み疲れてうとうと微睡《まどろ》んだときに、経を焼いてしまったことがあります。そのときの焼け跡の一点が、この経にはございます」

こう伝えて経を妹子に渡すと、僧らは南峰の山上の石塔を指さして、こう教えた。

「あれは遷化した念禅の骨を納めた塔です。建立してから三十六年になります」

妹子は僧らの辞を受け、拝礼して別れた。そのとき、三人の老僧は、それぞれ物をつつんで一つの箱に納め、妹子に託した。

その年の秋九月、太子は池を築くよう上奏した。

「衆生の命は水田により、水田のもといは池や坡《つつみ》にございます。そこで日照りになると衆生は天を恨み、天は黙します。かくして禍が国に降ることを知るのです。どうか民を動員して池を築くよう、諸国にお命じください」

天皇はこの献言を大いに喜び、大臣に命じて造池をおこなわせた。

冬十月、大和国に高市池《たけち》、藤原池、片岡池、菅原池、三立池、山田池、剣池を作った。山背国では、栗隅《くるくま》に太い水路を掘った。河内国には戸刈池《とかり》、依網池《よさみ》、大津池、安宿池などを作った。また、使いを遣わして国の大小に応じて諸国に池を作らせ、国ごとに屯倉《みやけ》（皇室直轄地とそこで働く農民）を設置した。これらすべての事業が終了すると、官司がその旨を天皇に上奏した。この事業のおかげで天下に日照りによる不作の憂いがなくなり、百姓の間には、裕福になったことを祝う民謡がうたわれるまでになった。

2、聖徳太子伝暦　〈巻下〉

小野妹子の帰国

推古天皇十六年戊辰《つちのえたつ》〈太子三十七歳〉夏四月、裴世清《はいせいせい》ら十二人の隋の使者をともなって、妹子が九州の筑紫にもどってきた。それから二ヵ月後の六月、一向は瀬戸内海を通って難波《なにわ》の外国賓客用の館に入った（妹子だけが先に大和国に帰還した）。

妹子は持ち帰った品を太子に進《たてまつ》った。太子は大いに喜び、老僧が妹子に託した箱を開いたところ、中に舎利三枚と名香などが入っていた。また、手紙が入っていたが、他の者は披見を許されなかった。手紙を読み終えた太子は、涙を流して火に投じた。侍従は驚き、いぶかったが、なぜ涙を流し、なぜ火に投じたのか、だれもその理由はわからなかった（妹子の将来品以下のエピソードは元本では推古十五年の条に記されているか、判読の便のためにここに移動した）。

また、妹子は天皇に復命して、「帰国の途次、百済を通ったとき、百済人が大隋国からの国書を掠《かす》め取りました。そのため、帝にお届けすることができなくなりました」と上奏した。

これを聞いた群臣《まえつきみたち》は、「妹子は職務をおろそかにして蕃国《ばんこく》の書状を失くしてしまった。罪《つみ》して流刑にすべきだ」と議を決し、その旨を上表した。そこで天皇が妹子の処置を太子にたずねたところ、太子は、「妹子の罪は、たしかにまことに許しがたいものですが、隋国と善隣修好を結んだのは彼の功績でございます。また、私事ではありますが、前世で所持していた経を、無事に持ち帰ったのも妹子でございます。それのみならず、隋の使者がともに来朝しております。もし妹子を流すようなことがあれば、それを聞いた使者がどう思われるか。わが国の外聞の問題もございましょう」と、流刑に反対した。天皇はこの意見を大いに喜び、妹子の罪を許した。

隋国皇帝への国書

秋八月、隋使一行が宿舎の難波の館を発って、都に向かった。天皇は飾馬《かざりうま》七十五頭を椿市《つばいち》（海石榴市《つばいち》＝桜井市金屋）の町まで遣わして、使節一行を出迎えた。

太子も人目につかないよう平服姿になって、林のほとりから一行がやってくるのを見物した。使者の世清は、はるか先の林のほうを見て、左右の者に、「あそこに真人の気が立ちのぼっている」と告げた。そうして、林のそばを通過すると馬から降り、太子の前で両手を胸の前で組み合わせて挨拶してから去っていった。それを見ていた者は、使者が挨拶した相手がだれか気づかず、奇妙なことをする人だといぶかった。

都についた裴世清は、隋帝（煬帝《ようだい》）から託された書を天皇にたてまつった。その書には、「皇帝から倭皇にご挨拶を申し上げる。使者の長吏《ちょうり》、大礼《だいらい》蘇因高《そいんこう》（小野妹子）らが訪れて、倭皇の意《こころ》をつぶさに伝えてくれた、云々」と書かれていた。

「この書をどう思うか」と、天皇が太子にたずねた。

「これはかの国の天子が家臣である諸侯王に賜うときの書式でございます。とは申せ、この国書では、天下にただ一人しか使うことの許されぬ皇帝の皇の字を、倭皇《やまとのすめらみこと》にも用いております。隋国皇帝が、倭皇に対して礼を尽くしておられるのです。恭《うやうや》しく国書をお受取りになられるべきでございましょう」と太子が答えたので、天皇は満足して喜んだ。

裴世清らは九月には帰国の途についた。このときも、妹子を隋国使者を送る大使に任命し、副使には吉志雄成《きしのおなり》をあてた。天皇は太子以下の重臣を召し出して、妹子に持たせる答書の文言を考えさせた。太子が筆をとって、以下の答書を書き上げた。

「東の天皇《すめらみこと》が敬《つつしん》んで西の皇帝に申し上げます。云々。意を尽くしませんが、謹んで申し上げます（東天皇敬問西皇帝、云々。謹白不具）」（右の文は『日本書紀』の伝文と同じだが、『隋書』倭国伝に記録されている日本からの国書の文言は「日出づる処の天子、書を日没する処の天子にいたす。恙《つつが》なきや。云々」となっており、隋国皇帝・煬帝の怒りを買ったと伝えられる）。

また、太子が奏して高向漢人玄理《たかむくのあやひとげんり》ら八人を、留学生として隋に派遣した。

夢殿での『法華経』の感得

隋使が帰国した九月の満月の日、太子は斑鳩宮の夢殿に入った。夢殿は寝殿の横に建てられている。この夢殿に、中には寝台と腰掛け椅子を兼ねる牀《しょう》(ベッド)があり、褥《しとね》(寝具)が設けられていた。太子は一月に三度、沐浴して入り、翌朝、夢殿から出てくると、海外についてのさまざまなことを談じた。諸経疏の執筆も、この夢殿でおこなった。解釈に行き詰まると、いつも東方から金人《きんじん》(仏のこと)がやってきて、深く妙なる解釈を告げてくれたのである。

この満月の日も、太子は戸を閉じて夢殿に籠もった。ところが、七日七夜も戸を開かない。その間は食事もとらず、侍従を呼ぶこともなく、妃以下、だれも太子のそばに近づくことができなかった。人々は大いにいぶかったが、恵慈法師はこう諭した。

「殿下は深い瞑想に入られたのです。驚かせて瞑想のお邪魔をしてはなりません」

八日目の朝、夢殿内の玉製の机の上に、一巻の『法華経』が乗せられていた。太子は席を設けて恵慈法師を斑鳩宮まで召し出し、こう語った。

「この経は私が前世に衡山で修行をしたとき、所持していた経です。昨年、妹子が隋の衡山をたずねて持ち帰った経は、わが弟子の経でした。般若台の三人の老僧は、私が経を蔵《おさ》めていた場所を知らず、他の経を妹子に持たせたのです。それゆえ私は、わが魂を衡山に遣わして、この経を取ってきました」

そうして、現行の『法華経』にはないが、自分が使っていた『法華経』にはあると先に恵慈に話していた文字の部分を指さして、恵慈に教えた。恵慈は大いに驚き、太子の不思議な力を称《たた》えた。妹子が将来した経には、たしかにその字はなかった。瞑想裏にとってきた『法華経』は、また一巻本としてまとめられていた。黄色い紙、黄色い表紙で、玉製の軸に巻かれており、綺《かんはた》（経巻の巻き緒などに用いられる紐状の織物）の帯、題は漆で書かれていた。一行三十四字の本文の文字は、はなはだ微細であった。

太子が薨《こう》じて後、山背大兄王子《やましろのおおえのおうじ》は、晨朝《じんじょう》・日中・日没《にちもつ》・初夜・中夜・後夜《ごや》の六時ごとにこの経を礼拝《らいはい》した。ところが、丁亥《ひのとい》の年の十月二十三日夜半、忽然と経が消え失せ、どこにいったかわからなくなった。探すにも手がかりがなかった。王子は大いに怪しみ、また憂いた。いま、院に残っているのは妹子が持ち帰った弟子の経である。

次々と訪れる前世の弟子

推古天皇十七年己巳《つちのとみ》〈太子三十八歳〉の夏四月八日、太子は『勝鬘経義疏』の執筆に着手した。

この月、百済僧の道欣《どうこん》ら十人が肥後の国に漂着した。太子の評判を聞いて、日本に留まりたいと願ったので、飛鳥寺に入れた。太子は道欣らを斑鳩宮に呼び、過去世のことについて問うたが、十人の僧は答えることができなかった。道欣は涙を流しながら、ひそかに仲間にこう語った。

「上人らはどうして天眼《てんげん》がないのか。この皇太子は、前世、衡山の般若台の東房に最初に住されていた念禅比丘（慧思）ではないか。われらは廬岳《ろがく》の道人と一緒にときどき禅師に拝謁して、その法華一乗の教えを聞いた者ではないか」

僧らがこう話していると聞いた太子は、左右の者に、「それは本当のことだ」と漏らした。

秋九月、小野妹子が隋から帰国し、太子にこう報告した。

「衡山の般若台をたずねましたところ、先にお会いした三人の老僧のうち、二人はすでにこの世になく、ただお一人が残っておられました。その僧が私に、〝先にあなたに授けた経は、他の僧の経でした。ところが昨年の秋、あなたの国の太子で、元は念禅法師だった方が、青龍の車に乗り、五百人のお供を従えて東方から飛来し、念禅法師の旧房の裏を探って一巻の経を取り出し、また空を飛んで去っていかれたのです。そのおり、太子はこの『法華五巻義疏』を置いていかれました。われらはこれを『上宮疏』と名づけました〟と申しておりました」

妹子の報告を聞くと、太子は微笑を浮かべて沈黙した。

十八年庚午《かのえうま》〈太子三十九歳〉の春三月には、高麗僧の曇徴《どんちょう》と法定《ほうじょう》が来朝した。太子は二人を斑鳩宮に招き、自分が前世で使っていた言葉をそれとなく用いて、彼らに問うた。両僧は太子を百拝し、「私どもは仏教を学んですでに久しい歳月が過ぎておりますが、いまだ天眼というものを知りません。いま、はるかに昔のことを想起すれば、私どもは殿下の弟子として衡山に遊んだ者でございましょう」と答えた。そこで太子は、「法師らは日本にやってくるのが遅かった。これからは私の寺（斑鳩寺、のちの法隆寺）に住むがよい」と、二人の僧に告げた。

秋九月、太子は驪駒《くろこま》に乗って小墾田宮《おはりだのみや》（推古天皇の宮殿）に出仕した。本来なら宮の前で下馬しなければないのだが、そのときは誤って驪駒に乗ったまま宮内に踏み入れてしまった。さすがに太子も少し驚いて斑鳩宮に帰還した。

宮にもどると、どういうわけか驪駒が草を食《は》むこともできず、水も飲まなくなった。両方の耳を垂れ、両目を閉じているさまは、驪駒が、まるで先の過《あやま》ちを悔いているように見えた。これを聞いた太子は、使いを遣わして、驪駒に「草を食《は》み、水を飲め」と命じた。すると目を開き、以前と同じように草を食み、水を飲むようになった。

募る来世への思い

この年の冬十月、膳《かしわで》氏の妃が太子の側近くに座していた。

「そなたはまるで私の心のようだ。なにをおこなうにも私の心に反するということがない。そなたを妃に得たのは幸いであった。死んだのちもともに同じ墓に入り、ともに埋もれよう」

太子がこういうと、妃も、「殿下のご恩は深いものです。私は凡庸な女ですが、殿下のおそばに侍って常に思っていたことは、動かぬ巨石のように、また動かぬ大きな山のように、いついつまでも変わることのない心で朝夕あなたにお仕えするなら、わが幸せは満ち足り、この状態が終わることはないにちがいないということでした」と答えた。

　すると太子は、妃をこう諭した。

「そうではないのだよ。物事に始まりがあるということは、終わりがあるということなのだ。これが自然の理《ことわり》だ。人は生まれ、また死んでいく。それが人間の常の道だ。私は昔、数十身を経て修行をし、仏道を崇めてきた。いまはわずかに小国の皇太子の身となったが、仏の妙義を世の中に広めることは、まだ万分が一にも足りてはいない。とはいえ、いまは釈尊の経典も次第に伝来し、仏教の正しい教えの燈《ともしび》が、すこぶる明々《あかあか》とこの国を照らすようになった。私も日本の中に、ほぼ法華一乗を説き伝えることができた。そのゆえに、私はいつまでもこの五濁《ごじょく》（劫濁・見濁・煩悩濁・衆生濁・寿命濁という五種の末期現象）の世に留まることを望まないのだ」

　太子の言葉を聞いて、妃は涙を流しながら、「それでは私は何を仰ぎながら生きていけばよいのでしょう」とたずねた。

「そなたは心を愛着に留めてはならない」、太子は妃に、こう命じたのであった。

　妃の人となりは聡く鋭敏で、物事をよく察する力があった。太子がどこか痒いところがあると、どこといわないでもその場所を知って掻いたし、太子が群臣を召そうと思っていると、それを聞く前に召し出した。太子が思ったことを、妃は事前に察した。寒ければ暖かくし、暑ければ涼しくした。太子がどこかに行こうとすれば、行かしめ、来ればよいのにと思っていると、来さしめた。起とうとすれば起たしめ、座ろうと思えば座らせた。その振る舞いぶりは、まさに太子の意《こころ》のようであった。そのゆえに、太子は妃をますます寵愛し、同じ墓に入ろうとの仰せがあったのである。

帰化人の重用

推古天皇十九年辛未《かのとひつじ》〈太子四十歳〉の春正月二十五日、『勝鬘経義疏』を書き終えた太子は、恵慈法師ら諸大徳に読ませて、問題がないか校閲させた。恵慈らは賛嘆し、口に義疏の文言を唱え、また精読した。そうして、一文字の付加も一文の削除もないままで校閲を終えた。草稿を押しいただき、ただ崇めたてまつるばかりであった。

夏五月、天皇が菟田野《うだのの》に行幸し（鹿の若角を獲る薬猟《くすりがり》の行幸）、虞人《ぐじん》（山林・沼沢を司る役人）が獣を追うところを御覧になった。そこで太子が諫めていった。

「殺生の罪は仏教のなかでも最も重いものでございます。儒童菩薩《じゅどう》（釈迦の前身で、後に孔子となって再誕したとされる菩薩）は、中国の地にようやく人の守るべき五つの徳目を降されました。そのゆえに、仁者は釣り糸は垂れても網は用いず、戦いで武器は手にしても敵の寝込みを襲うようなことはいたさないのです。釈尊の徒の五戒では、第一に不殺生を掲げております。これは儒教の経典が説くところの仁のことでございます。儒教と仏教、その心に変わりはございません。陛下に伏して願いあげたてまつります。どうか狩猟のわざを長くお断ちくださいますように」

諫言を聞いて、天皇はこう勅した。

「朕は女王としてこの殺生を好んできましたが、それは誤りでした。そのことを深く慚愧《ざんき》します。いまよりのちは、太子のためにこのわざを断つことにします」

その次の年の二十年壬申《みずのえさる》〈太子四十一歳〉、春正月の十五日から、太子は『維摩経《ゆいまぎょう》』の義疏の執筆を開始した。

夏五月、百済からの帰化人に、白癩《しらはたけ》（ハンセン病の一種）の皮膚病を病んでいる者がいた。彼は庭園に小山を造る技術に優れていた。群臣は病を嫌って男を棄てようとしたが、太子が天皇に奏したので、そのまま日本に留まり、官吏として仕えることが許された。また、百済から味摩之《みまし》が帰化してきた。「私は呉国《くれ》で伎楽《ぎがく》の舞を習得いたしました」と語ったので、桜井村に住まわせ、少年たちを集めて味摩之の技を学ばせた〈いま諸寺でおこなわれている伎楽舞《くれのうたまい》はこれである〉。これは太子の奏上による。「諸氏に子弟・壮士を出させて呉国の鼓を学ばせるよう、また広く天下に命じて、鼓を打ち、舞を舞う技を習うように勅命をお出しください」と天皇に申し上げたのである。これがいまに伝わる財人の先蹤《せんしょう》である。

このとき太子は、くつろいだ調子で左右の者にこう語った。

「三宝を供養するときは、諸外国の舞楽を用いるのだ。ところがこの国の者の中には、習学を嫌ったり、習ってもなかなか上達しない者がいる。そこで伎楽の技を終生の業として習い伝えた者には、課役免除の恩典を与えよう」

かくして大臣に課役の免除を奏させたのであった。

片岡山の飢人

推古天皇二十一年　癸酉《みずのととり》〈太子四十二歳〉冬十一月、太子は上奏して（稲作用の溜め池である）掖上池《わきのかみ》、畝傍池《うねび》、和珥池《わに》を作らせた。また、諸外国の使節などを迎える難波の港から天皇の宮に至る大道（竹内街道）を、初めて作らせた。

この年、太子は駕を命じて山の西側の磯長《しなが》の山本の墓所を巡察した。その帰途、申時《さる》のころ、寄り道をして片岡山のほとりの仏教修行者の家に向かっていると、三丈ほど先の道端に、飢えた人が臥せていた。そこまでくると、どういうわけか驪駒が一歩も進まなくなった。鞭を加えたが、馬はためらって後ずさりし、なおも止まったままだった。

「おや、どうしたことだろう」と、つぶやきながら太子は下馬し、舎人の調子麿が駆け寄って杖をさしあげた。太子は飢人《きにん》に歩み寄り、「なんとお気の毒なことだ。ここに臥せっているのはどなたですか」と声をかけ、すぐに紫の御袍《ほう》を脱いで飢えた人に着せかけ、歌を詠んだ。

しな照るや、片岡山に飯《いい》に飢えて、臥《こや》せるその田人（農夫）あわれ。祖《おや》なしに、汝《なれ》、生《な》りけめや。刺竹《さすたけ》の君、速《はや》なくも、飯に飢えて臥《こや》せるその田人あわれ（片岡山で食に飢えて倒れているその田人はかわいそうだ。親なしで、そのほうは育ったわけでもあるまいに。いとしい恋人は、とうにいなくなったのか。食に飢えて倒れているその田人は、かわいそうだ）。

飢えた人は首をあげ、答歌した。

斑鳩の、富の小河の絶えばこそ、我が王《きみ》の、御名は忘れめ（斑鳩の宮から流れ出る仏の教えという富の小河は絶えることはないのだから、我が王である太子の御名も、絶えて忘れ去られることはないでしょう）。

飢人の姿かたちは、面長で頭が大きく、両耳は長く垂れ、目は細長かった。目を開くと、内側に金色の光があった。世間一般の人とはちがう異相であった。また、飢人のからだからは、とても香《かぐわ》しい匂いが発せられていた。ただしその香りは、普通の人に感じられるものではなかった。太子が調子麿に、「あの人は香しいか、どうだ」とたずねた。「はい、とても香しい匂いがします」と調子麿が答えた。「汝、麿は命が延びて長くなるだろう」、太子がいった。

飢人と太子は、数十言、言葉をかわした。けれども調子麿には、二人が何を語りあっているのかわからなかった。斑鳩宮にもどってから、太子は、さきほど飢人のいたところを見てくるようにと使いを出した。もどってきた使いが、「飢人はすでに死去しておりました」と報告した。それを聞いた太子は大いに悲しみ、片岡山のその場所に厚く弔って埋葬し、高く大きな墓を造った。

※片岡山の飢人は達磨大師の化身と見なされた。『顕真得業口決抄』は太子が詠んだ歌の「祖なしに、汝、

生りけめや」の「祖」とは釈尊のことであり、飢人すなわち達磨大師は親の釈尊が入滅した後に生まれたのでこう表現したのだとし、「刺竹の君、速なくも」の「刺竹の君」は母、すなわち弥勒菩薩と文殊菩薩のことで、この弥勒・文殊もいないために「速なくも」と歌ったのだと秘伝を述べている。このエピソードは太子の歌もふくめて『日本書紀』に出るものだが、飢人の答歌はない。『法王帝説』に、太子が崩じたときに巨勢《こせ》の大夫が歌った三首の中にこの歌が見える。

　飢人から発せられたかぐわしい香りのエピソードも『日本書紀』には記されていない。この香りは、仏道を成就した者から発せられるとされた香りで、かいだ者は身口《しんく》意《い》三業《さんごう》の罪が滅せられ、清浄堅固の身になると信じられた。太子が調子麿に「命が延びて長くなるだろう」と語っているのは、彼が飢人の香りを感じとることができたからである。

　このとき、大臣の馬子や七人の長官らが、太子のおこないを謗《そし》ってこういった。

「殿下の聖徳は測りがたく、その妙なるおこないも、人を迷わせやすいものでございます。と申しますのも、道のほとりで飢えた者は、これ卑賤の者でございます。どうして下馬し、彼と語らい、歌を賜い、その者が死んでのちは、無益にも手厚く葬るようなおかしな真似をなさるのですか。そんなことで、どうやって天下の長官以下の群臣を治めることができましょうか」

　これを聞いた太子は、誹謗した七人の長官を呼び出し、「そなたたちは片岡に行き、墓を開いて中を見てみよ」と命じた。七人の長官がいわれたとおりに墓を開き、棺をあけると、そこにあるはずの屍がなかった。棺のなかは、はなはだ香しく、太子が贈った歛物《れんもつ》（死者の冥福のために棺に納める物）

や綵帛《さいはく》などは、みなきれいにたたんで棺の上に置かれていた。ただ、最初に太子が与えた紫の袍だけは、どこにも見当たらなかった。

七人の長官はこれを見て奇異の念に打たれ、太子の聖徳は何と不可思議で測り知れないことかと賛嘆した。そうして斑鳩宮にもどり、事の次第を報告した。太子は日夜、飢えた人を恋慕し、その人が詠んだ「斑鳩の、富の小河の絶えばこそ、我が王の、御名は忘れめ」の歌を口ずさんだ。そうして舎人に命じて、墓に納めた衣服を持ち帰らせ、それをいつもどおりに自分の身にまとったのであった。

『維摩経』の義疏は、この年の九月十五日に完成した。

犬と鹿の怪異

推古天皇二十二年甲戌《きのえいぬ》〈太子四十三歳〉の春正月八日、太子は『法華経』の義疏を製しはじめた。

三月に舎人の宮池鍛《かぬち》師の牡犬が、鹿の脛を嚙み折るというできごとがあった。それを見た太子は悲しみ、調子麿に命じて犬を放逐させた。ところがその犬が、同じ鹿の脛を四本とも嚙み折り、ばらばらに嚙みちぎってしまうということが、つづいて起こった。怪しんだ太子は、なぜこのようなことが起こるのか、その因縁を夢によって知ろうと誓って夢殿に入った。

太子が眠ると、夢に、うるわしい僧が東方からやってきて、こう告げた。

「この鹿と犬には過去世からの宿業がある。かつて鹿は正妻、犬は副妻（妾）であった。その正妻が、妾の子の脛を折ったことがあった。以来、九百九十九回にわたって、妾が正妻の脛を折るという怨念がとり結んだ復讐劇が、この世でくりかえされたのである。けれどもいま、鹿と犬で一千回目の転生となる。妾はこれで満足し、怨《うらみ》を晴らすであろう」

古人は、聖人は夢を見ないといっている。では、太子はなぜ夢を見て因果の理を悟るのだろうか。太子の聖なる性質は、あらゆることに通じてわからないということがない。如来の説かれた精妙な教えについても、悟り得ないものはなにひとつない。ただ太子の場合は、それを夢に現れる法師の言葉に託して、田舎の人や仏教をよく知らない人でもわかるようにし、彼らに信じさせているのである。

もし太子が、夢ではなく自分の言葉によってほしいままにこれを説けば、邪《よこし》まで曲がった心をもつ者は、その言葉に対して疑いを抱くだろう。こうしたわけがあるので、古人は、「聖人は夢見ず」といったのである。〈天台大師の『法華文句』に、「仏教を修行している声聞《しょうもん》の初歩の者から縁覚《えんがく》の者に至るまで、みな夢を見る。ただ仏のみが夢を見ない。人としての思いや煩悩、習慣、業などといった習気《じっけ》の一切から解き放たれているからである。仏以外の衆生が夢を見るのは、五事があるからである。五事とは、不安や恐怖などの疑心、分別心、習い覚えている記憶〈覚習〉、見聞・行為の記憶の反復〈因現事〉、神霊鬼神などとの夢を通じての交流〈非人来相語〉である。この五事によって、人は夢を見るのである云々」とある。〉

秋八月、蘇我大臣が病の床に伏した。太子は大臣のために僧尼千人の出家を奏し、太子みずから僧尼の守るべき具足戒《ぐそくかい》を授けた。

恵慈との別れ

推古天皇二十三年乙亥《きのとい》〈太子四十四歳〉の夏四月十五日、太子は『法華経疏』を製し終えた。この義疏はすでに三十八歳の時点で完成し、夢殿にこもって衡山に魂を飛ばせたときにかの地に伝えていた。それをまた書き改めたのは、『法華経』の教義についての渡来僧たちのすぐれた説や、夢で金人から授かった不可思議な妙義を旧稿にとりこみ、師の恵慈法師に問うためであった。

完成した『法華経疏』を読みおえた恵慈は、その内容をよく理解して、太子の深く透徹した悟りを不思議なことと思い、未曾有の著書だと感嘆した。この義疏は、さきに完成して漢土に渡した義疏のあとで完成されたので、『上宮後疏』と呼ばれた。恵慈は弟子に向かい、「この義疏は世にありふれたものではない。私は本国に還って、太子の教えを伝えたい」と漏らした。そうしてこの年の冬十一月、本国の高句麗に帰った。

太子は、弟子の師匠に対する師資の礼をとって厚く禄物《ろくもつ》を賜ったが、恵慈は、「愚僧こそが殿下の弟子でございます。どうして師資の礼を受けて、殿下を私の弟子扱いにできましょうか」と辞謝した。また別れにのぞんで、恵慈は涙を流しながらこういった。

「会いがたく別れやすいのは人の道の常でございます。私の身は本国に帰りますが、天は高句麗も日本も等しく覆《おお》っており、この魂は殿下のもとに留まることでございましょう。わが願いは、必ず浄土で殿下とふたたびまみえることでございます」

「あなたも御身《おんみ》をお大切に」

一心に悲しみをこらえながら、太子も別れの言葉をのべた。

仏教立国を夢見て

推古天皇二十四年丙子《ひのえね》〈太子四十五歳〉夏五月三日、天皇が病の床に伏した。太子の心配はひとかたならず、天皇の延命を実現していただけるのであれば、七堂伽藍（大和国長林寺《ちょうりんじ》）を建立《こんりゅう》しますと誓願した。すると、病はただちに平癒した。諸国の国造《くにのみやつこ》、臣連《おみむらじ》、大夫以下の百官も、その財力に応じて寺や塔を建てると誓った。太子は大いに喜び、天下にこう命じた。

「天皇のために寺や塔を建てようとの誓いがあった。布施をおこなう者は、自分が提供できるものを出して、寺塔建立の燈明代に充てよ。寺の役僧は布施を受けた米銭を人に貸し出して利をとり、永く寺の運営費に充てよ。そうして元手がいつまでも絶えないようにせよ。寺のものとなった資財は国の官吏が詳細に把握して、年ごとに帳面をつくって記録せよ。すでに寺が所有している田畑や山野などの寺領については、年ごとに記帳することはない。ただし百姓が寺より先にその地に入っていたと報告のあった田畑については、布施者が百姓から買い戻したうえで、寺の資財として記録せよ」

秋七月、新羅国王が使者を遣わして、高さ二尺の金の仏像を献じた。この仏像は、秦河勝の建てた蜂岡寺（太秦《うずまさ》の広隆寺）に安置した。像は、ときどき光を放って怪異をあらわした。そこで太子は、「この仏像には霊がお宿りになっている。軽い気持ちで穢すようなことがあってはならない。必ず清浄な堂に安置しなさい。また、好き勝手に拝んでもいけない。世俗の愚かな者が、もし仏像に勝手に触って穢すようなことがあれば、その者は必ず禍をこうむるだろう。また、護法の神である毘沙門天も、救いの手をさしのべてはくれなくなるであろう」と河勝に命じた。河勝は謹んで拝承し、それを後世に記し伝えた。

翌二十五年丁丑《ひのとうし》〈太子四十六歳〉の夏四月八日、天皇が太子に勅した。

「去《い》ぬる年、太子は初めて『勝鬘経』を講義しました。以来天下は栄えて安穏であり、朕《わたし》の身も平穏です。国にも災害がありません。朕はいま、はるかにその経の義理を思い出そうと、再三こころみたのですが、忘れてしまって思い出せません。経文に向かってみても、どういう意味であったかと迷うばかりです。どうか朕の前で、もう一度、講じてください」

太子は勅を受けて香を焚き、帝の御前で経を開いて講読した。諸国の僧侶らも、その場に参列して太子の講義を聞いた。講義は三日で終えた。天皇は大いに喜んで、教えのことごとくを信じ、心に受けとった。

大臣馬子が奏していった。

「皇太子が講ぜられた妙経の義理は、内はとらえどころのない微妙な義理に通じ、外は聞く者それぞれの知恵・能力などの程度に応じてその者にちょうどふさわしい教えを用意しており、あますところがございません。漢の皇帝（後漢の顕宗明帝《けんそうめいてい》）は仏像が飛んで東に去ったと夢見たと申します。仏の教えの道は人によって広まると申しますが、いま太子の講義を拝聴して、漢帝の見た夢は正夢で、東に去った仏像とは、まさにこの太子のことであろうと思い合わせた次第でございます。伏して惟《おも》んみれば、陛下は聖人の教えにも通じ、在家・俗世の情も兼ね備えておいでです。西方の大聖（釈迦）の妙なる教えは、はなはだ深いものですが、皇太子殿下が口を開き、舌を振るって金言を吐きたまえば、その講義は末世の衆生を化して浄土に登らせ、汚れ乱れた五濁悪世《ごじょくあくせ》は、かえって弥勒出生のときの転輪聖王《てんりんじょうおう》である儴佉王《じょうきゃおう》の世に変じて、釈尊の救済に漏れた衆生を弥勒の法会に導く勝縁となりましょう。かくも不可思議な功徳、かくも不可思量の労《みはたらき》は、酬いないですむわけはございません。徳に接して応えずにすむはずはございません。謹んで、あえて陛下におうかがい申し上げる次第でございます」

馬子の言葉を天皇は大いに喜び、馬子に命じて太子に湯沐《とうもく》の戸《こ》（特別の下賜領）を加え、天皇から給付される年中の諸費用を、通常の定めの二倍にした。太子は受けとることを固く辞したが、天皇は許さなかった。そこで太子は、いただいた恩賞を諸寺に分け与えた。

平城京の予言

この年の秋九月、太子は駕を命じて奈良の村に遊んだ。東の山のふもとをさして、侍従にこう語った。

「私が死して二百五十年ののちに、一人の帝皇（聖武天皇）が現れる。そのかたは仏法を崇め尊び、あの谷の前やこの岡の上に伽藍を建て（東大寺、元興寺など）、仏教を興隆するだろう」

※聖武天皇は太子の後身の一人とされる。『目録抄』に、「上宮太子縁起に、皇太子仏子勝万《しょうまん》（勝鬘）とある。聖武天皇の出家名も勝満であり、太子と同じく仏法を興隆し、伽藍を造立した。これによって推《かんが》えるに、聖武天皇は太子の後身であろう。二人の宝号（出家名）の一致について考えるべきである」とある。

また、西の原のふもとをさして、「あの平原には塔廟が建てられるだろう（大安寺《だいあんじ》、法華寺、唐招提寺《とうしょうだいじ》、薬師寺《やくしじ》などの説がある）」といい、あまねく四方を望み見て、「この奈良の地は帝都となるであろう。それは今から百余年の後のことだ。またそれから百余年が過ぎて、京をさらに北方に遷すことが、三百年後にあるだろう」と語った。

隋国滅亡の予言

推古天皇二十六年戊寅《つちのえとら》〈太子四十七歳〉の春二月、太子は大臣以下にこう告げた。

「海外の国が軍を起こして戦争をしている。西方の大国・隋が、東方の小国・高句麗を滅ぼそうとして仕掛けたいくさだ。けれども、小国はよく防御するだろう。大国の若く未熟な王（煬帝《ようだい》の息子の十三歳の恭帝《きょうてい》）を狙って、諸侯が国を滅ぼそうとしている。なかでも一人の李姓（唐朝の祖・李淵《りえん》）の者が、まさに王位を奪おうとしているようだ。大隋国の命運は今年のうちに尽きるであろう。我が国は無事だが、ただ動静は聞き知っておかねばならぬ」

大臣以下の群臣は、太子のいっていることの意味がわからなかった。そこで太子は、「今年の秋までのうちに、北方の国のことを調べておくように」と命じた。

夏五月になった。夢殿から出てきた太子は、早朝、群臣を召して、こう嘆いた。

「ああ悲しいことだ、痛ましいことだ。大隋の帝の命運は、まさにいま極まった。李姓の者が、いま自分の王朝を興そうとしている（隋の恭帝から禅譲を受けて李淵が唐を建国したのは六一八年。李姓の者とはこの李淵＝高祖を指す）。隋帝を助けたくても助けることができない。なんと悲しいことだ。けれども、いかんともしがたい……」

そこで大臣が、太子にこう申し上げた。

「かの漢土のならいは、わが国とは異なって帝系は一系ではございません。太古においては、聖人が次の聖人に礼をもって帝位を譲りました。けれどもその後は武力による強いものの勝ちの世が続き、姦猾《かんかつ》な者が王位を奪うというのが、漢土の常となったのでございます。わが朝は漢土からはるか遠く離れた東の鄙《ひな》にございます。流血の乱も聞かず、投刀《とうとう》（敗戦）の害も知りません。ゆえに聖人孔子も、辺境の夷狄《いてき》の国に住みたいものだと願ったのです。臣らは伏して願いあげます。仁を修め、善隣の心をもって、新たに生まれる王朝との国交のときをお待ちください」

太子は涙を流しながら、こう答えた。

「そのほうらのいうことは実に道理にかなっている。けれども私は、昔日の交わりのことを思って悲しむのだ」

秋八月、高句麗王の使者が国の産物を貢《たてまつ》ってきた。そうして、「隋の煬帝が三十万人の兵を興して高句麗に攻め寄せました。けれども、わが軍によって破られました」と言上した。そこで高句麗は、このときの戦《いくさ》で得た捕虜の貞公《ていこう》と普通《ふとう》の二人、鼓と吹《ふえ》（笛）、弩《おおゆみ》や抛石《いしはじき》などの武器類十種、ならびに駱駝《らくだ》一匹を献じたのであった。〈『暦録』に付してこう述べられている。「隋の煬帝大上皇は宇文《うぶん》化及《かきゅう》らによって江都《こうと》で弑《しい》された。恭帝は位を唐主（李淵）に譲った。唐の高祖神堯《しんぎょう》皇帝は隋帝の禅《ゆず》りを受けて皇帝の位に即き、元号を武徳《ぶとく》と改めた。隋は亡び、唐が興った、云々」。〉

太子前世を妃に語る

その年の冬十月、太子は妃を召して、自分の前世を物語った。

「第一生では、私は昔の世に身分の低い微賤の人と生まれた。師が『法華経』を説くところに出会って、家を逃れ出て髪を剪《き》り、沙弥《しゃみ》となって修行すること三十余年、身を衡山のふもとに捨てた。いまこのときのことを思うと、晋《しん》の末世に当たっている。第二生では、魂を韓《かん》氏の腹に宿らせて、また人と生まれることができた。出家入道して、『中国と辺国とを選ばず何度でも転生して仏法を伝通しよう』と誓いを立て、衡山に登って修行すること五十余年。宋《そう》の文帝《ぶんてい》の世であった。第三生では劉《りゅう》氏に託生して、また男として誕生することができた。出家行道して四十年を経て、身を衡山に捨てた。第四生は高《こう》氏に託生したが、このとき斉《せい》主の君が天下に臨んでいた。また衡山で修行を積むこと六十余年。命をこの山に捨てた。第五生は梁の世に当たっていた。梁の宰相の子として生まれたのち、また出家入道して衡山に入り、七十年を経た。最後に第六生では、陳《ちん》と周との世を経て、『必ず東海の国に生まれて仏法を流通せん』と誓願した」

達磨との前世の因縁

〈第六生とは大唐国衡州衡山道場の釈思(慧思)禅師のことである。〉『七代記』にこうある。「往年、西国に一人の婆羅門《ばらもん》僧がいた。名を達磨といった。この方は仏が姿を変えて現世に現れた応化《おうけ》の人である。その達磨が、魏《ぎ》の文帝の即位大和八年、歳次丁未《ひのとひつじ》年の十月に漢土にやってきた。そうして衡山を歩きまわり、草を編んでお堂とし、そこで吟詠していた。さて、その達磨が道場内で六時に仏道を行じていたとき、慧思禅師(太子の第六生)が道場を訪れ、達磨とこんな問答をかわした。

――達磨よ、あなたはこの寂処《じゃくしょ》で何年道を修しておられるのですか?

――二十余年。

――どのような霊現を見、いかなる験力《げんりき》を身につけられましたか？

――霊現は見ない。験力も被《こうむ》らない。

答えたあと、達磨はややしばらく沈黙していたが、やがて嘆息していった。

――禅定《ぜんじょう》の修行は厭われやすく、煩悩まみれの濁世は離れがたいものだ。私はいま昔から交わっていた懐かしい道友と遇い、その友の永い間に積もり積もった罪業を滅し、しばらくその清友と時を過ごして、末永く続く来世のためのよい因縁の種を植えた。その清友であるお前さん（阿師《あし》）は、さんざん努力を積みながら、なにゆえこの衡山ばかりに留《とど》まって、十方衆生のために布教をしようとしないのか。いまこうして出会ったことで、お前さんを衡山に縛りつけてきた因と果は、ならびに亡びた。お前さんは東海に生まれ変わりなさい。仏の教えを受ける機縁がないため、かの国の人心は荒々しく暴悪だ。貪欲を行とし、殺害を食《じき》としている。よろしく正法を宣揚して、殺生をやめさせるのだ。

これを聞いて慧思がたずねた。

――達磨とは、いったい誰人《たれびと》なのですか？

――余《われ》は虚空だ。

いいおわると、達磨は東に向かって去っていった。その聖なる姿かたちはすでに道場になく、いつやってくるのかも定かではなかった。慧思は達磨を恋慕して朝も夕も声をあげて泣きながら、それでも一日六時の勤めを果たしつづけた。そして五十歳になんなんとした後魏の拓抜《たくばつ》帝の皇始元年庚申《かのえさる》の年、慧思は永逝した。思禅師がなぜこの衡山にやってきたのか、理由は知れない。また、その遠祖もわからない」

妃に対する太子の前世物語は、なおもつづいた。

「私は身を第六の生に留めながら、仏法を広く流布する機会を第七生に待った。生死を大いに空しくして、凡夫を苦しみの海から救い、真理を求める心を純に清浄に保って、生きとし生けるものを悟りの道に運ぶ――そうすれば、『必ず東海の国に生まれて仏法を流通せん』という誓願の言葉は空しいものとはならず、往生の身を誤って、願いとは異なった境涯に生まれ落ちることもない。そのゆえに、私は倭国の王家に転生した。そうして百姓《ひゃくせい》（万民）を哀れんで仏法を伝え、この国の三宝を支える棟となり梁となったのだ。（以上が『七代記』からの引用で、そのあとに『唐伝戒師僧名記伝《とうでんかいしそうみょうきでん》』による慧思と智顗《ちぎ》の因縁話が引かれているが、その部分は略した。）

子孫滅亡の予言

（妃に対する太子の言葉はさらにつづいた。）

「釈迦の説かれた法華一乗をさまざまな言葉で教え伝えてからこのかた、修行し、託生（託胎出生）をくりかえして、私はもう数十身を歴《へ》た。いまはこの扶桑の国（日本）でも僧尼の数が増え、法華の教えも広まった。とはいえ、まだこの国に法華の妙義が十分に浸透したとはいえない。今生では皇太子の身として生まれたため、一軒一軒、戸をたたいて法を説くことはかなわない。そこで思うのだが、この身命《しんみょう》を捨てて、今度はささやかな家の子に生まれ、出家入道して衆生を救済したいのだ。それが私の発心した誓願だ。五百の転生転身をへて誓願を果たし、彼岸に到るのはそれからにしたいと思うのだが、どうであろう」

これを聞いて、妃は涙を流しながらいった。

「殿下がおっしゃったことは、私などにはあずかり知ることのできない話でございます。私はただ、殿下がこの私を捨てて、早々と他の腹に託生なさろうとしていることを悲しむのみでございます」

すると太子は、「私は託生するが、だからといってそなたがこの世に留まりつづけるわけではないのだよ。悲しむのなら、そなたはむしろ早くにこの世を去ることを悲しみなさい。そうしたわけだから、いまから二年の間は、私は衆生の教化《きょうけ》につとめよう」と妃に命じたのであった。

その年の冬十二月、太子は駕を命じて磯長《しなが》の自分の墓処に出かけ、墓造りの工《たくみ》の仕事ぶりを視察した。そして自ら墓の中に入り、ぐるりと見回してから、「このところは必ず断て。あそこは必ず切り落とすようにせよ。このさき子孫の身に起こるであろう事（上宮一族の滅亡）を、絶ち切っておきたいと思うからだ」と、左右の者に告げた。

墓工は命ぜられたとおりに断つべきところは断ち、切るべきところは切った。太子はその仕事ぶりに大いに満足して、夕方、宮にもどったが、そのとき妃にこう嘆じた。

「はるかに過去を憶い、因果を考えてみると、私はまだ受くべき報いを受け了えてはいない。禍《わざわい》はわが子孫に及び、子孫は続かないであろう。どうして私の大いなる咎といわずにおれようか。孔子の遺した教えに、後嗣なきをば不孝とすとある。これに従うなら、私は不孝者であろう。けれども私は釈迦大聖の弟子だ。どうして小賢しい孔子の弟子となる必要があろうか」

妃が答えていった。

「何がどうであろうとも、私はただ殿下の命に従うのみでございます。家に在っては父に従い、嫁《か》しては夫に従い、夫死してのちは子に従うという三従の身のこの私に、殿下に寄り添うこと以外のどんな望みがございましょうか」

妃の言葉を、太子は喜んだ。

人魚の凶兆と予言

推古天皇二十七年己卯《つちのとう》〈太子四十八歳〉の春正月、太子は天皇の命を受けて出駕し、畿内諸国の臣・連・国造・伴造《とものみやつこ》が建てる予定の寺地を査察してまわった。土地がないところには土地を与え、木がなければ木を、田がなければ田を、畑や園がなければそれらを与えた。二十日で畿内の巡検を終え、最後に蜂岡（現・京都市右京区太秦）に至った。

蜂岡寺の心柱《しんばしら》を建て、常住の僧十人を定め、これ以外の受戒していない寺の者は、その日のうちに寺から出した。そうして、布施主の河勝に、「これを前例として、後々まで蜂岡寺に伝えるようにせよ」と命じた。河勝はこの日、職を辞した。太子の命を受けて退いたのである。そこで太子は、小徳の冠位と禄物、功田《くでん》六町を河勝に賜った。

それから近江に入って志賀・栗本などの郡の諸寺を巡検し、駕を粟津《あわづ》に駐《と》めると、「私が死んで五十年の後に、一人の帝王（天智《てんじ》天皇）が都宮の地をここに遷し（志賀郡大津宮のこと）、そこで十年間、国を治めるであろう」と左右の者に語った。このとき近江国司が、「蒲生川《がもうがわ》に不思議なものが現れました。形は人のようですが、人ではございません。魚のようにも見えますが、魚でもございません」と太子に報告をした。それを聞いて、太子は従者にいった。

「禍はこれから始まるだろう。人魚はめでたいものと思われているが、そうではない。いま、飛兎《ひと》（聖賢）もないのに人魚が現れ出たのは、国に禍の起こる予兆だ。おまえらはそのことを記憶しておくようにせよ」

数日後、太子はふたたび蜂岡に帰ってきた。それからまた山崎に入り、北の岡のふもとを指して、「この地を垢《けが》してはならない。ここには伽藍が建てられるだろう」と語った。それから大河を渡って交野《かたの》を通りすぎ、茨田《まんだ》の堤《つつみ》から堀江に至って江南の原（淀川の南の原）で宿泊した。そこで東の原をさして、「今からのち百年の間に、一人の帝王（聖武天皇）がこの地に都を興すだろう（後期難波宮）。けれども、十余年の後には狐や兎のたむろする荒れ野になるだろう」と告げた。

その後、住吉をめぐって河内に至り、茨田寺の東のほとりで車駕をとめた。そうして、密かに左右の者に、「死後二十年ののちに一人の比丘〈高麗僧・恵灌《えかん》〉が現れる。知恵の面でも行の面でも卓越した僧で、竜樹の『中論』『十二門論』、弟子の提婆《だいば》の『百論』の三論をこの国に流通し、衆生を救済し、人々から貴ばれるだろう。この比丘は他の者ではない。私の後身のうちの一人である」と語った。また、北方の大縣《おおかた》山の西のふもとを望み、「百年の後に一人の愚僧（行基《ぎょうき》菩薩）があって、あそこに寺を建て、高く大きな像を造るだろう。その僧は一万枚の袈裟を縫い、諸々の比丘に施すだろう」と予言した。

それから磯長の墓工を召し出して、こう命じた。

「私は巳《み》の年の春をもって、必ず彼《か》のところ（寿国浄土）に到るであろう。おまえたちは早く墓を完成してくれ。頼んだぞ」

すると、墓工と土師《はじ》の連《むらじ》が、「すでに墓は完成しております。ただ、隧道《ずいどう》（外と墓内部をつなぐ通路）はまだ開いておりません」と言上した。そこで太子は、「隧道は開かずともよい。ただ、墓の中に棺を安置するための二つの牀《しょう》を設けよ」と命じた。

夕方、斑鳩宮に帰る途中、勢益の原で北方をかえりみて、周囲にこう語った。

「あわれなことだ。一人の信女（持統ないし推古天皇）が、三十年以内にここに小さな寺を建てるであろう」

そうして、独り歌をくちずさんだ。

　寿《いのち》や全《まった》き人は、怙薦《よりこも》、重栗山《しげくりやま》の熊樫《くまかし》の葉を、頭餝《かざし》に、刺しつ彼の子も

また椎坂《しいざか》の東にいたり、本の宮を望んで、独り歌った。

　斑鳩の宮の甍《いらか》に、炎火《もゆるひ》の、火村《ほむら》のなかに、心は入りぬ

※この二首について、『頭真得業口决抄』はこう解釈している。

「『寿や全き人は、怙薦、重栗山の』とは、このさき平群《へぐり》の山奥の生駒山中に隠れ居ることになる太子の二十五人の王子・王女らの寿命を全きものにしようということである。また、『熊樫の葉』とは、葉の繁っている木のことで、隠れて居るのに便のある木ということである。次に『頭餝に、刺しつ彼の子も』とは、この木陰にそのまま住して諸王子の寿命を延ばそうとの意味である。太子は未来のことを詠まれたのである。『斑鳩の宮の甍に』の歌も、未来を詠んでいる。太子が御心に不安を感じられたとき、これらの言葉が浮かんだ（「心は入りぬ」）のである。あるいは蘇我入鹿《いるか》によって、最後には斑鳩宮が燃やされるだろうという意味のことを詠まれたのである」

この年の夏四月、摂津国の役人が物を献じてきた。その形は、先に蒲生《がもう》川から出た人魚に似ていた。太子はこれを憎んで、「禍《まが》の物である。早く捨て去らせよ」と侍従に命じた。

秋八月、太子は早朝から出仕した。すると天皇が、太子にこうたずねてきた。

「朕は夢を見ました。夢の中で、あなたの容儀の艶麗なことは、常とはまるで異なっていました。また、錦の衣を着ていました。これはどういう夢の知らせなのでしょう」

太子は涙を流してお答えした。

「その夢は、臣《やつがれ》が陛下とお別れしなければならないという予兆の夢でございます」

聞いて、天皇もまた涙した。

太子の四つの遺願

冬十月、太子が上奏した。

「臣はこのところ病に憑かれたようでございます。考えて見ますに、どうも神怪が原因と思われます。貴薬を賜りますよう伏して願いあげます。それによって治療いたしたいと存じます」

天皇はただちに千余種の薬を賜った。太子はそれらを調合して、諸々の病人に施したが、自身は一丸も服さなかった。

太子が書き残した『四節文』には、こうある。

天皇が私を召して、こうおたずねになった。

「朕は幼く力もない女の身であるのに、恥ずかしいことだとも思わず天子の位に登りました。幸いにして太子のすぐれた補佐を得て、天下は平和に治まっています。ところが太子はいま、病の身で、寝ることも食事をとることもはかばかしくないと聞きました。日中は終日、物思いに沈み、夜は夜もすがら、心痛めて考えごとをしているというではありませんか。朕の願いは、あなたが後の世まで久しく跡を留めて仏法を紹隆し、その教えを長寿に住ましめて、天子を治めてほしいということです。ところがいま、あなたは病だという。もし願いがかなわないのであれば、朕はこのさき、どうしたらよいのでしょう。太子の考えはどうなのですか。何か思うところがあれば、それを奏しなさい。朕はその思いを遂げさせ、心に銘記しましょう」

そこで太子は、こう返答した。

「臣、厩戸が申しあげます。臥《ふ》して天皇の慰めをこうむり、いまは病み疲れたところもすっかり癒えたような心地でございます。ただ、この身は無常であっていつまでもは保ちがたく、このからだは煩悩の器であって、滅しやすいものでございます。業《わざ》の制するところは限りがございます。命の緒が切れれば、どうやって延命することができましょう。臣は天皇の慈《いつくし》みを担い、その任にも当たれぬほどの卑小の身で摂政の位を賜りました。天恩はきわまりがございません。そのご恩に奉謝する気持ちでいっぱいであり、なにか陛下の意《みこころ》に背くような思いなど微塵もございません。それゆえ臣は『十七条憲法』ならびに『天皇記』『国記』などを編纂して、先年陛下に進《たてまつ》りました。臣はまた、国家のために諸々の塔寺を建立いたしました。それは、ただ住寺の方便のことを思ってのことで、他に願いはございません。まさに願わくば三宝を興隆し、すべての生きるものを導き助けて、この国が安穏に、庶民は病もなく楽しんで暮らせるようにお治めいただきたいと念じます。そこで、臣には四節の遺願《ゆいがん》がございます。以下にその四節を申し述べます。

その第一。

今上陛下ならびにこれから天下をお治めになられるであろう天皇の御ために、私は七カ寺を営造いたしました。法隆学問寺、四天王寺、法興寺、法起寺《ほっきじ》、妙安寺《みょうあんじ》、菩提寺、定林寺《じょうりんじ》でございます。これらの伽藍をもって、敬んで陛下ならびに世々天下に治めたもう天皇に供え奉ります。国に神の珠があれば、蠱毒《こどく》・厭魅《えんみ》の呪詛も国を侵すことはできません。国に三宝が興隆すれば、またいかなる禍が起こり得ましょう。伏して願いあげます。天皇がはるか先々の世までも伽藍を庇護し、三宝を紹隆して、久しく国家を保たれますように。

その第二。

法隆学問寺に住まう僧侶には、毎年九旬に『法華経』『勝鬘経』『維摩経』の三部の経の講義をさせて、仏の教えの輪である法輪が絶えることなく回転するようにし、それによって万民を済《すく》い、三宝を紹隆して、もって人の世を護らしめますように。

その第三。

慈悲の太陽である仏法は、八蓄（田・畠・金・銀・奴・婢・畜・士）をもって興隆いたします。俗家がこれら八蓄を寺から手に入れて私的に用いるようでは、法は滅びてしまいましょう。それゆえ経文には、「一切の俗家は三宝の財物・田園を受け入れ用いてはならない。三宝の奴婢や牛畜を駆使してはならない。もし受用し、駆使することがあれば、仏法は破滅するであろう」と説かれているのでございます。仏法が破滅すれば、国家も滅亡いたします。そこで、伏して願いあげます。臣が創建したところの諸寺を、陛下およびその先につづく天皇は手厚く見守って、寺が世々につづくように堅固に僧房を造り、臣の子孫や曾孫、また兄弟や親族などを寺から切り離して、みだりに伽藍の管理・運営などのことを任せないようにしてください。これは愚かで蒙昧な者どもが寺の財物を犯して私用し、伽藍を破損することを恐れるがためでございます。また、寺の財物を犯し用いることがないとしても、事にふれて過失を犯し、その過失が必ずや堕地獄の因となるからでございます。

流れが濁るのは、源に原因がございます。下で生じた過ちの原因は、上の過ちに原《もと》づきます。もし代々の国皇・大臣が、私の本願に背いてわが子孫・後胤をもって寺の統領に任じ、その者に寺の管理を掌らせるようなことがあれば、仏法を破滅させたという咎を受けて、その国皇や大臣は長く地位を保つことが困難となりましょう。子々孫々にいたるまで、口のきけない病にかかり、にわかに若死することでございましょう。八部の神王《しんのう》（天・竜・夜叉・乾闥婆《けんだつば》・阿修羅・迦楼羅《かるら》・緊那羅《きんなら》・摩喉羅迦《まごらか》）は、それら国皇や大臣の怨敵となるでありましょう。

その第四。

臣は熊凝《くまごり》の村（奈良県大和郡山市額田部）に初めて一区の道場（熊凝精舎《しょうじゃ》、後に移建されて百済大寺から大安寺《だいあんじ》と改称）を設けました。ただしその道場に付属する寺院の建造は、いまだ終わっておりません。陛下およびその先につづく天皇は、あい続けて建造の事業を継続し、必ず大寺に造りあげて、もって天皇の血筋をお護りくださいますよう伏して願いあげます。

才知才能に乏しい臣ではございますが、深く三宝を拝し仰ぎ、深くこの四節が聞き届けられんことを望み、謹んで遺願を録し、もって臣田村に寄せて天皇に奏聞いたします。臣厩戸が言しあげます」

最後の宴

花々がいっせいに咲き匂う推古天皇二十八年庚辰《かのえたつ》〈太子四十九歳〉の春二月、太子は大臣以下の百官以上の身分の者を斑鳩宮に召し、浄菜でこしらえた料理を用意して宴会を開いた。酒だけは、それぞれの思いに任せた。三日三夜の宴ののち、大臣以下に、力をふりしぼらないと持ちきれないほどの禄物を与えて帰した。

三月上巳《じょうし》の節句の日、太子は天皇に、「本日は漢家の天子が臣下に酒を賜って祝う日でございます」と奏した。そこで天皇は、大臣以下を召し出して曲水《きょくすい》の宴《えん》を賜った。その宴には、外国の大徳の僧侶、漢や百済の詩文に優れた文士なども呼び、彼らに詩をつくらせて楽しんだ。また、位階に応じて禄を授けた。

秋九月になると、太子の宮でまた大宴が催された。この宴には天皇も臨御した。群臣はそれぞれがこの国の歌をたてまつった。

冬十二月、天に赤気《あかきしるし》が現れた。長さは一丈余《ひとつえあまり》で、形は雉《きぎす》の尾のようであった。太子も大臣の馬子も、これを天変と見なした。百済の法師（道欣）は、「これは黄帝に叛旗をひるがえした蚩尤《しゆう》の挙兵のしるし。蚩尤旗兵の天象でございます。おそらくは太子遷化ののち七年で挙兵騒ぎが起こり、太子の家を滅ぼすという凶兆と拝察いたします」と奏した。太子はうなずき、馬子に命じて『国記《くにつふみ》』と氏々等の『本記《もとつふみ》』を記録させた

※『日本書紀』によれば、「この歳《とし》、皇太子《ひつぎのみこ》と嶋大臣《しまのおおきみ》（馬子）とは、協議して『天皇記《すめらみことのふみ》』および『国記』、『臣連伴造国造百八十部《ももやそとも》ならびに公民《こうみん》らの本記』を記録した」。このうち『天皇記』と『国記』は皇極《こうぎょく》天皇四年（六四五）の蘇我氏誅罰の際に焼亡し、かろうじて焼け残った『国記』を船史《ふねのふひと》恵尺《えさか》が取り出して、中大兄皇子に奉献した（『日本書紀』）。この『国記』をベースに編纂されたのが『先代旧事本紀《せんだいくじほんぎ》』だという（『釈日本紀《しゃくにほんぎ》』）。この伝承は史学界ではおおむね否定されているが、『天皇記』以下の諸書は実は焼けずに秘蔵されてきたとする主張も一部でおこなわれ続け、偽書の正統性の根拠とされてきた。その典型が、『秘教Ⅰ』の聖徳太子の章で書いた『旧事本紀大成経』である。

太子と妃の遷化

推古天皇二十九年辛巳《かのとみ》〈太子五十歳〉の春二月、太子は斑鳩宮で妃に命じて沐浴させた。自分もまた沐浴して、新しい清潔な衣と袴を身につけ、妃に向かってこう告げた。

「私は今夕、遷化《せんげ》します。そなたも私とともに、この世から去りましょう」

妃も新しい清潔な衣裳を身にまとい、太子に添い寝して横たわった。

翌朝、太子と妃は、いつまでたっても起き出してこなかった。近習《きんじゅ》のものが寝室の戸を開き、二人の遷化を知った〈時に年四十九。ある説に翌壬午年の薨去というのは誤りである〉。

このとき、蘇我大臣馬子以下の群臣百官、また天下の衆生は、みな父母を失ったときのように嘆き悲しみ、哭泣《こっきゅう》の声が行路に満ちた。太子の死を聞いた天皇も、大声をあげて哭《な》き悲しみ、車駕を出して斑鳩宮に行幸した。そうして、太子の遺骸の前で言葉を失い、やり場のない悲しみにうろたえ、身もだえた。大臣以下の者も、また胸を叩いたりじだんだを踏んで悲しみを表し、「日月が輝《ひかり》を失い、天地は没してしまった」と語りあった。

太子と妃を棺に斂《おさ》めようと大臣が近づくと、屍の相貌はまるで生きているかのようで、からだからは、はなはだ香《かぐわ》しいかおりが漂った。持ちあげた太子の屍は、衣服よりも軽かった。妃もまた太子と同じであった。二つの棺をつくり、大きな輿に乗せて、磯長《しなが》の墓に運んだ。棺はただちに墓に安置され、南の隧道《すいどう》の門（南埏門）が閉じられた。

葬送の儀は、天皇に対する葬儀に準じておこなわれた。天皇に近侍《きんじ》する陪従《おもとびと》がさまざまな花をささげ、僧侶らは太子を讃えて唄った。斑鳩宮から墓所までの道の左右には、百姓《おおみたから》が垣根のようにつらなって、おのおのが香花をささげ、あるいは声をあげて慟哭し、あるいは仏歌をうたって韻をつらねた。朝廷から布告がくる前に、人々は太子の死を悼んで白絹の素服《そふく》（凶事に用いる）をまとった。

天皇は棺が墓に送られるまで、遠くから葬送の行列を見送った。とめどなく涙があふれ出て、袂の乾く間はなかった。大臣に勅して、磯長の墓守を務めとする十戸の墓守の設置を命じた。

葬送のあと、諸国の百姓が、はるばる遠くからお参りに訪れた。墓の周囲を巡り、たがいに集まって叫哭する彼らの姿は、日夜絶えることがなかった。けれども、死者の魂が転生するまでの期間とされる四十九日の中有《ちゅうう》を終え、五十日を過ぎると、ようやくその数も減った。

磯長の墓所では、一羽の不思議な鳥が見られた。形は鵲《かささぎ》に似て、色は白かった。いつも墓の上に棲み、烏や鳶が墓の近くにやってくると遠くに追い払った。時の人は守墓鳥と呼んだ。

三年後、この鳥はいなくなった。

師・恵慈法師の死

太子と妃が亡くなったことは、遠く高句麗の恵慈法師にも伝えられた。その死を聞いて、恵慈は大いに悲しみ、「私は異国の者ではあるが、太子と心はひとつである」と語った。そうして、翌年の太子の命日を待って、自ら気を閉じて遷化した。人々は不思議なことだと感じ入った。

一説に、恵慈法師が講説をおこなっているところにわが朝の使者が到着して、太子の訃報を報せたという。そのとき法師は講説を中断し、声をあげて叫哭した。それから、衆僧に命じて大乗経を転読させ、衆僧に向かってこう語った。

「聖徳太子はまことに真人であった。扶桑（日本）の下に妙法を流通し、仏法の深遠な旨を日本に説き広めた。私が悟りを開くことができたのは、ただ太子のおかげによる。高句麗と日本、山海は境を異にするといえども、太子と私とは断金《だんきん》のつながりがある〈断金は二人が心を一つにして当たれば金も断つという『易経《えききょう》』の言葉、強固な友情のこと〉。私が今日にいたるまで存命してきたのは、太子がいまどうなさっているかを聞いていたいがためであった。しかるにいま、訃報に接した。恵みの日輪は光を蔽《かく》し、慈悲の雨雲は潤いを消した。もはや生きていても意味はない。太子を追って参らんにはしかじ」

こう語って香炉をささげ、大いに誓願をおこして衆僧に告げた。

「生々世々に、必ず浄土において上宮聖王に逢いたてまつらん。われ、来年二月五日をもって〈ある説に二十二日〉、必ず死なん」

翌年二月二十二日、誓願どおりに、恵慈は無病のままで逝去した。人々はその不可思議さに驚いた。太子も恵慈も大聖《たいせい》であった。だれがそのはかりしれない胸の内を知ることができよう。

また、太子が亡くなった日に、驪駒が悲しそうにいないた。水も飲まず、草も喫《は》まなかった。太子が用いていた鞍を背に乗せると、棺を乗せた輿に従って、墓までついてきた。隧道を塞ぐと、驪駒は墓に目をやって大きくひとついななくと、一躍して斃《たお》れた。群臣は驪駒の忠心に感じ入り、屍を持ち帰って中宮寺の南の墓に埋めたのであった。

※以下、『伝暦』は太子が創建した寺院のこと、太子の死後の出来事、蘇我馬子と推古天皇の死、舒明天皇

即位、皇極天皇即位、蘇我蝦夷・入鹿の専横と上宮一族の滅亡、大化改新（乙巳《いっし》の変）と蘇我一族の滅亡を述べて結んでいるが、その部分は略した。末尾に『伝暦』の編著者が依拠した資料を掲げているので、その部分のみ引いておく。

『伝暦』の由来

聖徳太子の入胎の初めから摂政時代の行跡、また薨去後のことは『日本書紀』および四天王寺の壁に書かれた絵伝（『四天王寺松子《しょうし》（障子）伝』）にある。太子伝ならびに無名氏が編述した『上宮聖徳太子補闕記《ほけつき》』などには、その大筋のことが載せられているが、委曲を尽くしているとはいいがたい。ところがいま、たまたま難波百済寺の老僧に会ったところ、『古老録伝太子行事奇蹤之書《ころうろくでんたいしぎょうじきしょうのしょ》』三巻なるものを取り出して見せてくれた。それを四巻本の『暦録』と比較校合《きょうごう》したところ、年暦の一つも誤っていなかった。わが心はおおいに喜び、この一暦に載せたのである。おそらくは言葉のいたらなさをもって、読む人は哂《わら》うであろう。けれども我が願いは、このささやかな説を捨てずに、太子の聖なる行跡を後世に伝え残してほしいということである。なにをもって太子の妙なる徳を勝手に潤色するようなことができようか。

第四章　『神祇灌頂私式次第』

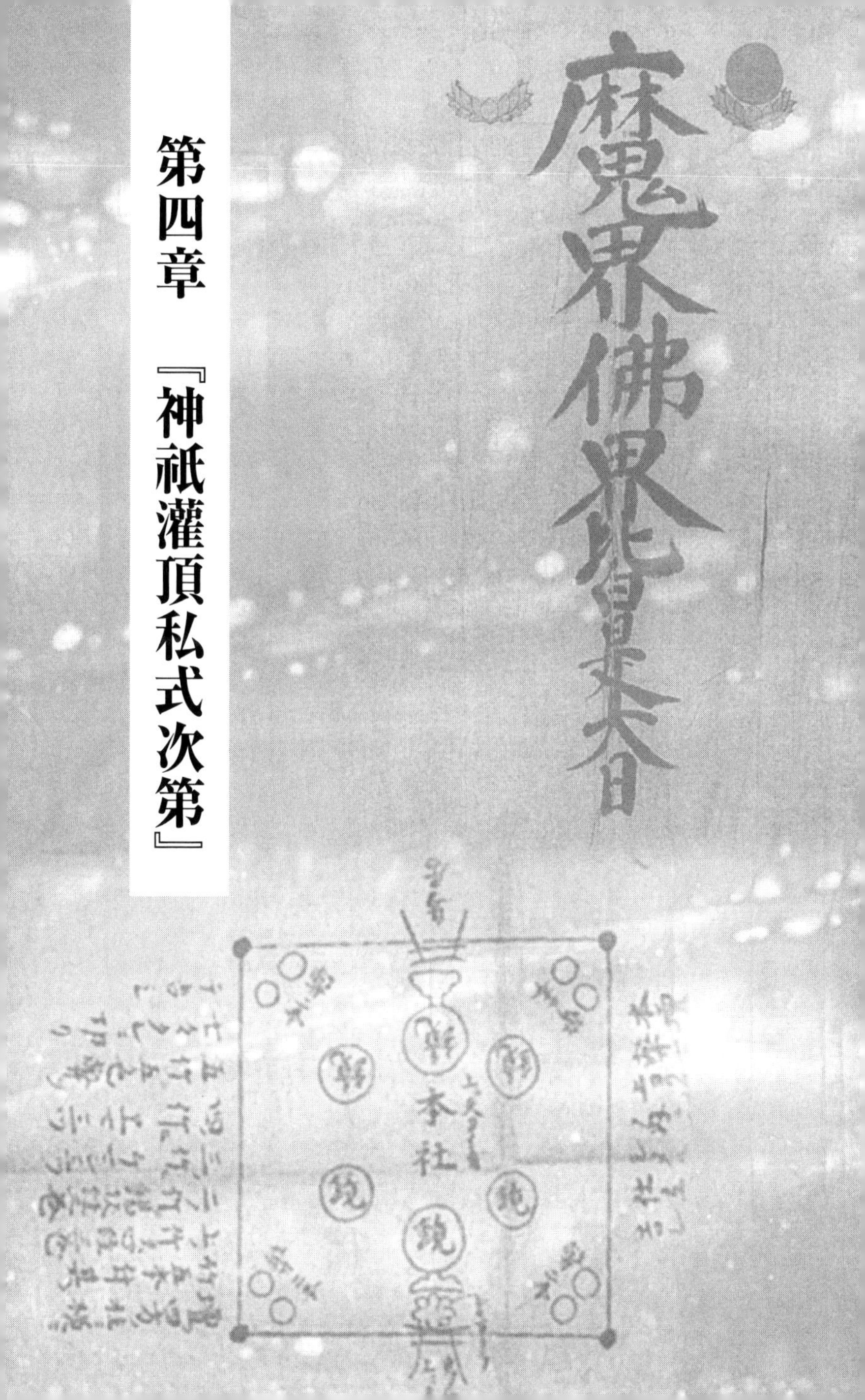

解　題

即位灌頂《そくいかんじょう》は密教と習合した神祇灌頂《じんぎ》（神道灌頂）の一種で、天皇の即位のみに限定されたものではない。密教の灌頂を受けた出家や、特別な在家にもこの灌頂はほどこされ、種々の秘伝が与えられた。儀式次第はおおむね密教の伝法《でんぽう》灌頂を下敷きにしており、そこに神道の要素をとりこむ形で構成されている。たとえば灌頂道場に入る際、受者《じゅしゃ》が三つの鳥居をくぐるとか、灌頂後、三種神器の伝授を受けるなどなどの儀礼である。

以下に訳出して解説する『神祇灌頂私式次第《しきしだい》』（『真言神道集成』東密事相口訣集成《とうみつじそうくけつ》3・青山社所収）は、そうした神祇灌頂のひとつで、両部《りょうぶ》神道（真言密教と習合した神道）系の御流《ごりゅう》神道に伝わったものである。奥書によると、出雲の日御崎別当《ひのみさきべっとう》の明海《みょうかい》上人が阿闍梨覚公《あじゃりかくこう》の求めに応じて自家に秘蔵してきた次第書を万治《まんじ》三年（一六六〇）に書写せしめたものとある。次第そのものの成立年代は不明だが、そこに含まれる作法や思想の中核は中世以来のもので、神祇灌頂の全体像を知るには格好の史料といっていい。

中世の神祇灌頂では吒枳尼天《だきにてん》が重要な軸になっていたが、この御流神祇灌頂でも、やはり吒枳尼天は中心的な役割を担っている。また、中世におこなわれてきたさまざまな秘伝の印明《いんみょう》も、まとめて登場する。密儀にふさわしい舞台装置と、オカルティックな神秘説で充満した神祇灌頂の世界に、じかに触れることができる好資料である。

※式次第のうち、多少なりとも神道と関連する部分は全訳したが、密教法事で型通りにおこなわれる常の作法の部分は略した。

※式次第は儀式項目の羅列となっており、そのまま訳すと儀式全体のイメージがつかみがたい。そこで、その様子が思い浮かべられるように文を補い、読み物として読める形式に改め、小見出等を付した。原文に小見出し等はない。

※本文中の〈〉は原著の注、（）は理解の便宜のために訳者が補った文と注である。注が長くなる場合は※印を付して段落とした。

1、神道灌頂式伝授

容易に授けてはならない。秘々。

この神祇灌頂は、（密教僧が修学《しゅうがく》すべき四度《しど》加行《けぎょう》の満了後に）許可《こか》加行を行《ぎょう》じて、すでに許可灌頂を受け了えた出家者にのみ伝授すべきものである。これは三輪《みわ》流の奥秘《おうひ》であり、普通の御流神道の神祇灌頂と同じものではない。また、（吉田家の）唯一神道とも異なる。すなわち御流の奥蘊《おううん》である。そうであるから、真言秘門の伝法灌頂と比類すべきものと心得るようにせよ。もし結縁《けちえん》のために、在家の人にこの灌頂を授けるときには、すなわち以上のことを心得て、すべてを授けるのではなく、略して授けるべきである。ゆめゆめ疎漏《そろう》に考え行じてはならない。なお、伝法のときには、灌頂を受ける受者は五人に限る。

※三輪神道とは「（大和・大神《おおみわ》神社の祭神である）三輪大明神を密教における仏部・蓮華部・金剛部の三部とし、また法報応の三身説に配釈し、当社大神《おおかみ》は三部和合をもってその正意となすと解し、さらに当社霊神と比叡山日吉山王《ひえさんのう》との同体を論じた」（大山公淳『神仏交渉史』）神道で、貞応《じょうおう》二年（一二二三）に寂した三輪慶円《きょうえん》上人から起こったとされる。立川流《たちかわりゅう》と深い交渉があったことが知られており、十三世紀後期ころに活動した三輪上人の宝篋《ほうきょう》は、立川流弾劾の書『宝鏡鈔《ほうきょうしょう》』の中で、「邪見の法門これ多く、（宝篋の）『一滴鈔《いってきしょう》』等は立川の法門なり」と批判されている。台密《たいみつ》と東密《とうみつ》のいずれもが流れこんでおり、そこに空海に仮託された中世神道オカルティズムを代表する『麗気記《れいきき》』などの神道秘説が加えられて三輪流が編まれた。その三輪流の奥秘が以下の「私式次第」であり、通常の御流神祇灌頂とはちがって、これこそが「御流の奥蘊」だと筆者はいっているのである。

灌頂の有資格者として、許可灌頂を受け了えた出家者としてあるところから、重い灌頂と見なされていたことがわかる。流派によって異なるが、東密小野流に属する密教僧は許可灌頂の後に伝法灌頂を受けて、はじめて阿闍梨位についた。

2、灌頂の次第と作法

集会と受者加持

まず、大阿闍梨（以下、大阿《だいあ》と略）、次に式の諸役を担当する式衆《しきしゅ》、ついで受者が、申《さる》の上刻《じょうこく》におのおの（集会所に）参集する。大阿は中央の座にすわるべし。半畳《はんじょう》の座の上に、常の灌頂のときの席次に従って着座するのである。

次に受者が大阿の前に進み出る。受者は五人を上限とし、その時々の事情により、三人、二人、一人とする。

次に大阿は、受者に対する加持《かじ》をおこなう（加持は灌頂道場の外陣《げじん》に設けられた加持所で修《しゅ》される）。まず浄三業《じょうさんごう》をおこない、以下、三部・被甲《ひこう》・虚空網《こくうもう》・火院・不動・降三世《ごうさんぜ》の加持を修して終える。

神祇拝見の大事

次に大阿は、受者に神祇拝見の大事を授けるようにせよ。その次第は、以下のとおりである。

まず金剛合掌《こんごうがっしょう》して、「南無本覚法身本有如来自性心壇内道場護摩《なむほんがくほっしんほんうにょらいじしょうしんだんないどうじょうごま》」と一回唱える。次に内縛印《ないばくいん》を結んで、「千早ぶる　我が心より　成る態《わざ》を　何《いず》れの神か　余所《よそ》に見るべき」と唱える。

お供の僧は礼堂《らいどう》に集まり、灌頂がおこなわれる道場の外陣《げじん》に着座する。座る場所は、それぞれの役務の便宜にかなう場所とする。それから、教授役の僧が、受者を着座させる（教授とは受者に威儀作法などを教える役の僧で、教授阿闍梨、教授師などともいう）。

受者が所定の場所に着座したら、承仕《しょうじ》が大阿に準備のととのったことを告げ、大阿を外陣に導く。大阿は正面入り口から外陣に入り、正座《しょうざ》の位置にすわる。大阿が着座したら、職衆《しきしゅ》は伽陀《かだ》（曲譜をつけた経文）を唱える。伽陀は「我此道場如帝珠、十方諸神影現中、我身影現神祇前、頭面接足帰命礼」である。

大阿の内陣での作法

次に大阿は外陣から内陣に移り、（内陣に祭られている）天神《あまつかみ》七代から地神《くにつかみ》五代にいたるまでの日本の神々、また祖師や十二天などを拝礼する。

※灌頂道場は三重構造になっていた。まず一番外側に外陣があり、その中に仕切られた内陣があった。さらに、内陣の中央には「神祇灌頂本壇」（本社とも大壇ともいう）と呼ばれる箱型・組み立て式の社《やしろ》が置かれた。受者は外陣↓内陣↓本壇という順で教授阿闍梨に導かれ、さまざまな儀礼を経て天照大神《あまてらすおおみかみ》と一体となったのである。この段階では、受者はまだ外陣におり、大阿だけが内陣に入っている。内陣

の四方には天神七代・地神五代・十二天・密教八祖・金胎《こんたい》両部の両界曼陀羅・十一面観音・弁才天・不動明王・愛染《あいぜん》明王などの諸仏神の画像がかけられていた。大阿はまずこれを拝礼したのである。

こうして大阿が神々等を拝礼している間に、教授も内陣に入って灯明をかかげるなど、儀式に必要なもろもろのことを準備して調《ととの》える。

次に大阿は礼盤《らいばん》（受者が修法の際にすわる座）の前に進み、その高座《こうざ》を加持する。

ついで榊《さかき》を手にして三礼し、礼盤に上る。伽陀の終わりに金《きん》（鐘。法事等の際に鳴らす法具）一丁を鳴らす。

次に仏に供する作法として梵唄《ぼんばい》・散花《さんげ》をおこない、散花の偈文《げぶん》（詩句）の読誦《どくじゅ》のあとに、仏法世界の常住安穏《じょうじゅうあんのん》であることを願う偈文を唱える。

その後、神に法味《ほうみ》（仏の教えが奥深いことを体得して知ることを食物の美味に喩えた言葉）を分けるための作法として、神々への表白《ひょうびゃく》をおこない、神々に対して経文を読誦し（神分《じんぶん》という）、祈願の祈りを捧げるのである。

※このとき大阿は「正覚壇《しょうがくだん》」（小壇）と呼ばれる壇に向かって修法する。正覚壇には燈明・香炉・洒水器《しゃすいき》（後述）・塗香《ずこう》などが用意されている。以下、大阿は密教の修法でおこなわれる種々の型通りの作法を重ねるが、その部分は略す。この間、神仏を修法の場に招く勧請《かんじょう》がおこなわれ、最後に愛染明王に対する修法である愛染法が修されて、いよいよ次の段階に移っていく。

神祇灌頂本壇（桜井市・長谷寺蔵）

五瓶移し

次に教授は、内陣内の大壇（神祇灌頂本壇のこと）に置かれている中央の瓶《びょう》から、そこに挿《さ》されていた榊を抜きとり、瓶のあった場所に榊を置く（瓶は大壇の四方と中央の五ヵ所）。

※「大壇」すなわち「神祇灌頂本壇（本社）」は上図を参照。長谷寺《はせでら》所蔵の本社は一間《けん》（一・八メートル）四方の箱壇である。内陣の中央に置かれたこの本社は、神のヤシロを表している。実際の儀式では、本社の中央と、東北・東南・西南・西北の四維《しい》に榊を挿した五本の瓶が置かれた。この五瓶《ごびょう》は密教灌頂に用いられる重要な法具で、大日如来の法身《ほっしん》である仏塔（舎利《しゃり》塔）を象《かたど》ったものであり、また天地宇宙の全体の象徴でもある。五つの瓶によって全宇宙に遍満する大日如来の徳が象徴されるのである。

瓶の中には、清浄な水のほかに、五宝（金銀と三種の宝玉）、五穀（稲など五種の穀物）、五薬（赤箭《せきせん》など五種の薬石）、五香（沈香《じんこう》など五種の香）の「二十種物《しゅもつ》」が容れられ、瓶の口には花（宝華《ほうげ》）が挿される。神祇灌頂でもこの五瓶の作法がとりいれられている。教授は本社内に入ってまず中央の瓶から榊を抜き取り、以下の作法をおこなうのである。

教授は中央の真言、「オン・バザラダドバン」を誦《じゅ》す。このとき印は智拳印《ちけんいん》を結ぶ。ついで大壇の周囲を三回まわる。そのときには「バザラダドバン」の真言を唱える。一回まわるごとに、大壇の正面で瓶を持ちながら一礼する。

こうして三度めぐり終えたら、小壇（先に大阿が向かっていた正覚壇）の中央に、手にしていた瓶を置く。残り四つの瓶についても同じ所作をくりかえす。その順番は、まず中央、次が丑寅《うしとら》（東北）、三番目が辰巳《たつみ》（東南）、四番目が未申《ひつじさる》（西南）、最後が戌亥《いぬい》（西北）の瓶である。瓶が置かれている角々で印明《いんみょう》を結誦《けつじゅ》し、中央の瓶のときと同じ作法をくりかえすのである。

（その角々で結誦する印明は以下のとおりである）

まず、丑寅の瓶のときは、（最初にその位置に蹲踞《そんきょ》して）普賢印《ふげんいん》を結び、「アンアク・ソワカ」と唱える。次に辰巳では、その位置に蹲踞して弥勒《みろく》の印を結び、「マカユギャユギニユケイジンバリケンジャリケイ・ソワカ」と一度唱える。次に未申では除蓋《じょがい》の印を結び、「アクサトバケイタビユドギャタタランタランランラン・ソワカ」と唱える。次に戌亥では滅悪趣《めつあくしゅ》の印を結び、「ドボウサナンアビユタランヂサトバダトン・ソワカ」と唱える。

こうしておのおの瓶を大壇から小壇に遷《うつ》し置くようにしなければならない。

祓いと三つの鳥居の印言の伝授

（五瓶移しを終えたのち、）教授は大阿の命にしたがって内陣から出て、道場の外で待機していた受者を内陣に呼び入れるが、その前にまず受者に対する清めの儀がある。教授は、承仕《しょうじ》から受け取った幣《ぬさ》で、受者に対する祓《はら》いをおこなわねばならない。

次に神前に向かって祝詞《のりと》を奏上する。再拝を重ねたうえで、「高天原《たかまのはら》に神留《かむづま》り座《ま》す、わが皇孫尊《すめみまのみこと》をもちて、八百万代《やおよろずよ》の神達《かむたち》を、神集《かむあつ》めに集めて、神禊《かんみそぎ》に祓い白《まお》す。わが罪という罪、過《とが》という過は退けて、身清き、心潔ぎよく祓い言《もう》す」と唱え、再拝し、再拝する。

※この神前がどこにどのように設置されていたのかは不明だが、それが内陣の外であることは確実である。外陣から内陣に入るには、細い通路を通り、三つの鳥居をくぐらねばならない。神祇灌頂ではこの鳥居も実際に設《しつら》えられていたらしい。鳥居は神の社《やしろ》への入り口であり、〈外陣世界＝娑婆《しゃば》世界〉と〈内陣世界＝神仏世界〉の境界でもある。そこで、この神聖な境界を通過する前に、受者は祓いを受けて心身の垢穢《くえ》を祓うのである。

ついで教授は、受者を内陣に通じている通路に導き、（そこに設けられた）三つの鳥居をくぐらせる。（その際、受者に対して）三つの鳥居の印言《いんごん》（印と真言）を授けるのである。

一の鳥居は過去を意味する。くぐるときの印は内縛印《ないばくいん》、明（真言）は「オン・ア・ソワカ」。二の鳥居は現在を意味する。内縛の五鈷印《ごこいん》と「オン・バン・ソワカ」の印明を結誦してくぐる。三の鳥居は未来を意味する。八葉印《はちよういん》と「オン・ウン・ソワカ」の印明を結誦してくぐるのである。

※三種の真言のうち、冒頭の「オン」は仏神に帰依することを表す語で、帰命句《きみょうく》とも呼ばれる。また、末尾の「ソワカ」は唱えた真言が成就することを祈る定型句で、成就句とも呼ばれる。この「オン〜ソワカ」の「〜」の部分が真言の実質部分となる。したがって、三つの鳥居の真言の実質は、「ア（阿＝𑖀）」「バン（鑁＝𑖪𑖽）」「ウン（吽＝𑖮𑖳𑖽）」の三語三字ということになる。

この三字には膨大な密義があるが、即位灌頂における「ア」は出胎前の過去の状態を表しており、あたかも閉じられた子宮のような形の内縛印がそれを象徴している。山本ひろ子氏によれば、『天地灌頂記』に、アの意義として「母ノ胎内ニ九月居スル意」と述べられているという（『変成譜』）。次に「バン」は「体外ノ五位ノ意」で、母の胎《はら》から出た現在の状態を表す。印は堅く握られた内縛印から、出胎を象徴する開かれた形の内縛五鈷印に変わる。最後の「ウン」は、母胎内にいたときから具えていた受者本来の仏《ぶっ》性《しょう》（神性）が開花することを表している。このとき結ばれる八葉印もそれを象徴するとともに、大日如来の座である八葉蓮華《れんげ》の象徴ともなっている。この八葉印を結び、未来（灌頂後）において、受者はまさに大日如来と一体になるのである。八葉印には「肉団心《にくだんしん》」、すなわち心臓の意味もある。体内の心臓は蓮華のつぼみの形だが、開くと八葉蓮華となる。それと同じように、肉団心が本来の仏性に目覚めて開いた状態が、このウンであり八葉印なのである（肉団心については本巻収載の『辰菩薩口伝』を参照）。

なお、長谷寺蔵の「三輪流神道灌頂道場之図」には、鳥居のある通路入り口部分に、「ノレン」「魔界《まかい》

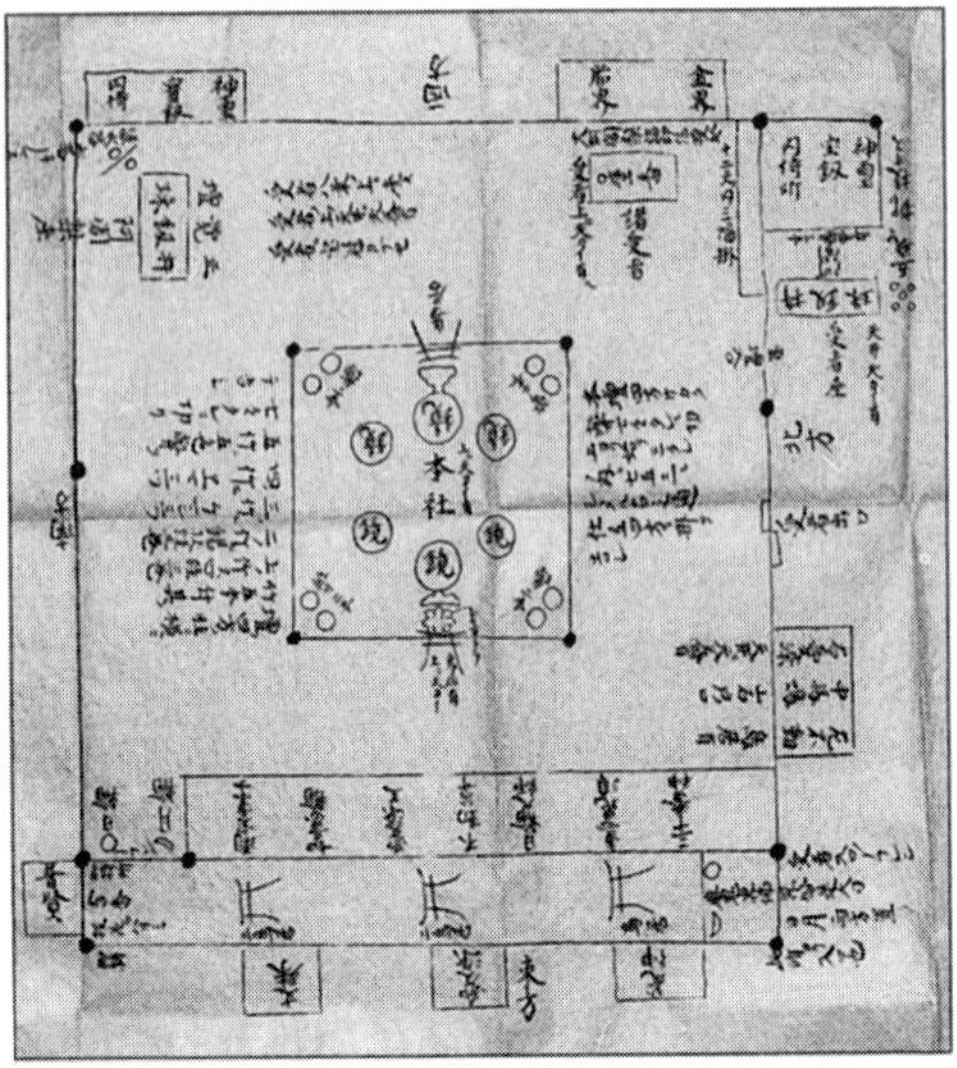

灌頂道場図。中央の本社と記されている区画が大壇。その外側の区画が内陣。画面下には外陣と内陣の境界を象徴する三つの鳥居が描かれている。

仏界《ぶっかい》皆是《かいぜ》大日《だいにち》」（魔界も仏の世界もすべては大日如来の表れの意）などの記載が見える。これは、受者の入り口に暖簾《のれん》がかけられていたことを表しており、暖簾には実際に「魔界仏界皆是大日」の文字と、両部曼陀羅や陰陽・男女などを象徴する日月が描かれていた。受者はこの暖簾をくぐって通路に入り、教授から授けられた印明を結誦しながら鳥居を通り抜けて、大阿が待つ内陣へと入っていったのである。

こうして受者が三つの鳥居をくぐりぬけたら、教授は戸を開いて受者を内陣に導き入れる。受者が入室したら大阿は礼盤から立ちあがり、入ってきた受者に向かってこう告げる。

「このように心に想い描くべし。三重の鳥居とは、三世《さんぜ》諸仏のア字門のことである。（受者が印明を結誦してこの三つの鳥居をくぐるということの意味は、）妄執を断じてそれを乗り越えるという意である。天台宗では、三僧祇劫《さんそうぎこう》という無限ともいうべき長大な時間を経て、ようやく三つの迷いを断じて、迷妄の世界から超脱することの表示だと教えている。〈けれども三つの鳥居の印言を授かってこの内陣に導かれた〉そなたらは、無限時間の妄執の険路を超越し、正しく神前に詣でて、いまこうして蓮華蔵の世界、すなわち大日如来の悟りの世界の宝殿に遊んでいるのだと想念せよ」

鳥居の通路に入る際にくぐった暖簾

受者への洒水

次に教授は受者を呼んで、高机の置いてある場所に移動する〈高机は、内陣の適当な場所に屏風を立てて仕切り、その仕切り内に据え置くようにせよ〉。

その場所に移ったら、教授は洒《しゃ》水《すい》加持をおこなう。加持には「オンキリキリ」〈オン・キリキリ・バザラ・ウン・ハッタ＝軍《ぐん》荼《だ》利《り》明《みょう》王《おう》の真言〉などの明を唱える。その作法はみな常の洒水加持のとおりである。そのうえで、香水《こうずい》を受者の頭上に洒《そそ》ぐのである。

※洒水（灑水《しゃすい》）の洒（灑）は「注ぐ」「水をまく」という意味。修法壇や受者にふりかけて法界の不浄や受者の煩悩の穢《けが》れを洗い清めるための水（沈香などの香を浮かべた水で、香水という）を加持することを洒水加持という。その作法は、まず水が入れられた洒水器の蓋をとり、結印《けちいん》して真言を唱えながら、水を二十一度加持する。次に梅や柳などの枝を削ってつくった散杖《さんじょう》の先を洒水器に入れ、種々の観想をおこないながら水を散杖でかきまぜて加持するのである。こうして聖別された水は、変容して垢穢《くえ》を浄除する力を宿すと信じられた。神祇灌頂のこの段では、この水を受者に洒《そそ》ぐのである。

次に教授は、受者に（指と手掌に塗ってその身を清めるための）塗香《ずこう》を与え、ついで（口に含んで口中を清めるための）含香《がんこう》を与える。

次に外陣の伴僧《ばんそう》は、「本体盧舎那《ほんたいるしゃな》、久遠成正覚《くおんじょうしょうがく》、為度衆生故《いどしゅじょうこ》、現無量神力《げんむりょうじんりき》」と伽陀《かだ》（韻文の教説、偈）を唱える。

伴僧が伽陀を誦している間に、教授は受者に印明を授ける。合掌して「アカアカ・ソワカ」を三度誦す。次に乞戒《こっかい》の言葉を唱える。受者も教授と同じように唱える。

次に教授は受者に三昧耶戒《さんまやかい》の印を授け、「オン・サンマヤ・サトバン」を三度唱える。

※「オン・サンマヤ・サトバン」は「オーン。汝《なんじ》は三昧耶（仏と平等一味《びょうどういちみ》）なり」の意味で、普賢菩薩の真言でもある。密教では普賢菩薩と金剛薩埵《こんごうさった》を同一尊とする。金剛薩埵は一切衆生の菩提心の本体であり、大日如来の法を衆生に伝える仲介者でもある。受者は、自分の本体がこの金剛薩埵（普賢菩薩）そ

のものだということに目覚める必要がある。そこでこの真言を唱えるのである。

なお、三昧耶戒とは、戒律を遵守《じゅんしゅ》し、正法《しょうぼう》（正しい仏の教え）を堅固に保ちつづけ、内なる仏性《ぶっしょう》（仏となる可能性）そのものである菩提心を発揮して、あらゆる有情《うじょう》を利益《りやく》すべく働くことを誓う戒で、真言行者の根本誓約を表した戒である。その三昧耶戒が普賢菩薩の真言でもあるのは、普賢の衆生済度のための本誓《ほんぜい》が、虚空が尽き、衆生が尽き、衆生の業が尽き、衆生の煩悩が尽きるまで、みずからの大《たい》願《がん》も尽きないとするものだからで、要するに一切衆生が三昧耶（仏と平等一味）となることだからである。

覆面加持

ついで教授は、覆面を手に取って加持する〈三股印《さんこいん》と「キリキリ」の明〉。加持を終えたら、その覆面を受者にかぶせて顔を覆い、こう告げる。

「これにより一切の悪趣の門を閉じると観想せよ」

※三つの鳥居をくぐり抜けて神仏界である内陣に入り、身心を清め、誓いを立て終わった受者は、いよいよ五感の欲望や煩悩のうずまく無常の感覚世界を捨て去り、永遠の神仏の世界に生まれ変わる儀礼へと移っていく。これからが密儀の本番である。そこで教授は、まず最初に受者に覆面をかぶせることで、それまで慣れ親しんできた感覚世界から彼を遮断し、「悪趣の門を閉じる」のである。

この覆面の作法も、密教の灌頂からまるごととりこまれたもので、神祇灌頂のオリジナルではない。灌頂がおこなわれる内道場は、密教では大日如来の胎内と見なされる。内道場に入るということは、受者が大日の胎内にもどることを意味する。人間の胎児が母胎内で胎膜（胞衣《えな》）に包まれて保護されているように、受者も覆面を頭からかぶるのである。すなわち覆面は胎膜である。真言宗豊山派《ぶざんは》の田中海応氏は、こう説明している。

「受者を法身大日如来仏母《ぶつも》の胎内に引入《いんにゅう》するが故に帛《はく》（布切れ）を以《もっ》て頭に被《かぶ》らしめてその意を表す。受者引入の時、大鉤召《だいこうしょう》の印明を以て加持するは受者を大日の胎内に引入する作法である。三摩耶戒を受けて大日の心位《しんい》に同じうして已《すで》に彼《か》の心位に入りぬればこれ入胎《にったい》の義である」（『秘密事相の解説』）

補足説明をすると、灌頂にあたって受者はまず三昧（摩）耶戒を受ける。その後、種々の儀礼をへて内道場に導かれるが、このとき師の阿闍梨は大鉤召の印明を以て加持する。鉤とは獲物をひっかけるためのカギ型の武器のことで、この鉤を象《かたど》った印を結び、真言を誦して、受者を大日の法＝胎内に引き入れるのである。ただし、覆面をして如来の胎内に入るのは、ただの入胎の義ではない。垢穢にまみれた人間から、清浄な仏子《ぶっし》に生まれ変わる（本源に還る）ための擬死の儀礼であり、覆面は混沌無明《こんとんむみょう》（物事の真相に無知な状態）の闇、煩悩悪趣の象徴でもあったと考えられる。母胎内の胎児は目を閉じているから光は見えない。その煩悩で目がみえなくなった状態が覆面によって再現されるが、しかし母胎内は同時に絶対的な安住・安息の地でもある。その意味では、そこは衆生が還るべき仏土ともいえる。その仏土である母胎内で、胎膜にくるまれて子宮という一宇宙と一体となっている状態が、覆面をかぶった状態でもある。つまり覆面には、まさしく煩悩即菩提の密義がこめられていたはずである。

なお覆面は、密教灌頂では、胎蔵界灌頂では赤覆面、金剛界灌頂では白覆面を用いた。ここに紹介している神祇灌頂は、初重《しょえ》の金剛界灌頂なので白布を用いたのである。

投花得仏

このように授け終えたら、受者は外縛《げばく》・二中指立《にちゅうしりゅう》の印（外縛印の形で左右の中指を立てて合わせる形）を結ぶ。教授は左手で受者の立てた中指二本を握り〈右手は不動剣印。真言はなし〉、高机の場所から出て、受者を内陣中央の大壇まで導く（このとき受者の顔はまだ覆面で覆われている）。

受者はまず香象《こうぞう》をまたぐ。

※香象（象炉《ぞうろ》）とは象の形をした香炉をいう。普賢菩薩の乗り物である象の上を越えさせることにより、受者が大日如来の化身である金剛薩埵であることを表すなど、種々の意義付けがなされている。密教では灌頂道場の入り口に香象が置かれる。その作法を神祇灌頂でも取り入れたものである。

次に教授は大壇〈神前〉の正面に進み出て、（受者が大壇に向かって投じるための）投花を取り、その花を受者の二本の中指ではさむように持たせ、壇上の五面の鏡に向かって投げさせる。

※密教灌頂における「投華得仏《とうげとくぶつ》」を取り入れた儀礼である。密教の灌頂では、目隠しされた受者は、普賢三昧耶印を結び、その二本の中指に五葉の樒《しきみ》をはさむ。そうして密教諸尊が描かれた敷曼陀羅《しきまんだら》の上に樒を投じ、落ちたところに描かれていた仏尊を自分に有縁《うえん》の仏尊とするのである。『金剛頂経《こんごうちょうぎょう》』から、この投華得仏の部分を引用しておく。

「かの花鬘《けまん》（投華用の花飾り）を大曼陀羅の上に投げ捨てて、この真言を唱えよ。

金剛杵《こんごうしょ》よ、受けよ、ホッホ。

その花鬘が落ちたところに描かれた仏が、その弟子の本尊となる。それから、その花鬘を拾い上げて、

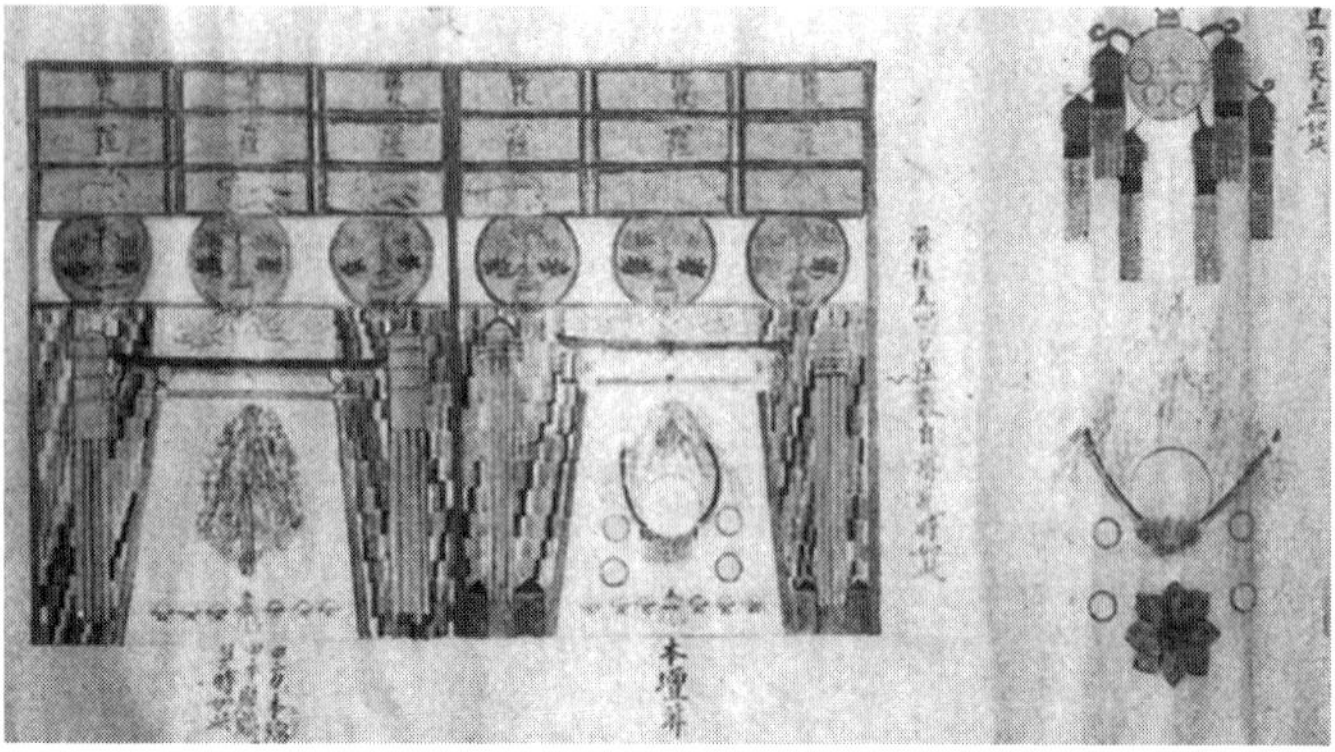

三輪流灌頂に用いられた荘厳具。円形は鏡を表す。

弟子の頭に結びつけてやり、この真言を唱えよ。

オーン、偉大な力を持つ汝は、この人を迎えいれよ。

この花鬘を結びつけることによって、かの大薩埵（金剛薩埵）に受け入れられたのである。そして、この弟子は速《すみ》やかに成就する。

それから、入壇したままで、この真言を唱えて、覆面の布を解け。

オーン、金剛薩埵はみずから、いま、汝の眼を開くのに専念したまう。

金剛薩埵のすべてを見渡す眼は、この上ない金剛眼を開かしめる」（岩本裕訳『密教経典』七巻）

天台流の即位灌頂では、まず五眼《ごげん》を開くための印明が伝授されていたが、それはこの金剛薩埵による受者の眼の開眼《かいげん》に相当するわけである。このように、密教ではインド以来、花を投じて自己の本尊を選ぶことがおこなわれてきたが、御流の神祇灌頂では、敷曼陀羅ではなく五面の鏡に向かって花を投じる形に改編されている。『三輪流次第』に鏡が置かれた状態の大壇内の図がある。参照していただきたい。

教授は受者に投花を三度くりかえさせる。受者によって投じられた花は、そのつど教授が榊を用いて引き寄せて取り、大阿に捧げる。大阿はその花を手に、受者の頭頂を三度〈もしくは一度〉撫《な》で、真言を三度〈もしくは一度〉唱える。投花の際の真言は「オン・バサラサトバヤ・チジャ・バザラ・ウン」〈その場で口伝《くでん》すること〉。

※密教で通常用いられている投花の真言は「オン・サンマヤサトバン・ハラチシャ・バザラ・コク」。なお、本来なら投花ののち、花の落ちたところの有縁の神を受者に告げるというプロセス（「得神《とくしん》」という）があるはずだが、『私式次第』ではそれに関する記述はない。文永《ぶんえい》三年（一二六六）の奥書《おくがき》のある『三輪流神祇灌頂私記』には、阿闍梨が「花の落ちたところの神号を（受者に）示す」としてあり、密教でいう「得仏」に相当する「得神」の次第がおこなわれている。『私式次第』が記載を略したものか、それとも有縁の神の告示はおこなわなかったのかは不明。また、『私式次第』では投花の際に受者に真言を唱えさせているが、『三輪流神祇灌頂私記』では「天照大神を念ず」としてあり、天照大神を念じながら花を投じる方式も行われていたらしい。

次に大阿は、教授に命じて受者の覆面をとらせる。そのうえで、受者にこう告げる。

「いま一霊の神が汝の身を引き受けられた。速やかに悟りの境地を成就して、肉眼《にくげん》・天眼《てんげん》・慧眼《けいげん》・法眼《ほうげん》・仏眼《ぶつげん》の五眼を開くべし」

このとき、受者が覆面をはずされて晴れ晴れとなった状態をもって、その受者は国常立尊《くにとこたちのみこと》と同体であると見なす。（国常立神は混沌未分のときに化生《けしょう》する天地初発の神であるから、受者もこのとき）混沌未分の世界を観想するようにすべきである。その際、受者は智拳印を結び、「オン・バザラダドバン」の真言を三度唱える。

※覆面が胎膜（胞衣）であるなら、それを脱ぐのは母胎から出ること、つまり出胎の象徴であることは明らかで、「帛を脱するは出胎の義、即《すなわ》ち一切煩悩妄執仏事にあらざるなしと覚悟するを脱すというので、脱は悟る義」（田中海応前掲書）である。神祇灌頂では、これにより、それまで閉ざされていた五眼が開かれ、天地宇宙の最初の神である国常立尊と一体となったことが象徴される。この状態を指して、神祇灌頂は「一霊の神、汝を摂受《しょうじゅ》す」と表現しているが、これは要するに神が受者の身に降臨したということで、『金剛頂経』では「招入《しょうにゅう》」という表現を用いている。岩本裕氏は、招入を仏教の降神術である阿尾奢法《あびしゃほう》に類するものと解している。日本の巫術《ふじゅつ》でいう「神憑り《かんがかり》」である。

鏡の大事の伝授

以上を終えたら、師は弟子に、「汝は今、すでに神祇の道場に入って神子《しんし》となった。まさに神明《しんめい》の一切の悟りが成就された境地を得るであろう。いまだこの神祇灌頂に入壇していない者に、この灌頂のことを語ってはならない。もし語ればその罪は重いと知れ」と告げる。

その後、大阿は右手の風指《ふうし》（人差し指）をのばして、天蓋に安置されている七面の鏡を指し示し、こう弟子に告げる。

「この七面鏡は、天《あめ》の神代《かみよ》七代である。鏡をもって神をお招きするというのは、次の理由による。

すなわち、真実の悟りを開いて何ひとつ心を乱すもののない寂静《じゃくじょう》の境地においでになる神が、その身の光を和《やわ》らげて衆生救済のために塵にまみれた人間世界に示現なさるとき、その御影《みえ》を六道輪廻《ろくどうりんね》の苦しみを受けている衆生の世界に垂《た》れたまうがゆえに、鏡を懸けてそこに神の御正体《みしょうたい》を写すのである。神社の宝殿に円鏡がおさめられているのは、この理由による」

(かく告げてから、天の神代七代の神々を拝礼する。まず最初に)

◎国狭槌尊《くにさづちのみこと》

◎豊斟渟尊《とよくむぬ》

◎泥槌煮尊《ういじに》と沙槌煮尊《すいじに》(の夫婦神)

◎大戸之道尊《おおとのじ》と大苫辺尊《おおとのべ》(の夫婦神)

◎面足尊《おもだる》と惶根尊《かしこね》(の夫婦神)

以上の五代の神々を礼《らい》す。次に、

◎伊弉諾尊《いざなぎ》と伊弉冉尊《いざなみ》(の夫婦神)

この二神を拝礼する。この諾冉《なぎなみ》二神のときから人身が始まったので、五代の神々とは鏡を別《こと》にするのである。このとき師は、受者にこう告げる。

「鏡というものは、赤銅を白く磨いて円鏡につくりあげるものである。これは赤白《ますみ》の二渧《にたい》が和合するという心である。その赤白二渧の和合を表すのが諾冉両尊《りょうそん》である」

※天神《あまつかみ》七代は国常立尊から始まり、ナギ・ナミ両尊までで七代とするが、ここでは国常立が省かれている。受者を国常立と同体と見なすためだろうか。なお、ナギ・ナミ両尊を他の五代神と分けている理由として、この二神のときから人体が始まったと述べているのは、ナギ・ナミ両尊以前の神は人間とは異なった身体をもつ異形神《いぎょうしん》と見なされていたからである。長谷寺に伝わる三輪流の「天神七代図」では、国常立は三面六臂《さんめんろっぴ》の忿怒《ふんぬ》神、国狭槌と豊斟淳は三面八臂の忿怒神の姿で描かれ、泥槌煮・沙槌煮以下の夫婦の神は、いずれも頭部のみが人間で身体が蛇の人頭蛇身の姿で描かれている。ところがナギ・ナミ尊になると平安貴族のいで立ちとなり、この両尊から人間世界が始まったことが示されている。

大阿が鏡を「赤白二渧の和合」の象徴と説明している部分は興味深い。赤白二渧とは母の血（経血）と父の精液であり、その和合とは男女交会《こうかい》を意味する。赤白二渧そのものが立川流《たちかわりゅう》（詳しくは『秘教Ⅰ』第五章参照）の常用語で、この二渧の和合によって煩悩即菩提の妙境《みょうきょう》が得られるとするのである。もちろん、ここでいう赤白二渧が、完全に立川流的な意味合いで用いられていると断定するものではないが、御流とも交渉があった三輪流は東密諸流の中でも強く立川流の影響を受けた流派と評価されていること、また記紀《きき》神話で最初に「まぐわい」をおこなった神として描かれるナギ・ナミ両尊の部分で、わざわざ赤白二渧の和合の説を出していることを考えあわせると、この御流灌頂に立川流の強烈な影響のあとが残されていることは確実と思われる。その傍証はこの先にも出てくる。

（次に大阿は五面の鏡を指して、受者にこう告げる）

「五面の鏡は地神《つちのかみ》五代である。この鏡は、われらが神々の具《ぐ》すところの五住《ごじゅう》の煩悩である。神々は、その煩悩を打ち破って五智円明《ごちえんみょう》の正体を顕《あらわ》す。すなわち煩悩即菩提の義である。地神五代とは、大《おお》日霊尊《ひるめむちの》（天照大神）・正哉吾勝尊《まさかつあかつの》・瓊々杵尊《ににぎの》・彦火火出見尊《ひこほほでみの》・鸕鷀草葺不合尊《うがやふきあえずの》の五神である」

〈次に大阿は、右の風指をもって（大壇に安置してある）剣を指してこう告げる〉

「左右の太刀は宝剣であり、王位の器宝《きほう》である。武士に下《くだ》し、二つに分かちて大刀《たち》となしたのである（左右二振《ふたふり》の剣のうちの一振は王位の宝器、一振は武家の大刀の意）。この宝剣をもって、四海の逆浪《さかなみ》（を切り鎮めて平安な海にかえし）、世を乱すものを誅罰《ちゅうばつ》する宝となす。これは大日如来の智剣が化現して宝剣となったものである。そのゆえに、大日の智剣はよく人の内なる心にひそむ煩悩妄想の賊を断ち、武家の大刀は、夷蛮戎狄《いばんじゅうてき》ら外部の怨敵を斬り鎮める。刀剣が内にも外にも通徹して公家《こうけ》の守衛をするのはそのゆえである」

※七面鏡は大壇の天井に吊られていたが、五面の鏡は大壇の床部分に置かれていたらしい。中央が天照大神を表す大きな円鏡で（後述の榊の解説参照）、その四方に四人の神代《じんだい》天皇を表す小ぶりの円鏡が配されていた。大阿の教示の文中にある「五住の煩悩」は正しくは「五住地惑《ごじゅうのじわく》」といい、欲界・色界《しきかい》・無色界の三界の中で、生まれては死に、死んでは生まれ変わることに対する執着《しゅうじゃく》の原因となっている五種の惑（煩悩）のことをいう。仏の世界は三界《さんがい》を超越したところにあり、そこのみが永遠の真実実相《じっそう》の世界と見なされるが、地神五代は五種の惑のある三界内で働くから、神といえども五住の地惑を具しているのである。しかし、神もその本地《ほんじ》は仏であり、神というのは仮の姿だから、本来の姿に立ちもどれば、たちまち煩悩を打ち破って大日如来の五種の知恵（法界体性智《ほっかいたいしょうち》・大円鏡智・平等性智《びょうどうしょうち》・妙観察智《みょうかんざっち》・成所作智《じょうしょさち》）が輝きだす。人間も同様で、いかに煩悩まみれの凡夫に見えようとも、根本の部分には仏性・

仏智が宿っている。煩悩は、そのまま悟りの縁となる（煩悩即菩提）のであり、五面の鏡はそれを示しているというのである。鏡の次に出てくる二本の宝剣は、後述の榊の左右に立てられていたらしい。一本は内なる賊を斬る剣、もう一本は外なる賊を斬る剣と解説されている。

次に大阿は、榊に懸けた四手《しで》（玉串や注連縄《しめなわ》などに下げる布ないし紙、幣《ぬさ》）を神体とすること（の理由を、受者に告げる）。

「空劫《くうごう》の太初の時代には、地神の末王に至るまで、神を祭るための神社や社殿といった建造物は存在しなかった。そこでそれらが造られるまでの間は、榊に四手を付けたものを神の栖《すみか》（依代《よりしろ》）とした。それゆえ日本紀《にほんぎ》（『日本書紀』）に、『榊葉に、木綿《ゆう》四手付けて、誰《た》が代《しろ》に、神の社《やしろ》に、祝いそめけん』と歌われたのである。この榊葉に白木綿《しらゆう》を付けて神を斎《いわ》い祀り始めたのはどこかとたずねるなら、伊勢の千枝《ちえ》の椙《くすのき》、百枝《ももえ》の松がその場所であると習い伝えられている。これが最初の神の影向《ようごう》（神仏の来臨）である。この場所をもって高天原《たかまのはら》というのである」

伝え聞くところによれば、榊は天竺では尸陀林樹《しだりんじゅ》と名付け、または波羅提木刃《はらだいもくじん》とも呼ぶという。

（以上、神鏡・宝剣・榊懸け四手についての秘義を教授し終わったら、）大壇の周囲を三度まわる。このとき受者に赤蓋《せきがい》［未詳］を指すようにせよ。これは承仕の役である。

※木綿四手を付けた榊は大壇中央に置かれ、その前に天照大神の神体である八咫鏡《やたのかがみ》が懸けられた（『三輪流神祇灌頂図』）。右の文にあるとおり、この榊は神の依り付く代《しろ》（神籬《ひもろぎ》）と見なされ、それが置かれた

大壇は、神の影向《ようごう》する高天原に等しい空間と観念されたのである。なお、この榊をインドでは尸陀林樹ともも波羅提木刃ともいうという部分は意味が明確でない。尸陀林とは死者を葬ったり捨てたりするための墓所のことだから、尸陀林樹は墓場に生える木の意味になる。また、波羅提木《はらだいもく》叉《しゃ》の誤記ないし誤読で、「出家者となる時に受け、その後、守りつづけるべき戒律の根本条文。これに依拠して迷いの世界を離れる。別解脱戒《べつげだつかい》」（中村元『仏教語大辞典』）をいう。榊を死と再生（解脱＝迷いの世界から永遠の世界への再生）に関連する霊木《れいぼく》と見たものか。

受者への灌頂

次に大阿は（大壇から）正覚壇に移り、まず（自分の席である）礼盤を加持する。（その後、大阿が礼盤に登り、）受者も同時に礼盤に登る。師は西の壇〈常の礼盤〉、弟子は東の壇〈常の半畳〉である。ついでおのおの着座し、師が漢語で弟子を慶賀する讃を唱える（伝法灌頂の際の作法と同じ）。教授も声高らかに讃を唱える。

次に、（大壇から移した）五瓶の水を受者の頭の頂に灌《そそ》ぐ（この五瓶の水は大日如来の五智の法水《ほうすい》を象徴している）。灌ぐ際は、一々その（瓶の置かれていた方位をつかさどる）仏尊の真言を唱えながらおこなう。まず最初に中央・大日如来の瓶の香水を灌ぎ、東の阿閦《あしゅく》、南の宝生、西の無量寿、北の不空成就の順で灌いでいくのである（次に印明伝授をおこなう）。

※五仏の真言は左のとおり。

◎大日如来＝「オン・バザラ・ダド・バン」
◎阿閦＝「オン・アキシュビヤ・ウン」
◎宝生＝「オン・アラタンナウサンバンバ・タラク」
◎無量寿（阿弥陀）＝「オン・アミリタテイゼイ・カラ・ウン」
◎不空成就＝「オン・アボキャシデイ・アク」

御流の神祇灌頂では実際に受者の頭上に灌頂をおこなったことがわかるが、即位灌頂や三輪流の神祇灌頂などでは、印明伝授をもって灌頂とした。灌頂の本来の意味は即位式で四海の水を即位者の頭頂に灌ぐことで、これが狭義の灌頂の意味だが、広義には如来の慈悲の水（＝法）が受者に灌がれ（＝伝法）、その仏性が開かれることをもって灌頂としたので、実際に水を灌ぐ儀礼は必ずしも必要ではなかった。

これより以下は、いよいよ神祇灌頂の眼目である秘印と秘明《ひみょう》の伝授の段となる。

3、秘印明の伝授

智拳印と真言

まず智拳印を伝授する。伝授は師資和合印《ししわごういん》でおこなう〈この印は（伊勢神宮内宮《ないくう》の）天照皇太神を表す〉。結印して法性心殿《ほっしょうしんでん》の明「アビラウンケン・ア」を三度、「心法得果本来ア字《しんぽうとくかほんらい》」を一度唱える。

天照大神の御正体《みしょうたい》は八咫鏡、火珠所生《かじゅしょしょう》・本有法身《ほんうほっしん》の妙理である。

（唱え終えたら智拳印を解き、大阿・受者ともに）合掌して、「一心本源、不生不滅、畢竟空寂《ひっきょうくうじゃく》、住大悲心」の偈を一回唱える。

※ここに出てくる「師資和合印」とは、阿闍梨の手と受者の手を合わせて一印を組むことをいう。智拳印の場合は、大阿が右手の手掌内に受者の左手の風指（人差し指）を握り、ともに金剛拳をつくって、二人で智拳印の形とするのである（図参照）。智拳印は金剛界大日如来が結んでいる印で、衆生を無上の悟りに導く金剛界大日の仏智を表す。ただし、このときに唱えよと伝授されている真言「アビラウンケン」は胎蔵界大日の真言で、「ア字」も胎蔵界大日の種子《しゅじ》である。つまりここでは、金剛界大日の印を結び、胎蔵界大日の真言を唱えることで、金胎両部の大日如来の総体が表現されているわけである。

智拳印の右手の握り拳は、金剛界五仏がかぶっている宝冠を象徴する。その宝冠に擬された右手で、受者の左手風指を握るのは、受者の頭上に宝冠をかぶせる意を表す。密教の灌頂では、五瓶の法水を受者の頭頂に灌ぐことで帝王の象徴である宝冠の戴冠《たいかん》に擬し、そののちに智拳印を結んで、すでに宝冠をかぶったことを表すのだが（実際に模擬宝冠を用いる流派もある）、この神祇灌頂でも、灌頂→智拳印と儀式が進められている。

師資和合印（右は師、左は資）

なお、神祇灌頂では、受者が天照大神と一体となったことを具体的に表すために、実際に宝冠をかぶせることをおこなった。この御流の次第では宝冠授与のことは記されていないが、三輪神祇灌頂では実際

灌頂で用いられた宝冠

に宝冠を授けたのである。元興寺《がんごうじ》文化財研究所の『神道灌頂』によれば、この宝冠は天神第三代の豊斟渟尊の三昧耶形《さんまやぎょう》（シンボル）という。宝冠は紙を芯材として布を貼り、一部は裏面から金箔を押した。別掲図版のように、上端が尖った五つの山形になっており、日本の天神五代（国常立尊とナギ・ナミ尊を除く五代）の神々が描かれている。

外五鈷印と真言

次に八握《やつか》の剣《つるぎ》の印を伝授する。八握の剣の印とは外五股印《げごこいん》のことである。これも師資和合印でおこなう〈この印は（伊勢神宮外宮の）豊受大神《とようけのおおかみ》を表す〉。結印して諸果円満の明「バザラダドバン・バン」を三度、「心法得果本来バン字」を一度唱える。豊受大神の御正体は心月輪《しんがちりん》の鏡、水珠所生・五智円満の宝鏡である。

（唱え終えたら外五鈷印を解き、大阿・受者ともに、）合掌して、「実相真如、五輪中台、常住三世《じょうじゅうさんぜ》、浄妙法身《じょうみょうほっしん》」の偈を一回唱える。

※外五股印は密教の伝法灌頂の際に用いられる秘印・五鈷印の一種で、外縛《げばく》五股印、智塔印などともいう。密教法具のひとつである五鈷杵の形を表し、五智・五仏を象徴する。指の組み方は流派によるバリエー

ションが多く、秘伝として師資相承《そうじょう》された。この印も師資和合印で、大阿の右手と受者の左手で結ぶ。五智・五仏の象徴ということからもおわかりのとおり、金剛界大日の世界がこの印によって表されるが、神では伊勢外宮の豊受大神に充てている。唱える真言「バザラダドバン」は、智拳印のときとは逆の金剛界大日の真言、種子「バン」も金剛界大日の種字である。

開塔印と真言

次に妙塔の印を授ける。妙塔の印とは開塔印のことである。師資和合印でおこなう。結印して心法《しんぽう》不二《ふに》の明「バンウンタラクキリクアク・ウン」を三度、「観ぜよ平等法身不二ウン字」を一度唱える。〈（この印明により、人間は本来、生まれながらに仏であるとする自心是仏《じしんぜぶつ》の教えである）自心法を伝授する〉。（大阿と受者は開塔印を解き、）合掌して「一切諸法、垢穢不得《くえふとく》、皆従因縁《かいじゅういんねん》、広利衆生《こうりしゅじょう》」の偈を一回唱える。偈を唱え終わったら大阿と受者が向かいあって（平等法身不二ウン字の）観想をおこない、終えたら三礼する。

※開塔印は図を参照。塔印（後出の無所不至印《むしょふしいん》）のバリエーションのひとつで、先の外五股印も塔印の一種とされている。塔とは金剛界曼陀羅で大日如来のシンボル（三昧耶形）となっている宝塔のことで、それを象った印が塔印、左右の親指を離して塔の扉が開いた形につくるのを開塔印といい、閉じた形につくるのを閉塔印という（ただしこれ以外にも諸説がある）。この開塔印によって、金剛界大日と胎蔵

界大日が一仏の根本教主である大日如来に集約されるのである。このとき唱える「バン・ウン・タラク・キリク・アク」の真言は、これまでにたびたび出てきた金剛界の五仏で、バン＝大日、ウン＝阿閦、タラク＝宝生、キリク＝無量寿（阿弥陀）、アク＝不空成就と配当されている。先に受者は大阿から五瓶の法水（五仏の五智の象徴）を頭頂に灌がれて天照大神（大日如来）へと変容したが、この五仏の真言を唱えることで、いわば五智が受肉したことが表されるのではないかと思う。

五仏の真言の最後に唱える「ウン（吽＝𑖮𑖳𑖽）」は、金剛界と胎蔵界が不二一体のものであることを表す種子で、「ア（阿＝𑖀）」と一対になって天地宇宙の一切を包含すると考えられた。空海はその著『吽字《うんじ》義《ぎ》』で、ウンの秘義を説いている。それによると、『大日経』ではアを大日如来、ウンを金剛薩埵の種子とし、『金剛頂経』ではアを金剛

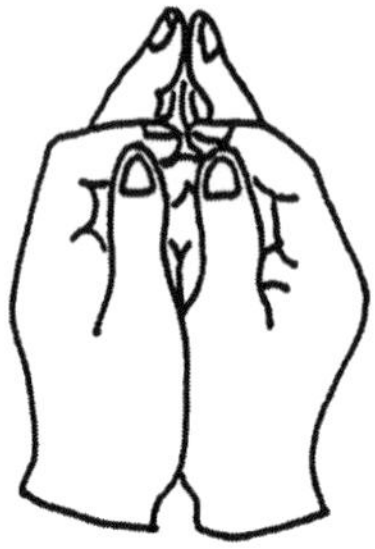

開塔印

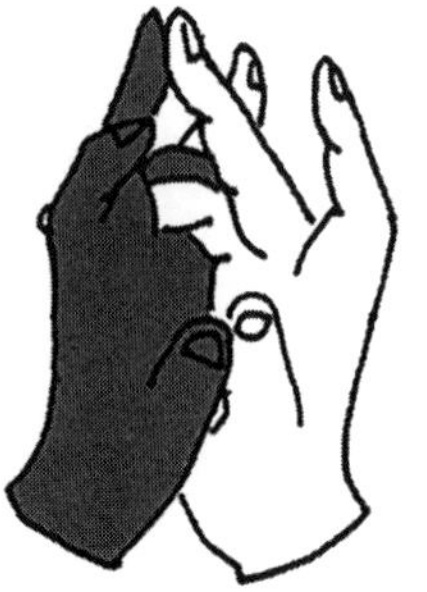

外五股印（右が師、左が資）

薩埵、ウンを大日如来の種子としている。このように、アウン（阿吽）は互いに主となり従となって縦横無尽に働くが、本質は一体不二のものである。また、ウン字は、

◎ア（a）……法身《ほっしん》、不生など
◎カ（ha）……報身《ほうじん》、因縁生など
◎ウ（u）……応身《おうじん》、損滅など

◎マ（ma）……化身《けしん》、増益《ぞうやく》などの四字に分析することができ、それぞれが諸法を表しているが、その一切は究極的にはウンの一字に集約されると説かれる。要するにあらゆる対立を超えた不二の種子であり、アとバンは不二、大日如来とその化身の金剛薩埵も不二、大日如来と天照大神も不二、灌頂をほどこす阿闍梨とそれを受ける受者も不二、煩悩と菩提も不二ということが、このウンを唱えることによって表される。この「妙塔」の段で「平等法身不二ウン字」の観法をおこなうのは、以上の理由によると考えられる。

諸印明の伝授

①世界建立《こんりゅう》の印明

八握《やつか》印〈外五股印〉。明は「帰命（オン）、バザラダドバン」。三度唱える（この印明により、まず万物の活動の舞台となる世界が建立される）。

②豊葦原《とよあしはら》の開闢《かいびゃく》の印明

八葉印。明は「アバラカキャ・ウン・シッヂ」。三度唱える（豊葦原は豊葦原瑞穂《みずほ》の国で、日本のことである。これによって日本国が開かれる）。

③五畿七道の印明

外五股印。この印については口伝がある。明は「オン・ダキニ・ギャテイ・ギャカネイエイ・ソワカ」である。

※①～③をまとめて解説する。まず①の世界建立とは、記紀神話における天地初発の神・国常立尊（天御《あめのみ》中主尊《なかぬしのみこと》）の化生《けしょう》に相当する。これによって水界が分かれて天と地になった。そこで世界建立の根本本尊である大日如来の真言「バザラダドバン」が唱えられるのである。ついで、ナギ・ナミ尊による②の国生みがあり、豊葦原の開闢がおこなわれた。真言の「アバラカキャ」は五輪塔などに書かれる五字真言「阿《あ》（𑖀）・縛《ば》（𑖪）・羅《ら》（𑖨）・呵《か》（𑖮）・佉《きゃ》（𑖏）」のことで、万物の根源的な構成要素である地・水・火・風・空の五大《ごだい》を表し、「シッヂ」（悉知）は成就を意味する。つまり、根源的なエレメントが結合・成就して、豊葦原が開闢するのである。次の③の段階は、記紀神話では高天原からの天孫の降臨であり、天孫による日本国の統治である。「五畿七道印」は、まさしくこの降臨した天孫による日本統治の段階を象徴する。五畿は帝都を囲む五つの国であり、七道は日本各地と帝都を結ぶ七本の官道である。その一切を束ねることを象徴するのがこの五畿七道の印明であり、ひと言でいえば王権の印明なのである。

ここで吒枳尼天《だきにてん》真言が登場してくる。受者がこの真言を唱えるのは、ほんらい吒枳尼天は天照大神＝大日如来と同体の神だが、活動するのは仏界ではなく煩悩うずまく俗世と考えられたからである（『秘教Ⅰ』第五章、本巻『辰菩薩口伝』参照）。この印明により、受者は大日＝天照の化身である吒枳尼と一体となって、五畿七道ないし四海を領掌する。天皇がその即位灌頂で吒枳尼真言を唱えることの理論的な背景は、ここにある。すでに見てきたように、灌頂儀礼の中で煩悩即菩提はくりかえし教えこまれている。煩悩即菩提とは、吒枳尼即大日、吒枳尼即天照であり、王法（俗世間法）即仏法のことなのである。

④輪王《りんのう》御即位灌頂の印明

無《む》所《しょ》不《ふ》至《し》印《いん》。明は「ア・バン・ウン」。次に合掌して「オン」。左手で右の胸を押して「ダキニ」。右手で左の胸を押して「キリキリキャキャ」。無所不至印を結んで「ネイエイ」。その印を額に当てて「ア・バン・ウン」。右の五指を施《せ》無《む》畏《い》印《いん》の形にして「ア」。左の五指を施無畏印の形にして「バン」。次に左右の風指と空指《くうし》（親指）を合わせて日輪印のように結び、小一儿口を七度〈光明《こうみょう》真言「ウンハッタソワカ」を七度〉唱える（小一儿は光という字を分解したもので光明真言のこと）。

※輪王とは全宇宙の王たる転輪聖王《てんりんじょうおう》のことで、輪王即位灌頂とは世界の王すなわち天子の即位の際の灌頂の意味である。このとき用いる「無所不至印」は塔印の一種で、先に出た開塔印と同種の大日如来の秘印であり、胎蔵界大日の秘印でもある。開塔印の項で書いたとおり、この印は心法不二・金胎不二など、あらゆる差別相を超えたところの統一世界を表す。それゆえ、真言はあらゆる神仏と世界の総体である「ア・バン・ウン」を唱え、あわせて神道灌頂における吒枳尼真言を唱えて、輪王に吒枳尼の呪力の加護があるようにまじなっているのである。ただしこの印は、口伝法門の世界では種々のオカルティックな説が提唱されてきた。その代表に「海底印文」説がある。

海底印文とは、まだ世界が成立する以前、大日如来が結印した掌中に、一切の経典を入れて大海の底に納めたという秘説のことで、その印契《いんげい》が、三千年に一度、海底から涌き出るというのである。『渓嵐《けいらん》拾葉集《しゅうようしゅう》』に、「我が国の劫初《ごうしょ》には、大海の最も底にあたるところに大日如来の印文があった」と記されており、『御流唯一神道伝授目録』の「印文至極《しごく》の大事」には、「大日如来、我が朝の未熟の機根《きこん》の前には、八万法蔵を掌中に入れて、大海の底に納む。三千年に一度、涌出あり。これを拝するなり。人間

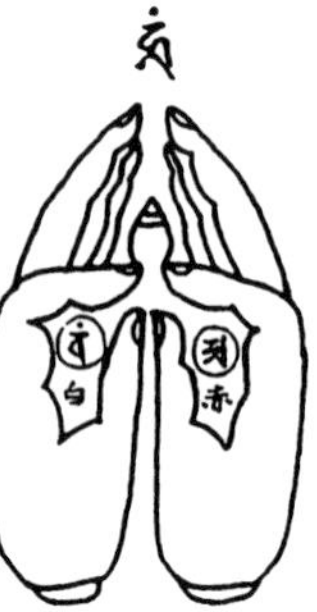

無所不至印《むしふしいん》にみる、ア（赤）、バン（白）、ウンと三弁宝珠《さんべんほうじゅ》の象徴図。（『真言神道集成』より）

の目には弥《たま》なり。その印相は合掌という。これによりて（合掌印は）諸印の通用なり。ゆえに印字（印名）を金剛合掌と習うなり。……下総国《しもうさのくに》の内、印西・印東・印庄……に初めてこの印出生す。三千年に一度、出《いず》るなり。この字、口伝、秘なり。真言ボロンという」とある。

この三千年に一度、千葉の印盤浦《いんばのうら》（印旛沼《いんばぬま》）に涌出する大日の秘印というのがすなわち無所不至印で、御流の印信（密教修法の許可状）には上に掲げたような図が記されている。図中の三つの空所は「三弁宝珠《さんべんほうじゅ》」ともア・バン・ウンとも説明される。『御流八十通』におさめられた「海底印文」の印信には、「無所不至の印にして、バアンクと唱え、印の中に宝珠を観ず。これ日本の形なり」として、無所不至印は日本を象ったものだとする説を述べ、同じく八十通の中の「神祇の大事」では、ア（赤）・バン（白）・ウンの種子によって三弁宝珠が象徴され、この印と明が天照大神から歴代天皇に伝えられたこと、この印明の伝授儀礼のことを「紹運《しょううん》（灌頂）」とも「日天子灌頂」とも「岩戸開きの灌頂」ともいうといった秘伝が記されている。

ここでア・バンを赤白で表しているのは立川流の所説にもとづくもので、赤白《しゃくびゃく》二渧の和合するところにウン字の魂識《こんしき》が託入して、いわば三位一体《さんみいったい》の〝完全なるもの〟が成就されるという意義である。守山聖真氏が立川流の「根本理念を端的に説いた」書として挙げている『纂元面授《さんげんめんじゅ》』（十二世紀）は、「赤《しゃく》阿《あ》と白鑁《びゃくばん》が混和するところに、魂である吽識《うんしき》が中に托して生じるところの不二なるものを、大不二と名付ける。この大不二は（赤白・阿鑁の）二つの体はなく、まったく一にして非二である」と説いている。

これを立川流の解釈にしたがって平たく言い換えれば、「母であり女であり血である赤アと、父であり男であり精液である白バンが和合してひとつになったところに、ウン字で表すところの人魂《じんこん》である識が、中有《ちゅうう》（死んでから次の生を得るまでを過ごすと考えられた境涯）から飛びこんでくる。そもそも赤・白、ア・バンは、それ自体が本来不二であるけれども、そのア・バンにウンが飛びこんで胎児となったものもまた不二であり、これを大いなる不二というのである。胎児はア・バン・ウンから生じているとはいえ、その心身はただ一であり、まったく一にして非二」ということになる。胎児は、もともとこのア・バン・ウンから所生している。つまりその時点で、すでに仏と同体なのである。そこで『纂元面授』は、この胎児を「解脱実相《げだつじっそう》の仏身」とも呼んでいる。すなわち、「中有の識子《しきし》、二渧に託入して解脱実相の仏身を成《じょう》ず」るのである。無所不至印は、以上の秘密をただ一印によって伝えるものであり、密教と神道の奥義がこめられているというのが中世秘教家の考えであった。

ついでに立川流本尊の辰狐王吒枳尼天《しんこおうだきにてん》と無所不至印の関連についても述べておく。両者のつながりは極めて深く、日本の神様世界の中枢である伊勢神宮にまつわる秘説にも登場する。伊勢神宮で、朝夕、天照大神の御膳《ごぜん》の奉仕をする男女二人の子のことを「子良《こら》」という。男児は十五歳以前、女児は初潮前の者とされたが、この奉仕のとき子良は倭姫《やまとひめ》から伝えられてきたとされる「秘伝」を修した。これを「子良の大事」という。その修した秘伝とは、御流の伝承では智拳印と真言を一回、無所不至印と真言を三回の計四回結誦《けつじゅ》することだが、重要なのはこの四回の結誦が終わるごとに、「オン・ダキニ・キャチ・キャカ・ネイネイエイ・ソワカ」という吒枳尼真言を誦すという秘伝があったということである。天照大神が「辰狐」の姿で岩戸籠《ご》もりをしたという『渓嵐拾葉集』の秘説は『秘教』Ⅰ第五章で紹介したが、大日如来と天照大神と吒枳尼天は、このように中世の秘教世界では完全に一体のものと見なされ、無所不至印とともに、神道（神祇）灌頂にもそっくり移入されて近世江戸まで流れこんだのである。

四海領掌印と真言

〈財宝を持《じ》し、障碍《しょうげ》を除き、栄花《えいが》を開く（四海領掌印は）〉口伝。外五股印〈左右の中指を立て合わせ、左右の親指と小指を開いて立て、印を組む腕を合わせずに五畿七道印を結べ。中指を剣の形にする。これを四海の印と名づける〉。明は「オン・ダキニ・ウンタラクキリクアク・エイケイキ・ソワカ」。

※『秘教Ⅰ』第四章の7で述べたとおり、中世の伊勢神道では、この「四海領掌印」こそが天照大神から伝えられた秘印だと位置づけた。しかも、同神宮の神祇灌頂の秘法を伝える『天照太神口決《くけつ》』や『鼻帰《びき》書《しょ》』などでは、四海領掌印を用いた即位法をはっきり吒枳尼天の法である「辰狐法」と呼んでおり、吒枳尼法が即位灌頂の源初形のひとつだったと想像される。ただしその中身は先に出た「五畿七道印」と同じもので、外五股印を用いるのである。

この四海領掌印とセットになっている真言は非常に興味深い。「オン・ダキニ（「吒枳尼天に帰命する」の意）」につづく「ウン・タラク・キリク・アク」は、前出の金剛界五仏の真言「バン・ウン・タラク・キリク・アク」から大日如来の真言である「バン」を除いたもので、順に阿閦・宝生・無量寿・不空成就の四如来を表す。大日如来の四方をとりまくこの四仏の中央に座すのが根源仏の大日なのだが、その大日の代わりとして、この真言では、中尊の位置に吒枳尼を挿入しているのである。次の「エイケイキ・ソワカ」の「エイケイキ」は密教で仏部召請《しょうしょう》に用いられる常用句で、「召請したてまつる」「速やかに来至《らいし》したまえ」「速やかに来《きた》りたまえ」などと訳される。つまりこの真言は、「帰命したてまつる（オン）、吒枳尼・阿閦・宝生・無量寿・不空成就の諸尊よ、速やかに来りたまえ、ソワカ（あなかしこ）」の意味で、吒枳尼を中心とした曼荼羅諸尊が、この真言を唱える者（即位式の場合は天皇）のもとに速やかに来臨してくれるよう祈る呪文となっているのである。

なお、同じ御流の印信である「父母《ぶも》代灌頂・御即位の大事」や「御即位」では、「四海領掌印明」の名称で③の「五畿七道印明」（外五股印と「オン・ダキニ・ギャテイ・ギャカネイエイ・ソワカ」）が記されている。印明結誦の際の所作《しょさ》も記されているので以下に紹介しておく。

「オン（合掌）、ダキニ（右手をもって左肩の上に置く）、ギャテイ（左手をもって右肩の上に置く）、ギャカ（右をもって上となし、下に向けて合掌する）、ネイエイソワカ（合掌を反して塔婆印《とうばいん》となす）」

この項の冒頭に口伝として掲げられている「財宝を持し、障碍を除き、栄花を開く（原文は「持財宝除障碍開栄花」）の句は、ダ・キ・ニの三字の功徳《くどく》を表したもので、ダが持財宝、キが除障碍、ニが開栄花を表すとされている。吒枳尼の尊名を唱えることで、これらの現世利益《げんぜりやく》が得られるとされたのである。即位灌頂の本尊がなぜ吒枳尼とされたのか、その理由および秘義解釈が、この四海領掌印明では最も端的に表現されている。この注の冒頭にも述べたように、四海領掌印明こそが伊勢神道の秘印で、この法が辰狐法と呼ばれたということに注目していただきたい。

右に挙げた「父母代灌頂」を含む御流の『類聚集《るいじゅうしゅう》』や『八十通印信』の一部秘伝について、日本屈指の学僧として知られた慈雲《じうん》（一七一八～一八〇四年）は、その著『神道或問《しんとうわくもん》』で「山伏又は立川流と見へたり」と明記している。山伏（修験）は立川流の巨大な温床のひとつで、その伝書等には立川流の所説が膨大に流れこんでいるが、彼ら山伏たちの真言宗における総元締めは醍醐寺の三宝院《さんぼういん》であり、醍醐三宝院は立川流祖とされた仁寛《にんかん》（生没年不詳）の実兄で、仁寛に多大の影響を与えたと思われる勝覚《しょうかく》（一〇五八〜一一二九年）の開創であった。このように、即位灌頂、神道灌頂とは、中世という時代を席巻《せっけん》した吒枳尼信仰のエッセンスにほかならなかったのである。

紹運天子（天子紹運灌頂）の秘法

十一天子総印明。三股印《さんこ》〈被甲《ひこう》の印である〉。「ウン」字を十一度唱える。

※天子紹運灌頂では「三股印」を結ぶとあるが、本文の注では三股印を「被甲印」としている。けれども、密教法具の三股杵の形を印で表した三股印と、行者がみずからを霊的に護身するために結ぶ被甲印は異なる。また、被甲印は行者ならだれもが身につけている基本的な印であり、すでに紹介してきたような外五股印や無所不至印などのような師資相承の秘印ではない。割注がなぜ被甲印となっているのか、理由はわからない。

実際に弟子に授けたのが被甲印ではなく三股印だったとすれば、この印によって吒枳尼を象徴した可能性が高い。天子紹運灌頂の本尊は辰狐王菩薩すなわち吒枳尼であり、その吒枳尼のシンボル（三昧耶形）のひとつが三股杵だからである（吒枳尼の尾に三股杵があるという『溪嵐拾葉集』の説は『秘教』Ⅰ第五章で紹介した）。また、三股印の形は、狐の頭部にも見立てられる。実際、この形を吒枳尼の印とする秘伝もある。ただし同じ御流神道の「岩戸灌頂の大事」の印信では、天子紹運灌頂の秘印として、先に詳述した「無所不至印」、秘明を「ア・バン・マ・バン・ウン」としており（マは星宿《せいしゅく》などの種子であり、吒枳尼衆の首領である大黒天の種子でもある）、おそらくこれが本来の伝授の印明ではなかったかと思われる。

「岩戸灌頂の大事」は右の印明を記したのち、「印面《いんめん》に三穴《さんけつ》あり、日月《にちげつ》星宿なり。左の穴は月、右の穴は日、上の穴は星と。右のこの印を天岩戸《あまのいわと》と習う。至極の大事なり」と述べる。これは先に紹介した海底印文と同じもので、海底印文では無所不至印の三つの空所を三弁宝珠としているが、「岩戸灌頂の大事」では日月星としているわけである。この無所不至印のシンボリズムをまとめると、左のようになる。

◎ア　（赤）＝母＝経血＝胎蔵界大日＝内宮＝日
◎ウン＝子＝魂識＝不二の大日＝伊勢皇太宮＝星 ── 三弁宝珠
◎バン（白）＝父＝精液＝金剛界大日＝外宮＝月

＊

以上の一～六で神祇灌頂の各印の伝授が終わる。名目は六種だが、受者に伝授される最も重要な秘印は、結局、

◎外五股印………一・二・五
◎無所不至印……四《六＝岩戸灌頂による》

の二種であることがわかる。さらに、この各印の伝授に先立って、師資和合印（師と弟子で結ぶ印）三種が伝えられていたが、その内容は、すでに見てきたとおり、

◎智拳印
◎外五股印
◎開塔印（無所不至印）

で、やはり外五股印と開塔印（無所不至印）は重複している。以上を整理すると、神祇灌頂の秘印は、

①智拳印
②外五股印
③無所不至印

の三種を出ないということになるのである。

ところで、日本真言密教の祖の空海が唐国で恵果《けいか》から授かった印明は、金剛界が「塔婆印」（無所不至印）と「バン」（鑁）の一字明《いちじみょう》、胎蔵界が「外五股印」と「アビラウンケン」（阿毘羅吽劒）の五字明《ごじみょう》であった。それゆえこの二種の印明は、古来、真言密教における最秘の印明と位置づけられてきた。「印や言（真言）は数多くあるけれども、大卒都婆印《だいそとばいん》（無所不至印）と外五股の印とを（受者に）授ける。この両印は胎蔵界・金剛界の両部の最秘、衆生の色心《しきしん》の秘密の法」（成尊《せいぞん》『灌頂決疑鈔《けつぎしょう》』）なのである。

即位灌頂を含む神道灌頂では、この空海伝授の金胎両部の最秘印明を神道に接ぎ木した。その際に、両者を結びつけるための新たな神話として、すでに述べた〈天照＝大日同体説〉や〈海底印文説〉などの数々の異形の神話が創りあげられた。しかもそのとき、密教と神道を結ぶ最も強力な接着剤として活用された神の代表が、かの吒枳尼天だったのである（空海と吒枳尼の因縁は、東寺の守護神とされた伏見稲荷社の縁起その他にくりかえし説かれている。それについてはすでに拙著『真言立川流の真実』な

どで記した）。なお、本来の密教でおこなわれる伝法灌頂の際、受者に授けられる灌頂印明には流派によって違いがあり、

◎広沢流……五鈷印（外五股印）

◎小野流……塔印（無所不至印）

とされている（智拳印は流派を問わない）。広沢流は東寺長者の益信《やくしん》（八二七〜九〇六年）を祖とする流派で、退位後、益信から伝法灌頂を受けた宇多法皇《うだほうおう》が仁和寺《にんなじ》に御室《おむろ》と称する御所をかまえて以後、門《もん》跡《ぜき》寺院の仁和寺を中心に発展した。広沢流の名は、同流の第四代・寛朝《かんじょう》（九一六〜九八年）が京都広沢池の西北に遍照寺《へんしょうじ》を開いたことにちなんでいる。また小野流は、希代《きたい》の験者《けんざ》として知られた聖宝《しょうぼう》（八三二〜九〇九年）を祖とする。後世、修験道当山派《とうざんは》の開祖としても崇敬された聖宝は、霊告によって醍醐寺を創建したと伝えられるが、この醍醐寺を中心に名僧があいついで現れておのずと一派の勢力となり、後に小野流と呼ばれるようになった。流派の名の由来は、「雨僧正」と謳われたかの仁海《にんがい》（九五一〜一〇四六年）が、醍醐寺にほど近い小野の曼陀羅寺《まんだらじ》を自房として「小野僧正」と呼ばれたことに由来する。つまり狭義には、この仁海の流れを小野流といい、広義には醍醐寺の系列を小野流という。

立川流はとくに小野流に色濃く伝わり、醍醐寺では醍醐三宝院がその拠点と目されたが、寛信《かんじん》（一〇八四〜一一五三年）のころから小野六流の随一の寺となった勧修寺《かじゅうじ》の流れ（勧修寺流）にも深く浸みこんでおり、勧修寺流の法脈をうけた天王寺阿闍梨の真慶《しんぎょう》の邪流は関東に流れて盛行した（本書『受《じゅ》法用心集《ほうようじんしゅう》』参照）。もちろん、これ以外の流派も立川流とまったく無縁だったわけではなく、吒枳尼を本尊とし、赤白二渧の和合を即身成仏の秘義とする立川流の思想は、両部神道を介し、印明を介して、

禁裡《きんり》にまで浸透したのである。

4、受者への神宝の授与

三種神器の授与

〈三種ともに受者の左手に持たせるようにせよ。受者の右手は拳にして、右腰に付けるようにさせよ〉

（大阿は）まず神璽《しんじ》をとって、「諸神金剛灌頂義、汝已如法金剛竟、為成神祇体性故、汝応授此金剛璽」と念じる。次に宝剣をとって、「諸神金剛灌頂義、汝已如法金剛竟、為成神祇体性故、汝応授此神宝剣」と念じる。

ここで口伝がある。師（大阿）は右足、資（受者）は左足。

次に内侍所《ないしどころ》（神鏡）をとって、「諸神金剛灌頂義、汝已如法金剛竟、為成神祇体性故、汝応授此霊宝鏡」と念じる。

次に、受者に三種の神器の印言を授けるようにせよ。印言を授けるのは、受者に神器を授け、彼がそれらを頂戴したあとである。

神璽　無所不至印

　アビラウンケン
　　ア〈天照皇太神〉
　キャカラバア
宝剣　八握印〈外五股印〉
　バザラダドバン
　　バン〈天児屋根命《あめのこやねのみこと》〉
　アラハシャナウ
宝鏡　内縛して中指二本を立て、円鏡のようにせよ。
　バンウンタラクキリクアク
　　ウン〈広幡《ひろはた》天皇〉
　アアーアンアクアーク
〈以上の印明を授け終えたら、大阿は受者にこう告げる〉
「深く円鏡の中に居して、諸《もろもろ》の方所《ほうしょ》に現ずべし。なおし、浄水の月の普《あま》ねく衆生の前に現ずるがごとし」〈神は和光同塵《わこうどうじん》のゆえに、このように真言を唱えるのである〉
※灌頂と印明伝授を終えた受者は、「如法金剛（灌頂）竟《きょう》」すなわち如法に金剛灌頂を竟《きわ》めた者であり、その時点で「神祇の体性《たいしょう》」と一体化したものとみなされた。そこでその証として、三種の神器を授かっ

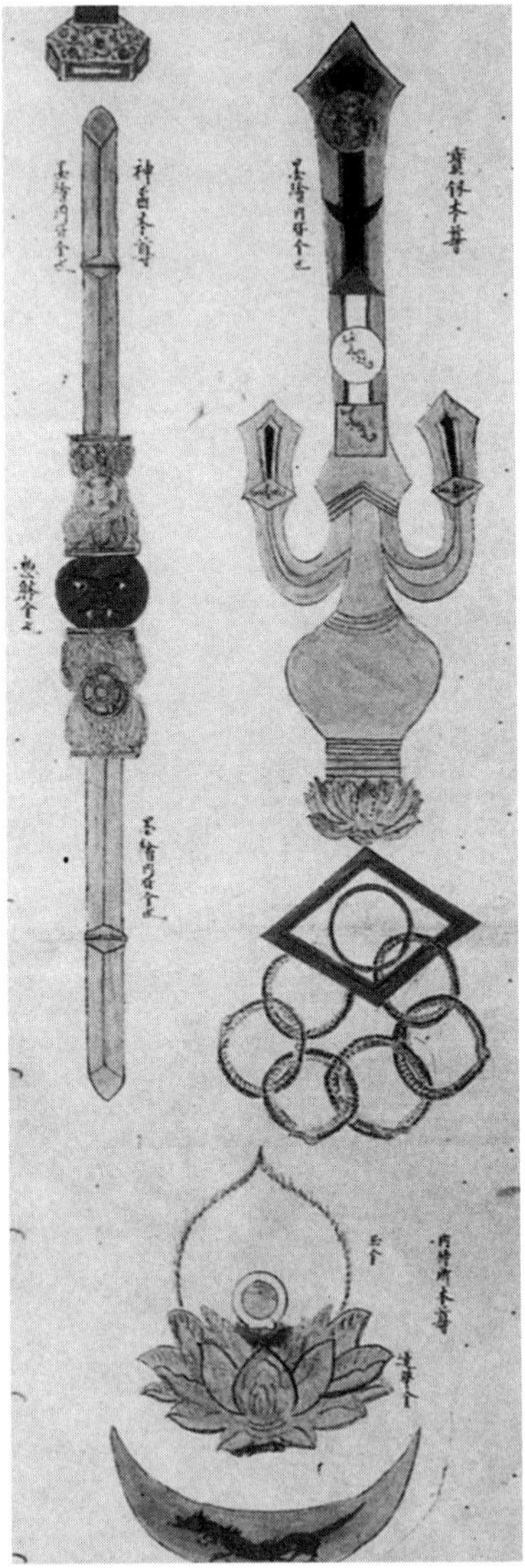

三種神器の図。神璽（上段右）、神剣（同左）、神鏡（下）。

たのである（三種神器については『秘教Ⅰ』第四章3参照）。

神器といっても、もちろん実際の神器の模造品ではなく、おそらくは紙に刷られた印刷物だったと思う。この授与の神器とは別に、灌頂道場には三種神器の画像が掛けられた。その画像は別掲図版のようなもので、剣はそれらしく見えるが、神璽（勾玉）は握りの部分に鬼面が描かれた密教法具の独鈷（鬼面は御流神道ではスサノオとされる）、内侍所（神鏡）は蓮座に乗った如意《にょい》宝珠《ほうじゅ》と剣で、仏教流の再解釈がほどこされている。中世末の『御流神道談義抄』に、再解釈された三種の神器の解説がある。まず神璽は「人間のためにも宝にて候、天台真言諸宗において皆宝也、取り分け顕密にては独鈷と申す、武士にては弓の形、禅宗にては宗杖、山伏にては金剛杖と申候、惣じて是より神も仏も出生有と見て候」と

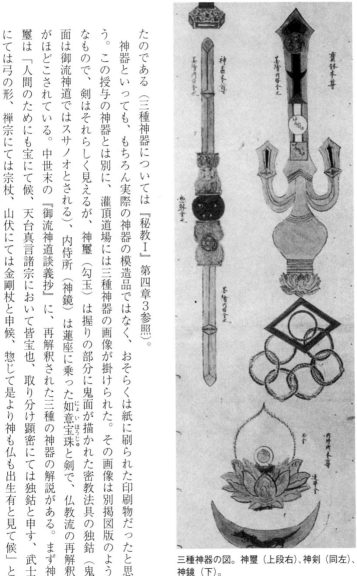

された、宝剣は「一切衆生の境界の形を顕《あらわし》て候、六根・六識・六境界を皆備え、仏界・衆生界・六道と云うも是より顕る、六趣輪廻と云うもこれに在り、我らが胸の剱と云う、このことにて候」とし、神鏡は「後生にては浄衣張の鏡也、神前にては御正体《みしょうたい》と申し、衆生にては真如実相の表相にて候」と説いている。

右の三種の真言のうち、神璽の「キャ・カ・ラ・バ・ア」は地水火風空の五字真言「阿縛羅呵佉《あばらかきゃ》」を逆さから読んだもの。なぜ逆さ読みにするのか、理由は未詳。神璽の本体である天照大神は、中世神話では第六天魔王から日本支配の神璽をもらったとされており、神璽と天照大神はしばしばセットで扱われた。

次の宝剣の「ア・ラ・ハ・シャ・ナウ」は文殊《もんじゅ》の真言で、森羅万象に通じる文殊の智恵を表す。文殊の代表的なシンボル（三昧耶形）に利剣がある。また、『金剛頂文殊儀軌《ぎき》』に示される文殊は右手に智剣、左手に青蓮華《しょうれんげ》をもつ。文殊真言に充てられている天児屋根命は伊勢神宮の大宮司家《だいぐうじけ》である大中臣《おおなかとみ》氏の祖神《おやがみ》で、藤原氏の氏神でもある。ここでは、天照大神と広幡天皇（豊受大神）を祭祀する神の義で天児屋根命が充てられ、その本地として文殊が充てられているわけである。

八田幸雄氏によれば、アラハシャナウは『華厳経』『普曜経《ふようきょう》』などに出る悉曇《しったん》（梵字の字母《じも》）四十二門の冒頭の五字で、

◎ア＝一切法本不生《いっさいほうほんぶしょう》
◎ラ＝一切法離塵垢《りじんく》
◎ハ（バ）＝一切法勝義諦不可得《しょうぎたいふかとく》
◎シャ（チャ）＝一切法無諸行

◎ナウ（ナ）＝一切法相不可得

というようにそれぞれの文字を観察し、「文字を通して真実世界を開見させようとするもの」であるという（『真言辞典』）。文殊はこの五字明に籠められた真理を体現している菩薩と位置づけられているのだが、天児屋根命も天照大神の岩戸籠もりの際、祝詞を奏した神、言霊《ことだま》の神である。つまりここでは、声字《しょうじ》・言霊を媒介して、文殊と天児屋根が結合されているのである（ちなみに文殊も吒枳尼の本地の一尊である）。

最後の宝鏡の「広幡天皇」は、『御流八十通』の「日本紀（三種神器灌頂）」では外宮祭神の豊受大神のこととしている。真言の「ア・アー・アン・アク・アーク（アーンク）」は「阿字の五転」と呼ばれるもので、行者の菩提心が次第に向上・展開していくさまが五段階のア音の活用によって表されている。すなわち、アによって菩提心を発し、アーによって修行が進み、アンによって智が開かれ、アクによって理が開かれ、アーンクによって密教の精髄である「方便究竟《ほうべんくきょう》」（『大日経』）の位が開かれるというのである。菩提心は、しばしば鏡によって象徴される。その意味では宝鏡の真言にふさわしい。また、この阿字五転は五智・五仏とも見なされるから、宝鏡のもうひとつの真言である「バン・ウン・タラク・キリク・アク」とも対応する。

なお、『類聚集《るいじゅうしゅう》』上巻第三十三の「神道付法状《ふほうじょう》、天照大神・両部真言の大事」、および五十九の「伊勢の大事」に内宮と外宮の真言と和歌による意釈が出ており、その真言は右の宝鏡と同じである。編者の注記に、「この大事は弘法大師が天照大神の御託宣によって記されたものであると伝えられる。天竺の歌は梵字すなわち陀羅尼《だらに》、漢語は詩である。倭の国では、今の和歌がそれにあたる。はなはだ深秘密《じんひみつ》のことである」とある。その和歌による意釈は次のとおり。

「ア（そのかみの）、アー（うかりしことの）、アン（わすられて）、アク（あらうれしさの）、アーク（みにはなりけり）」（その上の憂かりしことの忘られてあら嬉しさの身にはなりけり）

「バン（もとよりも）、ウン（ひかりにさける）、タラク（はちすはの）、キリク（このみよりこそ）、アク（みにはなりけり）」（もとよりも光に咲ける蓮葉のこの身よりこそ実には成りけり）（三十三と五十九は若干の違いがある。右は三十三のものを引いた）

櫛田良洪氏は、この和歌による灌頂を「和歌灌頂」と命名し、だれが始めたものかはわからないが神道思想の発達とともに「和歌即真言・真言即和歌」の思想も生まれ、中世には和歌灌頂が成立していたとして（『続真言密教成立過程の研究』）、東寺の宝菩提院《ほうぼだいいん》に伝わる印信のひとつを紹介している。それは、

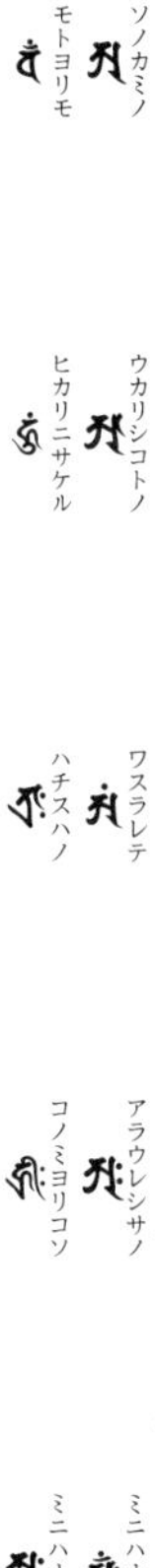
ソノカミノ
ウカリシコトノ
ワスラレテ
アラウレシサノ
ミニハナリケリ
モトヨリモ
ヒカリニサケル
ハチスハノ
コノミヨリコソ
ミニハナリケリ

という印信で、まさに御流のそれと同じものである。また櫛田氏は、同じく東寺宝菩提院に伝わる『和《わ》歌玉秘《かぎょくひ》伝抄《でんしょう》』という口決書《くけつしょ》を前掲書で紹介しているが、それによると、和歌の上の句と下の句は、天・地、陰・陽、金・胎の両部に相当し、上の句は胎蔵界、下の句は金剛界を表すという。また、五七五七七の五句は五行・五常・五仏・五智・五根であり、五句のそれぞれには次の意義が配当されている。

◎第一句……春……東方・阿閦仏……日神《にっしん》の法楽《ほうらく》（神前に和歌や連歌を奉納すること）
◎第二句……夏……南方・宝生仏……蛭児尊《ひるこのみこと》の法楽
◎第三句……秋……西方・無量寿仏……素戔嗚《すさのお》尊の法楽

◎第四句……土用……中央・大日如来……天照大神の法楽
◎第五句……冬……北方・不空成就……月神《がっしん》の法楽
◎和歌を構成する三十一文字＝三十一神
右の五句のうち、最も重要なのは、中尊の大日如来にあたる第四句で、空海が天照大神から授かったとされる二首では「あなうれしさの（ぞ）」と「このみよりこそ」の部分ということになる。

「第四句は中で土用で四句に亘《わた》って黄色円満《こうしょくえんまん》と云い、極句とも云うもので此《この》句こそ祝神祇歌であり、中央の歌とも云って、この句の弱き歌を悪歌となし、この句に一切神を入れて祝神祇歌を詠じて大日如来に廻向《えこう》すれば天照大神に法楽となって罪障を滅するものである」（櫛田前掲書）といった秘説が、中世、つくりあげられたのである。

十種神宝と輪宝の伝授

次に十種《とくさ》の神宝《かんだから》を授ける。

その次第は、まず鉢の印を授ける。師の口伝によっておこなうべし〈編者いわく、師資和合印である〉。明は、「オン・ビクリビクレイ・ソワカ・ア」。

ついで八葉印。同じく師伝によって結ぶこと〈このとき師伝によらずに印を結ぶと受者の身に災いがある〉。

次に輪宝《りんぽう》を授ける。（授与の際に）両足にはさむ〈編者いわく、師は右足、弟子は左足（を出し、こ

の師資の両足で輪宝をはさむ〉〉。その上で右の印を組む〈印に口伝がある。師伝によっておこなうので
なければ解しがたい〉。

〈最後に大阿は受者にこう告げる〉

「想え、神仏は無二平等であって、一心に住す、と」

※この十種神宝と輪宝の伝授で、灌頂の主要部分は完了する。十種神宝とは、ニギハヤヒ尊が高天原から降臨する際、高皇産霊《たかみむすひの》神から授かったとされる十種類の宝のことである。御流の『八十通』印信中の「申首《しんしゅ》十種神宝」は、右とは一部異なった発音の真言「オン・ビ・キシャ・リ・ビ・キシャ・レ・ソワ・カ・（ア？）」を挙げ、オンは天瀛都鏡《あめのおきつかがみ》、ビは大辺都鏡《おおへつかがみ》、キシャは八握剣《やつかのつるぎ》、リは如意で生玉《いくたま》、ビは宝珠で死珠《まかるかえしのたま》、キシャは足玉《たるたま》、レは道反玉《ちがえしのたま》、ソワは蛇比礼《おろちのひれ》、カは蜂比礼《はちのひれ》、アは王冠で品々物比礼《くさぐさのもののひれ》（この最後の比礼の真言は記されていないので「次第」によって補った）としている。なお、「申首十種神宝」は、死者を蘇らせる力をもつとされる死珠について興味深い説を記しているので引いておく。

「死珠とは、この玉に禁五路《きんごろ》の印を用いて加持するのである。有雅《ゆうが》僧正の禁五路の大事には、人が死するときに魂が出る場所は、臍《へそ》の下、胸、肩、うなじ、房素《ぼうそ》とある。房素は笑眼所《しょうげんしょ》ともいう。親指の左の爪の白い肉のある部分のことである。右の五ヵ所から魂が抜け出るから、（それを防ぐために）この五路を禁ずる。そのゆえに、禁五路と名付けられたのである、と」

次に輪宝とは、円盤に刃を付けた転輪聖王の武器のチャクラのことで、いかなる敵も打ち破ることから煩悩を破断する呪宝《じゅほう》とし、仏教の標識（目印、象徴）のひとつとする。伝法灌頂には輪宝を受者が両

足ではさむ儀礼がある。仏の説法のことを「法輪を転じる（転法輪）」というところから、輪宝をはさんで受者が「無上法輪を転じる」意とされているが、この儀礼が神祇灌頂に取りこまれたのである。

このほか、受者は最後に独鈷を授かる。この独鈷はナギ・ナミ両尊が国生みに用いた天逆鉾《あめのさかほこ》であるとも、心御柱《しんのみはしら》であるとも説かれる。

以上で伝授すべきものはすべて伝授し終えた。阿闍梨は後供養などをおこない、受者に阿加水《あかのみず》（仏を供養する水）を飲ませ、神仏を拝礼して所定の儀礼をすませたあと、内陣を出て終了となるのである。

密教における灌頂では金剛界と胎蔵界の両部の大法《たいほう》を受者に授けるが、その順番により、初金後胎《しょこんごたい》と初胎後金に分かれる。金剛界の灌頂を先におこない、次に胎蔵界灌頂をおこなうのを初金後胎といい、逆を初胎後金というのだが、神祇灌頂もこの密教方式を踏襲しており、ここに訳出したのは密教灌頂でいう金剛界灌頂に当たる。この金剛界灌頂では愛染法を最初に修し、胎蔵界灌頂では十一面観音法を修する。そこで、本灌頂でも、まず最初に大阿が愛染法を修しているのである。

なお、先に御流の神祇灌頂と立川流の関連を述べたところで、立川流はとくに東密小野流と縁が深いこと、小野流でも三宝院流と深く関係しているということを述べたが、それは金胎の先後からもうかがうことができる。小野流は大別すると小野三流（安祥寺《あんじょうじ》流・勧修寺流・随心院《ずいしんいん》流）と醍醐三流（三宝院流・理性院《りしょういん》流・金剛王院《こんごうおういん》流）に分かれるが、小野三流は初胎後金、醍醐三流は初金後胎で灌頂をおこなうとされる。訳出した神祇灌頂は初金後胎で、問題の三宝院流を含む醍醐三流と同じ次第になっている。

この灌頂の由来が、次第の最後に以下のように記されている。

神祇灌頂の由来

右、一流の灌頂は「嵯峨《さが》天皇御灌頂次第」といい、(皇家《こうけ》より伝わった神聖な灌頂次第なので)御流《ごりゅう》というのである。しかるに弘法大師は、出雲国に御下向のとき、素戔嗚尊の神託により両部灌頂をご修行になられた。(嵯峨天皇より伝えられた)御流の神道(による灌頂)と、(大師の)両部神道(による灌頂)を合わせておこなうので、この灌頂を大師流とも呼ぶ。これが右一流の灌頂である。神託によっておこなわれたがゆえに、素戔嗚流ともいう。また、出雲流と呼ばれることもある。

出雲大社《いずものおおやしろ》ならびに日御崎《ひのみさき》では、この灌頂を留めおき、師資相い伝えていまに絶えない。ここに日御崎別当の明海上人が上洛のおり、この灌頂次第の不審な部分などについて源雅《げんが》僧正よりの質問を受けた。そこで朱付け[注釈・校正等]などして改めたものがこれである。右の次第はわが家の秘蔵のものではあるけれども、御懇望《ごこんもう》により、これを書写せしめ、相伝するものである。

万治三年[一六六〇]八月下旬

日御崎別当上人

阿闍梨覚公

※以上で『神祇灌頂私式次第』のほぼ全容を紹介した。ご覧のとおり、中世以来の習合神道によるオカルト説が網羅され、密教の灌頂に重ね合わせて秘伝化されている。次第そのものは、鎌倉時代の三輪灌頂と比べると相当に複雑化しているから、それよりあとの室町期以降に成立したものだろうが、中に含ま

れているもろもろの秘伝は、『秘教Ⅰ』で触れてきたとおり、伊勢神道が生まれた鎌倉時代からひそかに編み出され、修されていたものなので、これはその集大成とみてよいと思われる。

解説で述べたとおり、この神祇灌頂では吒枳尼《だきに》という天部が非常に重要な役割を帯びて再三登場してくる。中世における吒枳尼信仰の実体は、本巻に収めた『受法用心集』に詳しく述べられている。ぜひご参照願いたい。そのうえで、もう一度この『神祇灌頂私式次第』をお読みいただくなら、また違った世界が見えてくるものと思う。

第五章　『受法用心集』

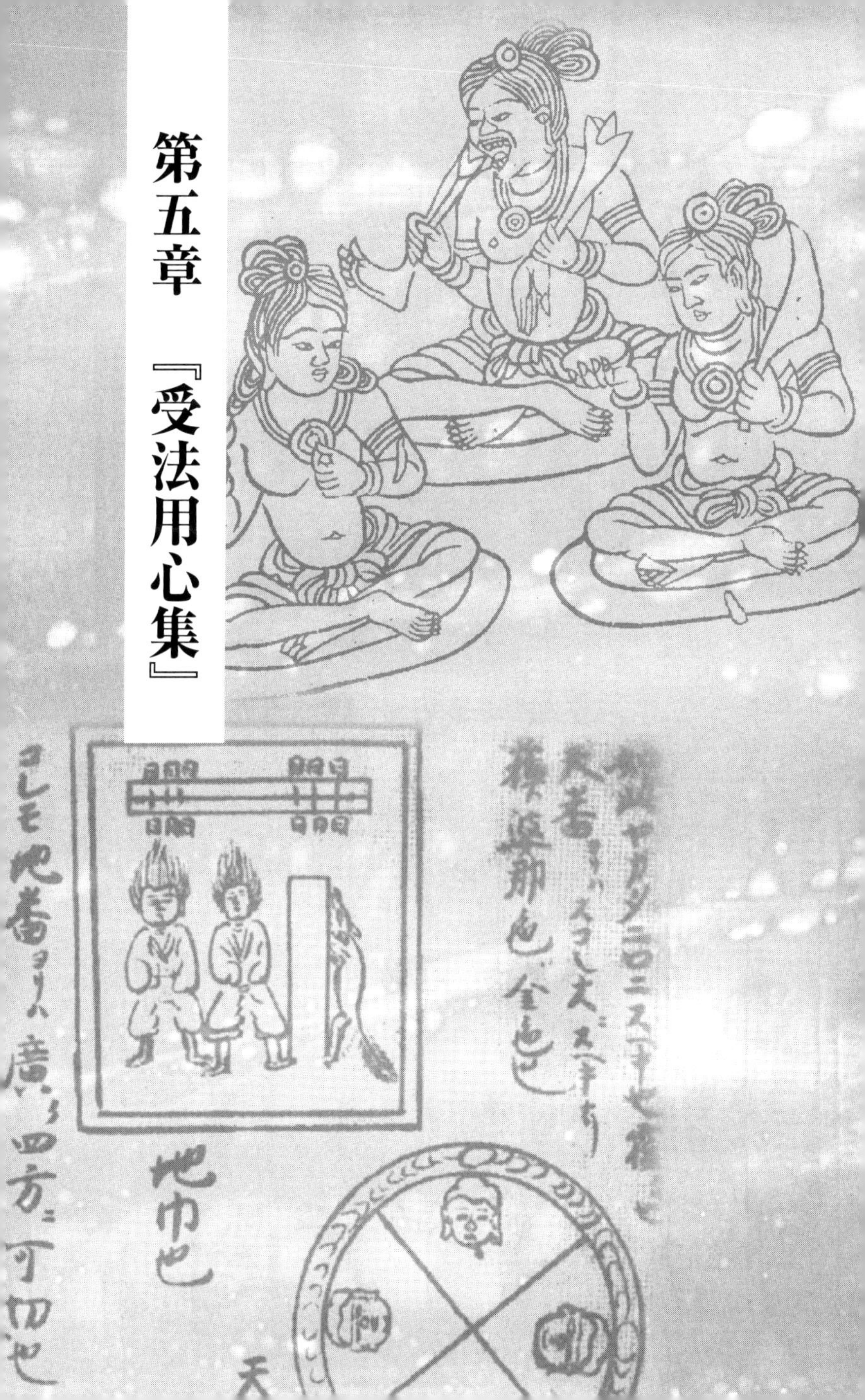

解　題

立川流弾劾の書として著名なものに宥快《ゆうかい》の『宝鏡抄《ほうきょうしょう》』（一四九九年）があるが、「内容的には宝鏡抄よりは遥かに立川流を知るには詳密なものであるし、又微に入り細に亙《わた》って邪流を論破」（守山聖真『立川邪教とその社会的背景の研究』）しているとされるのが、この『受法用心集《じゅほうようじんしゅう》』だ。著者は建保《けんぽう》三年（一二一五）、越前国生まれの真言宗の学匠の誓願房心定《せいがんぼうしんじょう》で、円福寺《えんぷくじ》心定上人と号した。十八歳で密門に入って以後の修学・修行の経歴は本文で心定自身が詳しく述懐している。

男女の性交による境地を即身成仏の至極とし、髑髏を本尊に仕立てて吒枳尼《だきに》を勧請《かんじょう》する吒枳尼天法を一派の究極の秘法とした立川流は、中央の京畿《けいき》よりもむしろ関東などの地方で猛威をふるったらしく、心定当時、幕府のあった鎌倉の金沢文庫には、いまも多数の立川流の印信《いんしん》が残されている。心定がおもに活動していたのは北陸のようだが、北陸も立川流を奉じる真言僧がさかんに活動していた地域で、「辺土田舎《へんどいなか》においては、真言師として通っている者の十人のうちの九人は、みなそろってこの女犯肉食《にょぼんにくじき》を密教の肝心《かんじん》だと信じこんでいる」と心定は記している。

立川流のうち、性愛に関する教相《きょうそう》部分は密教正典そのものに多数の文言《もんごん》があり、立川流を異端視する正統密教でも、この性の力を前提とする秘法はひそかに修されていた。したがって、この分野については掘り下げれば掘り下げるだけ新たな鉱脈が発掘されるのであり、実際、近年の中世研究は、史学方面でも説話文学方面でも、この分野にまつわる新たな知見を次々ともたらしてくれている。けれども立川流の事相《じそう》、とりわけ髑髏法については、いまだそのほとんどが闇の奥に隠されたままになっているのが実情であり、そんななか、中世におこなわれた立川流の髑髏法を最もあからさまに記した唯一の書が、この『受法用心集』なのである。守山聖真氏が本書を立川流を知るための「必読の書」としたゆえんである。

訳出にあたっては守山氏の校訂本（『立川邪教とその社会的背景の研究』）を用い、立川流と関係する肝心部分はすべて訳したが、一部、真言宗の意義や修行、戒律などに関する部分は略して概要のみを記した。段落としの※は訳者注である。なお、善通寺《ぜんつうじ》蔵の写本が新日本古典籍総合データベースで公開されている。

1、受法用心集　〈上巻〉

謎の「内の三部経」

問う。近ごろ世間に「内《うち》の三部《さんぶ》経《きょう》」と通称される、すばらしい功徳《くどく》のある経が出回っている。昔は東寺の長者《ちょうじゃ》や天台の座主《ざす》のほかには伝えられなかった経だそうだが、近ごろではいたるところに広まって、京でも田舎でも皆が手軽に手にしている。

その経文《きょうもん》には、「女犯は真言一宗の肝心、即身成仏の至極である。もし女犯を遠ざけようとする思いを起こすなら、成仏の道は遠ざかるであろう。肉食《にくじき》は諸仏や諸菩薩の秘められた内なる悟り、衆生を利益《りやく》するための方便の玄底《げんてい》である。もし肉食を嫌う心があれば、生死《しょうじ》を出る門（悟りのこと）に迷うであろう。そうであるから、浄と不浄を分け隔てすべきでない。女犯や肉食も嫌って遠ざけるべきではない。存在しているもののすべてはみな清浄《しょうじょう》であり、すみやかに即身成仏をすべきである」といった趣旨のことが説かれているらしいではないか。

また、この経が説いているところの修法をおこなえば、本尊（吒枳尼天）がただちに現れ、過去・現在・未来の三世《さんぜ》のことを行者に明らかに語り示し、福と智を与え、官爵《かんしゃく》を授けてくださるので、この法の行者は現身《うつしみ》のまま、まるで神通力《じんづうりき》を得たかのようになる。智恵も弁舌の才もともに備わり、福徳も思いのままである。そうであるから、昔の大師や先徳が示した世に類いもまれな験徳《げんとく》、飛ぶ鳥を落としたり、流れる水を逆方向に流れさせたり、死んだ者を生き返らせたり、貧者を富ませたりといったことどもは、ひとえにこの法を修得した結果の験徳だという話になっているが、どんなわけでこのようなことがいわれるのだろうか。

答える。「内の三部経」のことは、小僧《しょうそう》が身をもって体験したことで、ことこまかに知っている。

どういうことか、その次第を人々に告げ示し、邪をひるがえして正道《しょうどう》に立ち帰らせたいと思う。

まずこの小僧が一期《いちご》の間に積んできた真言修行の功能を挙げ、ならびに多くの明師《みょうし》の教えに従って、何が正で何が邪かを明らかにしたあとで、この邪法には誤りがあるということを証明することにしよう。

心定、密教修行の遍歴

この小僧がまだ少年だった昔から老年の今にいたるまで、密教修行のために骨を折ってきたことは、たとえれば万里の嶮難《けんなん》を越え、千尋の蒼海《そうかい》を渡ってきたようなものだ。

まず十八歳から二十一歳までは、蓮徳大徳《れんとくだいとく》について諸々の天部等の法を受けること二十八尊。そのうち、吒枳尼天・毘沙門天・十二神・天刑星《てんぎょうしょう》の四尊はとくに厚く学んで秘訣を相伝し、大小の口伝《くでん》集六十四帖を書写し終えた。また、二十一歳のときだから嘉禎《かてい》元年（一二三五）ごろのことだが、英《えい》豪《ごう》阿闍梨について十八道の契印《げいいん》を授かって加行《けぎょう》をおこない、満行して許可《こか》灌頂《かんじょう》の受職《じゅしき》（伝法）をいただき、二十五歳の延応《えんおう》元年（一二三九）夏のころには、越中国の細野の阿聖《あしょう》阿闍梨に秘密瑜祇等《ひみつゆぎとう》流《る》法身三種《ほっしんさんしゅ》の灌頂を受け、立川の流派の秘書をことごとく書写した。二十八歳の仁治《にんじ》三年（一二四二）には道源《どうげん》大徳のもとで中院一流《ちゅういんいちりゅう》の法を相伝し、また先のものとは別流の瑜祇三重《さんじゅう》灌頂を受けて、密教の実践面と教学面双方の秘旨《ひし》を聴聞した。

そうして三十六歳の年、建長《けんちょう》二年（一二五〇）夏のころだが、小僧の庵室に越前国赤坂の新善光《しんぜんこう》寺《じ》の弘阿弥陀仏《こうあみだぶつ》という僧がやってきた。しばらく寺に宿住し、毎日あちこちを巡礼したり、名のある阿闍梨のもとをおとずれて修行の作法《さほう》を見学しては、そのありさまを小僧と語りあうなどしていたが、その後、『菩提心論《ぼだいしんろん》』（不空《ふくう》訳・金剛頂《こんごうちょう》瑜《ゆ》祇《ぎ》中《ちゅう》発《ほつ》阿《あ》耨《のく》多《た》羅《ら》三藐《さんみゃく》三《さん》菩提心論《ぼだいしんろん》、密教必習の要書）について話をうかがいたいと求めてきた。そこで四、五日を『菩提心論』の講説に費やし、勝《しょう》義《ぎ》行願《ぎょうがん》の大旨を授け終えたところで、弘阿弥陀仏は庵室から出ていった。

その後、小僧が何かのついでに新善光寺に詣でたとき、弘阿弥陀仏がぜひとも自分の庵室にも立ち寄ってくれと再三いってきた。そこでたずねてみると、経机の上に大きな袋が置かれていた。弘阿弥陀仏が開いて中から巻物を取り出したが、その数は百余巻にも及んだ。小僧が巻物を開いて見てみると、中身のほとんどは越中国に流布する立川流の折紙《おりがみ》（秘訣を書き付けた伝授文書《もんじょ》）であった。

その中に、かの「内三部経」や「菊蘭《きくらん》の口伝」七、八巻もまじっていた。それらを見るのは初めてだったので珍しく思い、巻物類を借りて宿に持ち帰り、すべて書き写した。ただ、これらの書に記されている内容は詳しいものではなかったため、それだけで立川流の何たるかを明らかに知ることはできなかったが、建長三年（一二五一）、三十七歳のときに京都に上ったおり、五条の坊門《ぼうもん》の地蔵堂で、かの法（立川流）の行者とたまたま行き合うことがあり、その経書や秘伝を写し取ることができた。くわしくは後に記すことにする。

また、三十九歳、建長五年（一二五三）の春、高野山の玄覚《げんかく》阿闍梨について教相の秘書などを相伝し、正智院《しょうちいん》一流の口決《くけつ》も随分と隔心《かくしん》なく授かることができた。その後、建長七年（一二五五）、四十一歳のときには、醍醐寺金剛王院《こんごうおういん》にこの人ありと聞こえた大僧正実賢《じつけん》（一一七六〜一二四九年）の附法《ふほう》の弟子の随一、賀茂の空観《くうがん》上人（空観は字《あざな》で名は如実《にょじつ》、生没年不明、加茂流祖）の門に入り、まず真言一宗の教学の肝心かなめのところを学び、あわせて十八道加行、金胎両部の曼陀羅の修法、護摩などを修行すること七年に及んだ。

そうして弘長《こうちょう》元年（一二六一）春のころには、ついに修法壇に入りたいという素懐《そかい》を遂げ、醍醐金剛王院流の大法《たいほう》・秘法百余尊を授かり、『瑜祇経』『理趣経《りしゅきょう》』についての秘口秘伝《ひくひでん》の口授《くじゅ》を受けて、念願の伝法灌頂を授かった。その間、あわせて十四年の功労であった。

そののち、この「内三部経」の根源を空観上人にたずねたが、上人はその名すら御存じない。空観上人は六人の智者について九流（九種の伝法血脈《けちみゃく》）の嗣法となった人で、醍醐寺に伝わる三宝院《さんぼういん》流・金剛王院流・理性院《りしょういん》流の醍醐三流は金剛王院の大僧正（実賢）から面受《めんじゅ》し、融源《ゆうげん》阿闍梨の伝法院《でんぽういん》流と慶円《きょうえん》上人の三輪《みわ》流は宝篋《ほうきょう》上人に受け、勧修寺《かじゅうじ》流は伯耆《ほうき》の顕良《けんりょう》阿闍梨に受け、壺坂《つぼさか》流は三輪の禅仁《ぜんじん》上人に受け、尊念僧都《そんねんそうず》の流は高野山の道範《どうはん》阿闍梨に受け、また蓮道《れんどう》上人に遇って小野流の大事を面授口決した。ところがいま、この九つの流派の密記法文《みっきほうもん》のなかには、立川流が根本経典としている経名などは皆無なのである。

小僧はまた、清水《きよみず》の唯心《ゆいしん》上人の附法の弟子と会って、広沢流のうちの保寿院《ほうじゅいん》の流派ではどうかと尋ね、花蔵院尊勝院《けぞういんそんしょういん》の流派、真乗院《しんじょういん》の房円《ぼうえん》僧正や隆澄《りゅうちょう》僧正の流々などにも当たって、当世に明徳と聞こえた方々を随分と尋ね歩いたが、この法について知っている者はなかった。

このように、十八歳からはじめて五十四歳のいまに至るまでの三十七年間、小僧は密教の修学に専心して、一日たりとも空しく過ごした日はなかった。もしこの法が、真言宗に属するものなら、右に書きつらねてきた流々の明匠《みょうしょう》のうちの一人ぐらいは立川流について知っている人がいて当然だし、それら流々に伝わる秘書の中に、一文なりともこれについて触れた書があってしかるべきではないか（それがないのだから、これは正統の真言法であるわけはないのである）。

謎の僧から立川流の秘伝を授かる

さて、去る建長三年の春、小僧は京都五条坊門は地蔵堂の執行《しぎょう》・快賢《かいけん》阿闍梨について、即身成仏の義を聴聞する機会があった。この快賢阿闍梨は高野山の宿老で、真言宗の碩学《せきがく》であった。かの五条の宿所に日々参じて、阿闍梨の談義を聴聞すること三十余日。あるとき、小僧が阿闍梨の客人に遮られて地蔵堂の礼堂《らいどう》でしばらく待機していると、衣鉢《いはつ》を手にした一人の僧が堂にやってきた。私のほうから近寄ってあれこれ話をしているうちに、その僧が、「あなたのその草紙に書かれた文は何ですか」と尋ねてきた。

「(弘法大師の)『即身成仏義』です。このところ、この堂の執行のもとに参じて講義を聴いているのです」と答えると、客僧は、「即身成仏の至極の秘決は『内の三部経』に説き窮《きわ》められておりますよ。かの経を伝授せずして、どうして即身成仏の奥旨《おうし》をお知りになることができますか」と語った。そこで小僧が、その経の内容を細々と詳しく尋ねたところ、客僧は、「たやすく耳にできるようなものではありません。ただ、あなたは実に深い志をお持ちのようだから、私の宿所に尋ねておいでなさい。宿所は法性寺《ほっしょうじ》の一ツ橋のあたりです。そこで秘決をお授けいたしましょう」という。このような機会を先に延ばすことはいかにも口惜《くちお》しいことだと思ったから、ただちにかの僧について法性寺の宿所に行った。そうして一夜を費やしてあれこれ尋ねたが、こちらがもっともだと得心させられるような説明はなかった。

さらにその僧は、「この法を授かろうと思うなら、立川流の灌頂というものがあるのです。これを受けない者には、たやすく授けるわけにはいきません」といった。小僧は立川流の何たるかをどうしても知ろうと思っていたので、衷心から弟子の礼をとってこの灌頂を受け終わった。その後、かの僧はこの法の本経や秘口伝集を残るところなく私に授けた。またこのとき、相承《そうじょう》の血脈を見たところ、この僧は北山の顕密房《けんみつぼう》からこれを習い取ったことがわかった。

いま授かったところの経論等は五種ある。五種のうちの第一は三経一論で、この三経にまた三種がある。第一種は、『五臓皇帝経《ごぞうこうてい》』五巻、『妙阿字経《みょうあじ》』三巻、『真如実相経《しんにょじっそう》』二巻(割注=以上の三部経とも唐・一行《いちぎょう》訳という）の三経である。次に第二種は、『七甜滴変化自在陀羅尼経《しちてんてきへんげじざいだらに》』一巻、『有相無相《うそうむそう》究竟自在陀羅尼経《くっきょうじざいだらに》』一巻、『薬法式術経《やくほうしきじゅつ》』一巻（割注＝以上の三部経とも唐・不空訳という）の三経である。次に第三種は、『如意宝珠経《にょいほうじゅ》』一巻、『遍化経《へんげ》』一巻、『夢相実相経《むそうじっそう》』一巻（割注＝以上の三部経とも唐・不空《ふくう》訳という）の三経である。

次に三経一論の一論とは、『一心内成就論《いっしんないじょうじゅ》』一巻である。

五種のうちの第二は、『赤蓮華経《しゃくれんげ》』、『宝冠陀羅尼経《ほうかんだらに》』、『菊蘭童子経《きくらんどうじ》』、『権現納受経《ごんげんのうじゅ》』、『房内不動経《ぼうないふどう》』（房内は男女の閨《ねや》のこと）、『変成就《へんじょうじゅ》陀羅尼経』などの一類の秘密経典で、すべてをあわせると八十巻ある。これらはみな内三部経の部類である。

五種のうちの第三は、これらの経論について詳しく密義を明かした秘密口伝集百二十六巻。第四は経論に付属する灌頂印信、血脈、ならびに相伝の日記。そして第五は灌頂修行について記した私記三巻である。

小僧はこれら五種の伝授を受け終わってのち、まずまっさきに地蔵堂執行の快賢阿闍梨に、これらの経論を知っているかどうか尋ねたが、一本たりとも知っている経論はなかった。そこで小僧は、自分の閑室《かんしつ》の戸を閉じてこれらの法について沈思熟考してみたところ、経論・口伝集・血脈について種々の不審が、次々と競うように湧き起こってきた。そこでそれらの不審を伝授の師（である法性寺宿所の僧）に尋ねたが、ひとつとして疑問が解けたものはなかった。ただ、闇夜に自分の知らない道について論じているようなものであった。今、それらの不審等の一々を注釈も加えてとりまとめ、門弟の知識の備えともしておきたい。

経に関する不審

まず経については五つの不審がある。一に訳者の不審、二に文章の不審、三に現文の不審、四には諸録にこれらの経名が見えないという不審、五に、これはとくに重大な不審だが、弘法大師の『御《ご》請来目録《しょうらいもくろく》』に漏れているという不審である。

次に口伝集については三つの不審がある。一は天台の一の箱の不審、二は東寺の宝珠の不審、三は諸宗の大師先徳の密記の不審である。

次に血脈相承について二つの不審がある。一は、経の相承を伝えた血脈と、灌頂伝授の血脈と、この両者が相違しているという不審、二は、血脈にのるところの師弟が相違しているという不審である。

まず最初の経の不審について述べていく。

第一の訳者の不審とは、『五臓皇帝経』五巻、『妙阿字経』三巻、『真如実相経』二巻の以上十巻の経は一行阿闍梨の訳と注されている。しかし、一行が経・律・論の訳者である「三蔵」と称されたということは、聞いたことがない。およそ顕密諸経の中に、一行の訳はいまだ見たことはないのである。『貞元録《じょうげんろく》』の中に、わずかに見えているのは『最上乗《さいじょうじょう》菩提心戒《ぼだいしんかい》』および『心地秘訣《しんじひけつ》』一巻の「一行記」

という注記だが、これも訳者は善無畏《ぜんむい》三蔵である。一行はただの筆記者であって、注釈をほどこしただけなのである。それなのに、なんでこの三部経に至って一行訳と記してあるのか。奇妙なことである。

二に文章の不審とは、諸々の三蔵経は天竺から梵語で書かれた経が伝えられ、それを漢字の文に翻訳する際には、必ず内外のことに明達《めいたつ》した（博士らの）才人を（勅命によって）選び出して（翻訳チームに参加させ、訳文の）文章をととのえさせるものなのである。

いわゆる『大般若経』などは、欽・基・元・朗・嘉・道・神・窺《き》の八人の才人が選抜された。『六十華厳経』では法・業・恵・厳・恵・義などの英才が選ばれ、『八十華厳経』では波崙《はろん》等が筆受者とされ、『法華経』では謝霊運《しゃれいうん》が筆受者を命じられたなどがその例である。このほか、証義（訳者の左で梵文を考究する者）の人を置き、文章を綴る役割の担当者も置かれる。

諸経諸論は、みなこのように（大組織をかまえて翻訳）されるのであって、たとえ一巻の経とはいえ、たやすく翻訳するということはない。そのゆえに、実の経教は、その文々句々がみな金玉月花をつらねたようなみごとな文章になっている。ところがこの（立川流の）内の三部経一類八十余巻を見ると、文句は人を打つ力のない駄文であり、章句はとりとめもなくとり散らかっている。とても（学識の卓越した）三蔵の訳語とは思えないし、（文章に卓越した者の）筆とも思われない。善無畏や不空ら三蔵の訳経、また一行が記すところの注の文章と引き比べると、その相違は歴然であって、似たところなど少しもないのである。

三に、現文の不審とは、およそ真言宗の経典の習いには、必ず二つの差異がある。神呪《しんしゅ》（真言陀羅尼）の功能をほめたたえ、本尊の誓願を述べる部分は、だれにでもわかりやすいようにこれを説く。なぜかというと、衆生《しゅじょう》の信心を誘い起こして、すみやかに信仰に引き入れるようにするためである。『宝篋印陀羅尼経《ほうきょういん》』『随求経《ずいぐ》』などの経はこれである。けれども、真言の実修面（事相）を説き、法の秘事を述べる部分では、必ず文をかすめ、意味を隠し、あるいは乱脱を置く。これはみだりに経文を開き見て邪見に陥るようなことのないよう、師から正しい伝授を受けて理解に誤りのないようにするための処置にほかならない。『瑜祇経』や『理趣経』などの秘経がそれである。

『大日経疏《だいにちきょうしょ》』に以下のような問答がある。

問「仏は大悲を具えておられる。なんでそのまま真実の法を説きたまわずに衆生の心を迷わすようなことをなさるのか」

答「法を惜しんでそうしているのではない。世間の論師《ろんじ》はおのれの才覚に覚えがあるため、慢心になって師によらずにたやすく経を尋ね見て独修しようと考える。けれども、この法は微妙であり、道に通じた師によらずには、悟りを成就することはできない。みだりに行じてみずからを損じ、他人までも損じることを恐れるがゆえに、眼目の文を隠して自力では悟れないようにしているのである。（密教を学ぶ者は）その高慢を捨て、師について学ぶべきである。この師資《しし》の因縁を結べば、（独修によって生ずる）法を破る因縁は、生じることはない」

このように『大日経疏』が説いているにもかかわらず、この内三部経の部類は、どれもが（秘めるべき）事相を露骨に説いており、それを見たものならだれもが簡単に中身を知ることができるようになっている。これは真言経の常の説き方とは異なる。怪しむべきことである。

四に、諸録に漏れている不審とは、およそ唐朝から天竺にいたるまで、諸家の三蔵の経を将来したり他国に伝えることは、勝手気ままにおこなえるような安直なものではない。唐朝からは勅命によって日本に渡されるのであり、天竺からの場合も同じである。両朝の帝室で経論の将来・訳経等のことがなされれば、必ず王庫《おうこ》の目録に記録されるのが慣例である。もちろん、唐朝の記録から漏れていまだ記載のない経論もないではないが、漢家《かんけ》でも日本でもさかんにとりあげられ、三国伝灯の祖師三蔵の諸経典中にも用いられ、仏の真説と認められているもの、あるいは高僧の製作にかかる章疏《しょうしょ》などにその経や論の文章が引用され、あるいは八家《はっけ》将来の目録にも載っているような経論は、真実の経として疑うべきところはない。

ところが内三部経等にいたっては、諸家の論疏などにその名目が引き載せられたこともない。また、中国の貞元《じょうげん》や開元《かいげん》に製せられた諸経の目録にも、八家将来の目録にも記載がない。一として信受すべきよすがとなるようなものがないのである。

五に、わけても重要な弘法大師の『御請来目録』に漏れているという不審だが、いまこの『三経《さんきょう》一論相承血脈《いちろんそうじょうけちみゃく》の記』には、「弘法大師、この経を日本に渡し給へども伝ふべき器量なきによりて御《お》頸《くび》にかけて入定《にゅうじょう》し給ひしを、観賢《かんげん》僧正、御髪《おぐし》に参りて（空海の廟に詣でて死後も伸びつづけている入定大師の髪を剃ったということ）、これ（立川流経論書）を給はりて世に伝ふ」と述べられている。この記のいうとおりであるなら、三経一論はまさしくわが大師が日本に将来したものということになる。それなら何で大師の『御請来目録』に漏れるわけがあろうか。とんでもない食い違いである。また、在世の弟子たちにその器量がないから授けられなかったということも、ひどく道理にそむいた話である。

大師がまだご存命のときの弟子は数々いらっしゃるが、そのうち灌頂を許した弟子は十人。その十人はみな智《ち》行《ぎょう》高徳の大人《たいにん》である。中でも実慧《じちえ》と真雅《しんが》の二人のお弟子については、大師は特別にほめたたえておられた。だから、大師の遺言である『御遺告《ごゆいごう》』には、「わが道の興ることは、専ら実慧大徳の信力《しんりき》なり。人師の国宝、あにこの大徳にまされるあらんや。もし実慧不幸の後は真雅法師をもてすべし」と述べられている。また、「われ初めは一百歳におよぶまで世に住して法をまもりたてまつらむと思いき。しかれども、諸《もろもろ》の弟子等をたのむ故に、いそいで世をそむく」とも述べられているほどである。

※**実慧**（七八六～八四七）　大師の高弟で東寺の二代の長者。大師の命を受けて高野山を開き、また大師の遺志を受け継いで東寺に灌頂院を創建した。晩年、河内国の檜尾山法禅寺《ひのおさんほうぜんじ》に隠棲したので檜尾僧都ともいう。

※真雅（八〇一～七九）空海の弟。空海から大和興福寺・東大寺真言院・東大寺経蔵を託されている。東寺長者、貞観寺《じょうがんじ》座主（貞観寺開基）。

弟子の器量に鑑《かんが》みると、自分に劣ることはなく、密教の法灯を守っていくことができるだろうとお考えになったからこそ、大師は一百歳まで生きるつもりだったところを四十年も予定を縮めて、法《ほっ》体《たい》（現世に残した空海の遺骸）を高野山の樹下に隠して永く入定《にゅうじょう》の扉を閉じ、その心識（霊魂）は（弥勒菩薩のおわする）兜率天《とそつてん》の雲の上に遊ばしめて、はやくに内なる悟りの世界の蓮台《れんだい》にお帰りになられたのである。

そうであるのに、実慧や真雅の器量でもまだ不足だと忌避されて、三経一論の付属《ふしょく》をおこなわなかったなどということは、まったくもって信ぜられるわけがない。また、かりにきわめて徳の高かった在世の弟子たちですら器量に耐えないということで相伝を惜しまれたというのなら、それからはるかに時代が下り、八十余年も経ったあとの五代の孫弟である観賢《かんげん》僧正にそれら（立川流経論書）をお授けになったということも、ありうることとは思われないのである。

※観賢（八五三～九二五）聖宝《しょうぼう》に見いだされて仏門に入り、空海の弟の真雅に師事して出家した。伝法灌頂の師は聖宝。東寺長者、醍醐寺座主、高野山座主を歴任したこの時代を代表する大阿闍梨。空海に対する信仰はきわめて篤く、大師の御影供《みえく》は観賢が修して恒例となった。また、空海の諡号《しごう》を朝廷からたまわるべく尽力し、延喜《えんぎ》二十一年（九二一）十月、ついに醍醐天皇から「弘法大師」の号が下賜《かし》され

ている。その報告と、このとき朝廷から賜った御衣《みそ》を空海に着せるべく、同年十一月、観賢とその弟子らが空海の眠る入定窟《にゅうじょうくつ》に入っており、それにまつわる種々の伝説がつくられた。立川流の伝説は先に出ているが、それ以外のものについても以下の本文で語られている。

小僧に（立川流を）伝授した師にこの不審を問い質したところ、「観賢僧正が正式に大師から法を授かったと記録されているわけではない。僧正が大師の御髪を剃られたとき、その御頸に下げられた経典が目についたので、（拝領いたしますと）申し上げて、（三経一論を手に）御廟を出られたと、記録には述べられているのだ」との答えが返ってきた。もしそうであるなら、観賢僧正は大師のお許しもないのに、勝手に取ってこられたということになる。この解釈に至ってはさらに信じがたい。

弘法大師というお方は、われわれの眼前に、仮に人として出現された大聖遍照尊《たいしょうへんじょうそん》（大日如来）の応現である。ゆえに利益を一天にほどこしたまうことは、如来の出世《しゅっせ》に異ならない。教法を授けるにあたっては、それが流布するか塞《ふさ》がるかの機に鑑み、仏の身相を示す場合でも、隠すか顕《あらわ》すかは人を見ておこなうのである。

すなわち、観賢僧正がお弟子の淳祐内供《しゅんにゅうないぐ》を伴って御廟に入られたとき、室内は霧が深くたちこめて大師を拝することができなかった。そこで僧正が涙を流して種々懺悔をなさったところ、大師と彼らを隔てていた霧がようやく晴れて、ついに入定の御体《ぎょたい》が顕れなさったのである。内供は（この神威《しんい》に驚き畏れて）なおも大師を拝礼することができなかった。それを見て哀れんだ観賢僧正が、内供の手を取って大師の御膝に触らせた。すると、まるで生きている者のようにその膝の温もりが伝わってきた。また、大師の膝に触れた手の香《かぐわ》しさは、沈香《じんこう》や麝香《じゃこう》をも超えており、一生の間、その不思議な香りが消えうせることがなかった。淳祐内供は、その手をもって石山宝蔵《いしやまほうぞう》の経巻をひもといていた。であればこそ、かの宝蔵の聖教《しょうぎょう》は、いまにいたるも虫が食わないと伝えられているのである。

このように大師への崇敬ひとかたならない観賢僧正なのだから、もし観賢がその器量でないのなら、どうして越三昧耶《おつさんまや》の罪（伝授を受けずに他に密教秘法を伝える罪）をも顧みずに、大師の御頸から経論を盗みとるような真似をしようか。先の解釈は、ますますもっておかしな説である。いよいよもって怪しみが深い。

『口伝集』の不審

次に、『口伝集』についての三つの不審について述べていこう。まず一の天台の一の箱の不審だが、立川流の文書中にこうある。

「（比叡山延暦寺の）根本中堂の薬師如来は、この法（立川流の法）によりて造立《ぞうりゅう》する所なり。また天台の一の箱はこの法の大事を納めたり」

これについてだが、件《くだん》の一の箱というのは天台座主の伝によるものであろう。では、どの座主の伝によってこの言を流布したのか。その名字もいわずにただ「天台の一の箱はこの法の大事を納めたり」といっても、信じ仰ぐことはできない。

小僧《しょうそう》に法を伝授した師は、私の難詰《なんきつ》に答えて、「いまこの口伝日記のなかに、尊意《そんい》や慈恵《じえ》などの本尊建立《こんりゅう》の口決が載せられている。これらはみな上古の天台座主である。疑うべきではない」と釈明した。しかし、この釈明はかえって不審を増すものである。ここに名の出た尊意や慈恵という人々は、いずれも大権現の垂迹《すいじゃく》であり、一世の導師ともいうべき高僧である。伝教大師《でんぎょう》（最澄）や慈覚大師の化導《けどう》を助けんがために、仮に三千世界の貫主《かんじゅ》となられたのである。そのような人達が、どうして祖師の遺戒《ゆいかい》を破って一の箱の秘事を漏らすことがありえようか。

そもそも件《くだん》の一の箱というものは、たとえ座主であっても、それが一生不犯《ふぼん》の人でないなら、たとえどれほど知行兼備の名徳であっても絶対に開き見てはならないものだと聞いている。したがって、深く女犯が忌避されているのは明らかである。しかるにこの法は、女犯を宗旨《しゅうし》として勧め、女犯こそが即身成仏の肝心だと唱えている。一の箱が、もし女犯を勧める法を説く法を納めているというのなら、どうして強く一生不犯を要求し、女犯の人を嫌うことがあろうか。

二に、東寺の宝珠の不審だが、かの『口伝集』は、「弘法大師の能作性《のうさしょう》の如意宝珠（いかなる願望も障礙《しょうげ》なしに生ぜしむる性質をもった宝珠、また仏舎利）とは、すなわちこの法の本尊（吒枳尼天）である」と述べている。これは大いなる妄語である。大師の『御遺告』には、「この宝珠は祖師大阿闍梨（恵果）の口決に任せて成り生《ま》せる珠である。密が中《うち》の密、深《じん》が中の深であるから、たやすく儀軌《ぎき》に記さず」

とある。また、「この法呂《ほろ》（如意宝珠法）は『大日経』の文である。けれども、密が中の密であるから、秘句を書きとどめて阿闍梨の心にしばらく秘しておく」とも述べられている。すでに最秘密であるがゆえに、経文（『大日経』）に書き留めず、また儀軌にも記さないとも（『御遺告』に）見えているのである。

※如意宝珠法は如意宝珠を本尊とする秘密修法で、東密の最極深秘《さいごくじんぴ》の法とされるが、典拠となる儀軌はなく、伝承によれば恵果以来の口決によって修されるという。三宝院流では釈迦の遺骨（仏舎利）を如意宝珠と観じる駄都《だと》法と同じとする。如意宝珠の実物は空海が恵果から相承して室生寺《むろうじ》に埋めたと伝承される。如意宝珠法および空海将来の仏舎利は、ともに東寺最大の秘物であり、東寺の長者が厳重に管理した。『口伝集』によれば、立川流はこの「密が中の密、深が中の深」の本尊・如意宝珠を、自流の本尊であるダキニと同一視したという。これは荒唐無稽の説のようではあるが、ダキニと如意宝珠には深い因縁がある。ダキニと同じ神である辰狐《しんこ》は如意輪観音の化現《けげん》で、如意宝珠をその体とするという説、また、辰狐の尾には密教法具の三鈷杵《さんこしょ》があり、その三鈷杵の上に如意宝珠が載せられているという説などが『溪嵐拾葉集《けいらんしゅうようしゅう》』に見えているからである。詳しくは『秘教Ⅰ』、および拙著『真言立川流の真実』参照。

『御遺告』はこのように述べているのに、いまこの内三部経に如意宝珠のことが説かれているというのは、（『大日経』にその名があるのみで修法の次第を記した儀軌は存在しないとする）『御遺告』の文とかけ離れている。また（立川流では）この内三部経は、授けるべき器量の弟子がいないがゆえに、世に伝えずに御廟に籠めたといっているのに、経の肝心の部分である宝珠の作法を、いかなる理由があって大師は『御遺告』には載せ、御弟子にはお授けにはならなかったのか。彼我の表記の矛盾は逃れるべくもない。

およそ『御遺告』のなかの如意宝珠の作法と、かの邪法の『口伝集』等のなかの如意宝珠法とは、大いに相違している。そうであるのに、なんであれもこれも同じものだというのであろうか。醍醐の味は、醍醐自体が牛乳の精からつくられるものだから、心が迷っていると、あるいは取り違える者もいるかもしれない。しかし、どんな狂惑愚迷《きょうわくぐまい》の眼《まなこ》だとはいっても、『御遺告』の文章に接したなら、どうしていまの邪法と混乱するようなことがあろうか。

そもそも、能作性の宝珠のことは、大師が（『御遺告』のなかで）あれほどまでに戒められたもので、「東寺の長者以外には、たやすくこのことを授けてはならない。もしこれを披露すれば密教の長久はなく、法滅の相にいたるであろう。その罪は十仏大日の御前《ごぜん》で百千劫《ひゃくせんごう》の時をかけて懺悔するとも消え難い」と見えているとおりなのである。

であればこそ、真言宗の人々は、灌頂の位（阿闍梨位）の成就者のほかは、まったくこの『御遺告』を開き見ることはない。また、その秘法は醍醐三宝院の一流ばかりに嫡々《ちゃくちゃく》相承して習い伝えてきたとはいっても、戒行《かいぎょう》は容易に備わりがたいということを顧み、あるいは冥界の神々の知見を恐れるがゆえに、（『御遺告』には如意宝珠の作り方が説かれてはいるけれども、）これを成り生《ま》せる秘密修法はおこなわないものと聞いている。またたとえ仮にこれを成生したとしても、戒行のできていない人の修法でつくりだしたものなら、効験《こうげん》などあろうはずはないのである。

それにとどまらず、つまらぬ邪人《じゃにん》の眼に触れさせ、さらには邪法の類《たぐい》と同一視するとは。いまが末法の世だから、このようなことが起こるのだ。末法の世を悲しむべし。

ああ、なんと哀しいことだ。ただたんにこの『御遺告』を披露するだけでも許しがたいことなのに、

※『受法用心集』の著者・誓願房心定は、立川流の『口伝集』にあるという如意宝珠法について詳しいことは何ひとつ書いていない。けれどもその批判の仕方から、それがダキニ天を本尊とした招福法であったことはまちがいない。如意宝珠は、行者の願いを意のままに満たし、成就する魔法の珠と信じられたものだが、ダキニの属性もそれとまったく同じであった（本書収載の『辰菩薩口伝』参照）。「吒天を真陀摩尼珠《まにじゅ》（如意宝珠のこと）と名づく。欲界の衆生は貪欲強盛《とんよくごうじょう》也。よって（吒天は）手に摩尼珠を持ち、万宝《ばんぽう》を雨《あめふら》せ、衆生に施し給う」（『渓嵐拾葉集』）神だからである。

右の文章で、心定は如意宝珠法が「醍醐三宝院の一流ばかりに嫡々相承」されてきたと書いている。とすれば、この如意宝珠法は先に補注で述べた「駄都法」のことで、仏舎利を如意宝珠と観じる修法を指す。ところで立川流には、「舎利灌頂」といって、舎利に関する秘義を受者に相伝する秘儀が存在した。そこでは、「二大とは釈迦の父である浄飯王《じょうぼんおう》と、母である摩耶夫人《まやぶにん》が和合するところの赤白二渧《しゃくびゃくにたい》から成った身骨である。これを釈迦の身骨と云う。この釈迦の身骨とは、すなわち自性身《じしょうしん》（真実不変の身体＝法身《ほっしん》）の身骨である、という口伝がある。この口伝の意義を悟るには、大日如来を観じるときに、自分の身骨は即ち大日の身骨であると観じて舎利法をおこなうのである。その行のことを舎利法というのである」（『舎利灌頂印信』）と述べられており、まさに三宝院流の駄都法から編み出された舎利法＝如意宝珠法のことが説かれている。これが立川流の舎利法であったと考えられる。

『大日経』では、衆生が本来そなえている清浄な菩提心は、仏舎利と同一の体性《たいしょう》（不変の実体）だと説かれている。そこで、東密の如意宝珠法では、おのれの浄菩提心と如意宝珠を融合一体化させ、この宇宙一切が如意宝珠の顕れであり働きであると観じるのであり、右の立川流印信が「大日如来を観じるときに、自分の身骨は即ち大日の身骨であると観じて舎利法をおこなう」というのも実は同じ意味なのだが、立川流の場合、身骨は男女の赤白二渧の和合の所生《しょせい》だから、つまるところ男女和合こそが即身成仏の奥義にほかならないと見なした。ここに心定の批判の根源がある。右の文章で、心定がくりかえし「戒行」の重要性を説いているのは、立川流が、正統教義とはまったく逆の〈女犯肯定＝戒行否定〉の立場に立つからである。なお、立川流で最も有名な髑髏を用いた吒枳尼《だきに》本尊については、本書の下巻で詳しく説かれている。それについては、該当部分で解説する。

第三に、諸家の大師先徳の修行についての不審を述べよう。

この法の『日記』には、「およそこの法を学んで本尊を造立するについては、師々の口伝がさまざまにある。泰澄《たいちょう》大師の口伝一巻、書写《しょしゃ》上人の口伝数巻、ないしは弘法大師、伝教大師、慈覚、智証、尊意、慈恵、恵亮《えりょう》、余慶などの先達の口伝・日記である」として、ことごとく注記している。

小僧がこのことを考えてみるに、密教がいかに天下に広まったとはいえ、それが本物の一宗の大事で、法の肝心だというものは、かつて世に出したことはない。それらは秘密として、ただ弟子の心の蔵に秘蔵している。この（立川流の）法も、もし密教においてまことに嫡々《ちゃくちゃく》相承《そうしょう》されてきたものであるなら、本寺の人々のだれもがともにこれを秘密としたに相違なく、披露したわけがない。たとえば伝法灌頂において受者に授ける印契《いんげい》・密語（真言）は、最も肝心の部分は（文によらず師の）口決によって授けるようなものである。秘密印や秘語を（文に書かれたものによって）知っている者はいるだろうが、肝心かなめの口決については、知る人は百人に一人もいるものではないのである。

※たとえば同じ名称の印でも、その指の組み方には多くのバリエーションがある。代表的な秘密印である大日如来の無所不至印《むしょふしいん》（『神祇灌頂私式次第』参照）がまさにその典型で、名称こそ同じだが組み方は口伝によって大いに異なっている。現代人は同じ名の印なら同じ組み方だと思うだろうが、そうではない。

秋山昌海氏が「密教の根本聖典である『大日経』や『大日経疏』には、無所不至印の説明がない。　無所不至印は、密教の師から弟子へと、代々語り伝えられていった相である。口伝が中心で、経典にも大日如来像にも示されなければ、時代とともにかたちが少しずつ変形してきても、やむをえない」と書いているとおりで、心定はこのことを指して「肝心の口決においてはまことしく知る人は百人に一人だにも有難し」と述べているのである。

この法が真実の秘法であるなら、このように（安直に）伝えられ、都でも田舎でも知らぬ人はないというほどに広まり、道俗の口の端に話題となってのぼるわけがない。また、東寺や天台の上古・近世の高僧たちのなかで、ただの一人としてこの法を行じたということを聞いたこともない。たとえどれほど厳重に秘蔵しようとも、千人中に一人でも行じた人がいるのなら、その噂が聞こえてくるにちがいない。また現在でも、この法を行ずる人がいるなら、その評判が聞こえてくるはずだ。どうして正流の真言師にかぎって、そうした振る舞いがあっても評判にならないということがありえようか。

この法を修行するやからは、自分の片むかはきのために（むかはきは向こう脛のことだが文意は不明）、昔から今にいたるまでの正しい道を行じている者、遁世した者、だれかれかまわず、それが一人前のように見える人ならだれについてでも、みなこの法を成就したおかげだということばかりを吹聴しているが、実際に尋ねて聞いてみると、それらはみな虚名である。

そうした現状から昔を振りかえってみれば、上古の先徳がこの法を行じていたという話も、おそらく同じであろう。『法華経』に「若実若不実《にゃくじつにゃくふじつ》（若しは実にもあれ若しは不実にもあれ）」と説かれている。実際にあったことではないであろうに、僧侶として非難されるべきおこないをしたと吹聴する罪は軽いものではない。ましてやんごとなき聖僧や聖人《しょうにん》たちに、でたらめで不善の虚名をかぶせるにいたっては、その罪は哀れというしかないのである。

血脈の不審

次に、立川流血脈についての不審について述べる。まず第一に、三経一論の相承と灌頂の相承が相違しているという不審である。経論の相承には、

◎大師―観賢―淳祐―寛空《かんぐう》

と名が列ねられているが、灌頂の血脈のほうは、

◎大師―実慧―益信《やくしん》―法皇《ほうおう》

となっている。灌頂というものは、経教の肝心を伝えるものである。両者の付法に違いがあってよいわけはない。また、大師は、その器量ではないという理由で在世の弟子に三経一論を伝えなかったとしているのに、それら経論の肝心かなめの秘義伝授である灌頂を（直弟子の）実慧にお授けになったということは、とても信じられることではない。

第二に、血脈に載るところの師資相承の不審とは、かの灌頂の血脈に、

◎大師―実慧―益信―法皇ないし覚性法親王《かくしょうほっしんのう》―心海法師

と記されていることである。広く諸記を調べてみたが、実慧と益信を師弟としている文書は、いまだ見たことがない。とりわけ不審なのは、実慧僧都が承和《じょうわ》十四年（八四七）の御入滅なのに、益信僧正は仁和《にんな》二年（八八六）に初めて灌頂職位《かんじょうしきい》（阿闍梨位）を受けたことである。その間に四十年の隔たりがある。直の面授など、ありうることとは思われない。

そのうえ、実慧が法を伝えたのは、ただ恵運《えうん》と真紹の両僧都のみである。そのほかにお弟子はなかった。益信を実慧のお弟子とすることは、いったいどの記に出ているのか。時代がかみあっていない。もって偽説と知るべきである。

また、覚性法親王のお弟子を心海法師としているが、これはいったいいかなる人なのか。法親王の付法のなかには、心海という名字はまったく存在していない。

※益信（八二七～九〇六）　法相宗《ほっそうしゅう》と密教を学び、のちに南池院《なんちいん》の源仁《げんにん》から伝法灌頂を受けて阿闍梨となっ

た。広沢流の祖と位置付けられる。実慧と無縁なのは心定の書いているとおりで、真言宗の血脈のうち、益信につらなる系譜は、実慧―真紹―宗叡《しゅうえい》―益信という相承で、受灌頂前に益信は宗叡について密教を学んでいる。

※覚性（一一二九〜六九）鳥羽天皇の第五皇子。仁和寺北院で出家し、久安《きゅうあん》三年（一一四七）、覚法《かくほう》親王から伝法灌頂を受ける。密教弘伝《こうでん》につとめ、日本仏教の総元締めである日本総法務《そうほうむ》の初代となった。

次に三経一論の相承血脈だが、そこでは、

◎大師―観賢―淳祐―寛空―寛朝《かんじょう》―雅慶《がけい》―済信《せいじん》―深覚《しんがく》―仁海《にんがい》―成尊《せいぞん》―信覚《しんがく》―範俊《はんじゅん》―覚法々親王―寛助―寛信《かんじん》―聖恵《しょうけい》法親王―厳信《ごんしん》

と相承の次第が列ねられている。この血脈の次第は、そのどこをとっても小野・広沢の本流の血脈と相違している。まず、淳祐と寛空の師弟説は、見たことがない。寛空は法皇のお弟子である。仁和寺から醍醐寺に渡り、観賢僧正に付いて受法なさったとは伝わっているが、淳祐に付いて受法灌頂したということは、どの流派の血脈にも見えない。なかんずく、寛空は淳祐とは同じ流派とはいいながら、不和の仲なのである。本寺の人々は、みなその詳しいわけを知っている。その二人に師弟の関係を結ぼうとしたら、そこにいさかいや不和が起こったはずである。

※淳祐（八九〇〜九五三）前出の観賢に師事して出家し、同僧正から伝法灌頂を受ける。生来、病弱で短《たん》軀跛脚《くはきゃく》だったため、醍醐寺座主を同門の一定《いちじょう》に譲って石山寺に隠退。醍醐天皇の命により観賢が空海

廟に詣でたときに随行して空海の膝に触れたが、そのときの香りが生涯消えなかったという有名なエピソードは、先に見たとおりである。多数の著述があり、多くの学徒が淳祐を慕って石山寺に集まったと伝えられる。聖宝―観賢―淳祐という小野流の血脈。

※寛空（八八四〜九七二）　宇多法皇から伝法灌頂を受け、東寺長者、金剛峰寺《こんごうぶじ》座主、仁和寺別当などを歴任。観賢が大師廟に詣でたときの随員の一人。益信―宇多法皇―寛空―寛朝という広沢流の血脈で、観賢にも付いてはいるが、密教行者としての血脈は広沢流と位置付けられている。

次に、雅慶僧正（九二六〜一〇一二）と済信僧正（九五四〜一〇三〇）の師弟関係のことだが、済信は寛朝大僧正のお弟子で、雅慶とは兄弟弟子である。両者が師弟だったという記録は見当たらない。また、深覚僧正と仁海僧正の師弟のことも虚説である。深覚は寛朝のお弟子で、右大臣・藤原師《ふじわらのもろ》輔《すけ》のご子息である。仁海のお弟子だった覚源宮《かくげんのみや》僧正が、当時、威勢の輝かしいかった深覚のお弟子になられたために、仁海は覚源と仲たがいなさった。だから仁海と深覚にいささかいがあって不仲であったことは明らかである。その両者が師弟であったという証拠はない。

※寛朝（九一六〜九九八）　仁和寺において寛空から伝法灌頂を受ける。花山《かざん》天皇の勅命で遍照寺を開創したが、それが広沢池のほとりだったことから、この益信―宇多法皇―寛空―寛朝の系譜が、のちに広沢流と呼ばれることになった。修法において生身《じょうじん》の降三世《ごうさんぜ》明王《みょうおう》が顕現したなどの法験《ほうげん》が伝えられる。宇多天皇の孫で東寺長者。広沢流の嗣法《しほう》の弟子は済信。

※深覚（九五五～一〇四三）池上寺《いけがみでら》の寛忠（九〇三～七七）のもとで出家し、のちに右の寛朝に伝法灌頂を受け、東大寺別当、勧修寺長吏《ちょうり》、東寺長者などを歴任。法験に卓越し、勧修・勝算《しょうざん》とともに「瑜祇三傑」と称えられた。淳祐―寛忠―深覚―深観とつづく小野流の一派の随心院流・石山流の血脈。

※覚源（一〇〇〇～一〇六五）花山天皇の第四子なので宮僧正ともいう。一〇二二年に仁海を師の阿闍梨として伝法灌頂を受けたが、一〇三三年に深覚から広沢流の印可《いんが》も受けている。東寺長者、東大寺別当。

※仁海（九五一～一〇四六）卓越した法験によりたびたび修法によって雨を降らせたので「雨僧正」の異名がある。東密の二大流派である小野流と広沢流のうち、小野流の祖はこの仁海とされる。醍醐寺で元杲《げんごう》から伝法灌頂を受けてその正嫡《せいちゃく》となり、のちに山科小野に曼陀羅寺（随心院）を建てて一流を開いた。小野流の名はこの地名に由来する。事相に関する膨大な著述を残しており、当時の密教界では広沢の寛朝と並ぶ双璧。聖宝―観賢―淳祐―仁海―成尊―勝覚と相承し、この勝覚が醍醐三宝院を開いて立川流の淵源となった。勝覚の弟の仁寛《にんかん》が、伝説上の立川流祖とされる。

また、成尊僧都と信覚僧正が師弟だということ、信覚と範俊僧正が師弟だということ、寛助大僧正（一〇五二～一一二五）と寛信法務が師弟だということも、すべてそれぞれの流派の血脈には見えていない。

さらに、覚法々親王と聖恵法親王は、ともに寛助のお弟子である。覚法と聖恵のお弟子の血脈のことも、いまだ聞いたことがない。とくに寛助は覚法の師匠であるのに、それを逆さまに記載しているのは、いったいどういうわけであろうか。また、聖恵のお弟子の厳信というのは、いったい何者なのか。このような僧は（東密の）血脈には見当たらない。

※**成尊**（一〇一二〜七四）　仁海のもとで出家。仁海は成尊の才を高く評価して大阿闍梨位に据え、八祖伝来の舎利宝珠を与えて小野曼陀羅寺を継がしめた。そこで小野僧都ともいう。後三条天皇のために呪咀の愛染法《あいぜんほう》を修した（『秘教Ⅰ』二五一ページ参照）のはこの成尊。

※**範俊**（一〇三八〜一一一二）　成尊の二大弟子が範俊と義範で、互いに験を競いあって呪術合戦をおこなったことは有名。すなわち、成尊寂後《じゃくご》、神泉苑《しんせんえん》で範俊が祈雨《きう》の法を修したところ、義範は醍醐山で大仏頂法を修して妨害し、ために降雨の験が現れなかった。そこで範俊は那智山に籠もって一千日の愛染法を始修したが、そのさなか白河天皇が病となったので呼びもどされ、愛染法で平癒せしめた。これにより祈雨修法失敗の汚名を雪《そそ》ぎ、仁海―成尊と継承された小野曼陀羅寺の三世となった。醍醐三宝院を開いた勝覚の師。

※**覚法**（一〇九一〜一一五三）・**聖恵**（一〇九四〜一一三七）　ともに白河天皇の子で覚法が第四皇子、聖恵は第五皇子。覚法は一一〇八年、聖恵は一一一二年に寛助から伝法灌頂を受けて阿闍梨位についている。密教僧として多くの業績を残したのは兄の覚法のほうで、右に述べた範俊からも小野流の秘奥を受けている。仁和寺御流《ごりゅう》の祖。

およそ真言宗では、相伝をとくに第一の重用事としているから、血脈相承を拠《よ》るべき宗《むね》として正し、明らかにし、そのうえで灌頂を受ける際には、代々の阿闍梨はみな、その師から印信を授かってきたのである。このことだけでも、血脈相承というものが、確かな根拠のあるものだということの証しである。ところがこの（立川流の）血脈相承のありさまは、その一々が諸流の血脈に背《そむ》いている。ただのひとつとして拠るべき根拠のあるものがない。したがって、この経や法は、真言宗から出たものでないことは明らかである。

小僧は、この法を受けて以後、都と田舎を問わず、出家と俗人、男と女を問わず、この法を弄《ろう》している人や、この法を知っているという人と対面するごとに、これまで述べてきた不審について質問した。しかし、明らかに答え得た者は一人もいなかった。そこで私は、ますます不審の念が強くなり、この法の根源を本流の人に尋ねようと考えて、仁和寺や醍醐寺から始めて京全域から白川《しらかわ》・東山・西山にいたるまで、正流の高い位についている聖人たちを尋ねまわった。それは先に記したとおりである。しかし、聖人たちの間でもこの法を知っているという人は一人もおらず、それはこういうものだと明らかに答えた人も皆無であった。

どのような秘法や秘訣も、たとえばその身が卑しく、器量も及ばない者であれば、伝授付法にまではこぎつけない。とはいえ、衆人が尊び仰ぐような秘法や秘訣なら、その名称くらいは耳にするものである。それなのに、なんでこの法だけは、本流の人々がそろいもそろってその名称すら知らないのか。また、田舎辺土の無知な雑人《ぞうにん》の間でのみ、この法が仰がれ信仰されているのか。これは実に玉《ぎょく》に似てはいるが何の価値もない燕石《えんせき》が玉に入りまじって玉の価値を乱したり、無価値な魚の腹中の珠が、究極の宝珠である如意宝珠と価値を争うことと何ら変わりがないではないか。

※以下、さらに血脈についての不審がつづくが、煩瑣であり主張の重複もあるので略す。
推測するに、狂惑のやからが思い思いに血脈を注釈したり、寄せ集めてつくったがために、このように首尾のそろわないことになったにちがいない。

ある伝書が伝える吒枳尼天法の作法

問う。この法は真言密教の中にかつてなかった法で、すべては狂惑の人がでたらめにつくりだしたものと思ってよいのか。

答える。そのことについて、本寺の智識ある僧らにお尋ねしたところ、ある人が次のように返答した。

「（真言密教には吒枳尼《だきに》の法があるが、その）吒枳尼の法についての讃岐守高太夫《さぬきのかみたかだゆう》の伝書のなかに、この法に関する作法が述べられている。その伝書は、こういっている。

――吒枳尼は閻魔天の眷属のなかの小夜叉神《しょうやしゃじん》である。一切の生類《しょうるい》の肉をもって、おのれの食物としている。なかでも、吒枳尼が偏愛する食べものがある。人身の頂の頭蓋骨の十字のところに、六粒のあまつひ（天津霊）がある。これを人黄《じんおう》と呼ぶ。人黄とは人の魂魄《こんぱく》である。あるいは出入りの息となって人の命を保ち、あるいは懐妊の種となり、（母胎に）下って人身をつくる。この人黄をもって、吒枳尼は最上の美食としているのである。閻魔大王は全世界の衆生の寿命を確実に支配するために、いよいよ定命《じょうみょう》の年限がくる衆生のもとに使者である吒枳尼を放ち送る。吒枳尼はかの人の身にとりつき、頭の先からあなうら（肛門）にいたるまで、六ヵ月間ねぶりつづける。そうしてすべてをねぶりとり、いよいよ最期という時になると、ついにその人の息を飲み、血を吸って命を奪いとるのである。

もし人が定められた寿命を転じて延命したいと願うなら、不動法を行ずることである。同法本尊の不動明王は悪魔降伏《ごうぶく》を誓願となさっているから、かの小夜叉神を降伏し、退けて、寿命を延ばしてくださる。これを不動の能延《のうえん》六月《むつき》の法と呼ぶ。

こうした理由から、吒枳尼の行者はこの天の好む魚鳥の肉類や、人身の黄燕《こうえん》を用いて常に吒枳尼を供養するが、そうすればこの本尊は歓喜《かんぎ》して供養物を受け取り、行者の所望を成就してやること、まことに速やかなのである。また、人の頭蓋骨や狐の頭蓋骨などを（本尊として）壇上に安置し、これら種々の供物《くもつ》を捧げて吒天法を行ずれば、吒枳尼は頭蓋骨の中に入住《にゅうじゅう》し、（頭蓋骨に生前宿っていた人間や狐の）三魂七魄を自分の使者として種々の神変《じんぺん》をあらわし、無数の法術をほどこすのである。

この吒枳尼天法を成就して種々の神験《しんげん》をほどこしたいと思う行者は、袈裟をかけたり、銅《かね》を鳴らしたり、剃りあげた比丘形《びくぎょう》の頭をあらわにしてはならない。袈裟には五尺の布を結んで隠すようにせよ。鳴り物には金属製のものは用いず、石磐を打つようにせよ。頭には烏帽子をかぶるべし。袈裟をかけ比丘の頭をあらわにして金を鳴らせば、諸仏・諸菩薩が（修法壇に）影向《ようごう》し、天神たちや地神たちが集まってこられるため、小夜叉神は遠くに逃げ去って（修法の）室内にやってこない。また、不浄の道場に来集した諸天善神が、行者が（吒枳尼を祭って）福田《ふくでん》（衆生のために福徳を生み出す田、すなわち道場）を汚すという過ちを犯していることをお責めになる。ゆえに、吒天法成就の功徳を授けず、吒枳尼ら冥界の鬼神らがお怒りになるからである」

この伝書のとおりであるなら、これはただの外道《げどう》の法であって、まったく内法《ないほう》（正統密教の法）ではない。また（右のような説は高太夫の伝書以外にもあり）、仏法経典では、髑髏には鬼類を従わせる効能があると述べている。だから諸々の明王や天部のなかには、髑髏を首飾りにしたり、手にぶらさげている者が多くあるし、『千手経《せんじゅきょう》』にも「鬼神を使役するためには髑髏杖を御手《みて》にすべし」と説かれているのである。

けれども、これらはどれもが飾り気のない髑髏そのままの白骨である。（立川流の髑髏本尊のように）種々の彩色などはまったく加えていない。ましてや、女犯・肉食を一宗の根本宗旨とし、汚穢不浄《おえふじょう》のことどもを行ずることについては、内法・外法《げほう》ともに拠典となるような経論儀軌は、かつて存在したためしはないのである。

ただし、人の求めるものはまちまちなので、のちにどれほど悲惨な結果が待ち受けていようとも、一時の福報でいいから感得したいと願う者は、吒枳尼の外法を信じ、高太夫ら先達の伝を誤らず、かつ仏法を穢すことなく正直にこれを修すれば、一時的な小さな成功は必ず得られるであろう。けれども、私が相伝した（立川流の）作法を見ると、ただたんに仏法の理《ことわり》に背いているというだけではなく、高太夫の伝書にさえ見えない邪行《じゃぎょう》がある（本書の下巻に出る本尊建立のための性交のこと）。その本経と称するものは、ことごとく『瑜祇経』『理趣経』の文を盗んで自説に援用したものだが、その教えのいきつくところには天地の隔たりがある。その教えは内法でもなく、外法ですらない。ただただ奈《な》利《り》（女の意味だが、ここでは女犯を指すか）の業《ごう》の報いなのである。大いにあわれむべきである。

※次に心定は、立川流の本経である『七甜滴変化自在陀羅尼経』が『理趣経』序段の文、および『瑜祇経』序品《じょほん》の文を盗用していること、また正旨を曲解していることを説く。『理趣経』や『瑜祇経』は万人《ばんにん》の内に仏性《ぶっしょう》が宿っているということを具体的な事象（性愛）になぞらえて象徴的に説いているのであって、その教えのように信じ修すれば、その身そのままで自在の楽が得られるというのが正旨であるのに、立川流では比喩的に用いられた性愛の功験《くげん》のほうにばかり目がいって、肝心の内なる仏性を開くための信《しん》修《しゅ》が忘れられていると指摘する。

以下、立川流が顕教《けんぎょう》の戒律にも密教の戒律にも反していること、その罪はきわめて重く、無間《むげん》地獄の業にも匹敵することなどを説き、現時の天変地異はかかる邪教が横行しているために起こっていると主張する。すなわち、「当世すでに妖星頻《しき》りに変を示し、疾疫《しつえき》普《あまね》く民をほろぼす。加之《しかのみならず》蒙古の異域、当朝の皇域《こういき》を軽んじ奉るに及べり。偏《ひとえ》にこれ加様《かよう》の邪法邪教天下に弘まりて顕密の正法《しょうぼう》威徳をうばはるるゆえか」と嘆き、正統密教の修行とはどのようなものか、その実際や意義などを詳説しているが、これら立川流とは直接関連しない部分は略して、上巻末尾の文を以下に訳す。

右に注記してきたところは、この小僧《しょうそう》が仏法の滅びることをかなしみ、多くの人の迷い転倒《てんどう》した信仰をあわれむがゆえに、心を尽くして真言宗の奥旨《おうし》をうかがい、本流の明匠たちに尋ねて不審を解きあかすことで、何が正で何が邪かを道俗男女に等しく知ってもらおうと考えたがゆえに、仮名書きの文でしたためたのである（この時代の僧の文書はすべて漢文で、仮名文は用いない）。

また田舎の常で、真言の修行をおこなうといっても、その規則はきわめて杜撰《ずさん》であり、本流の作法とは異なっている。そこで、この記をまとめるついでに修行の儀軌について書き付け、密教を学ぶ際に心得ておかねばならないことを示した。

ただしこれも、小僧の弟子に当たる出家者たちが邪流の教説に迷う心を（正道に）導き、同じく在家の檀那たちに真偽をわきまえさせるために記したものである。他の学識ある人々（を対象に文義を整え論を練ったものではないから、そ）の賢覧《けんらん》にあずかることなど、夢にも考えてはいない。

わけても、いまは邪法を信奉する者が国中に満ちて、その数が知れないほどだ。（それら邪法の持者が）この愚記を見ることがあれば、きっと罵詈雑言《ばりぞうごん》を浴びせ、誹謗するにちがいないが、この記によってもし一部でも世に利益することがあるのであれば、あとはどれほど誤った批判を浴びようとも、一切気にとめない所存である。

2、受法用心集　〈下巻〉

「内の三部経」へのさらなる批判

問う。いま、この内の三部経に説くところの法では、女犯肉食《にょぼんにくじき》を第一とするという話だが、それが事実ならいったいどのようにその法を実修するのか、その行儀について不審がある。どのような内容なのだろうか。

答える。これからそれを明らかに説いていこう。

本寺の正流《しょうりゅう》の人々は、だれもこの法のことはいわないが、辺土田舎においては、真言師として通っている者十人のうちの九人までは、みなそろってこの女犯肉食を密教の肝心だと信じこんでいる。そうした真言師のなかには、善人もいれば悪人もいる。生まれつき放逸で利を貪る心の強い輩《ともがら》は、この法こそが時流に乗るためにふさわしい法だという思いを抱き、一時的な情欲ばかりを優先して、かつて自分を出家に導いてくれた仏恩も忘れてしまうため、ただひたすらこの法を好んでおこなうのである。また、本性《ほんしょう》は善人で、正しく仏道をおこなっていこうという思いがあるはずの人でも、女犯肉食こそが密教の肝心だと聞いたがために、これを信仰して行《ぎょう》じてしまう者もいる。

これらの人々を教導し、邪宗を改めて正法にたちもどらせようとして、小僧《しょうそう》はまず上巻に邪宗の内容や不審点などを書き記して同朋に教示した。ところがこの集記《しゅうき》(上巻)が思いのほか広く流布し、多くの人々に読まれることとなって、さまざまな感想が聞こえてきた。

「この法は秘中の秘のものだから、法が露顕することを残念に思ってこの書を作ったのだ。この書は、本当は(弾劾ではなく)法を秘蔵しているのだ」という人もいた。また、「(著者は)この法を詳しく授かり習っていないから、その深い意味を知らない。だからこんな破文《はぶん》を作ったのだ」という人もいたという。これら上巻についての論評は勝手気ままで、自分としてはうんざりした気分ではあるが、いまこの邪法修行の威儀《いぎ》ならびに秘蔵の口伝《くでん》などのあらましを(下巻として)書き表そうと思う。そのわけは、小僧にはこんな法を秘蔵する気持ちなど毛頭ないこと、また(この法を詳しく授かり習っていないという批判に反論するために)、私が深く習い受けた邪法の宗旨を白日のもとにさらそうと考えたからである。

髑髏本尊建立の次第

まず、この邪法修行の作法とは、かの法の秘口伝にこう述べられている(以下、口伝の文)。

――この秘法を修行して大悉地《だいしっち》(完全な成就)を得ようと思うなら、本尊を建立《こんりゅう》すべきである。(ただし、本尊建立に必要な)女人《にょにん》の吉相《きっそう》については、いまここで注記することはできない。

※この女人とは、立川行者《たちかわぎょうじゃ》の性のパートナーのことである。彼女の役割はのちに説明される。吉相とは、この秘儀のパートナーにふさわしい種々の相のことだが、具体的にどのような相の女性が選ばれたかは不明。口伝があったものだろう。

本尊建立のための用材(御衣木《みそぎ》)とは髑髏《どくろ》である。髑髏を選ぶにあたっては、異なった十の種類がある。第一に智者の髑髏、第二に行者の髑髏、第三に国王の髑髏、第四に将軍の髑髏、第五に大臣の髑髏、第六に長者の髑髏、第七に父の髑髏、第八に母の髑髏、第九に千頂、第十に法界髑《ほっかいどく》である。

右の十種のうちの八種はあえて説明を要しない。第九の千頂とは、千人の髑髏の頂上の部分を採り集め、それを細かく粉砕して丸め(固め)て本尊として作りあげたものである。また第十の法界髑とは、重陽《ちょうよう》の節句の日に墓場に行って数多くの髑髏を一ヵ所に集め置き、毎日、その場で吒枳尼《だきに》の神呪《しんしゅ》を誦《じゅ》してそれら髑髏の山を加持《かじ》すると、下にあったはずなのに常に上のほうに上がってくるように見える髑髏があるから、その髑髏を取ってきて本尊とするのである。

あるいは霜がおりた朝に髑髏の山に行き、それだけ霜がおりていない髑髏を選べ。あるいは、髑髏の山のなかで、骨と骨との縫合線のない髑髏を選べ。この髑髏は最上である。右の十種のうちならどれでもよいから選び出して、本尊を建立するようにせよ。

本尊の建立法には三種の別がある。第一に大頭《だいず》、第二に小頭《しょうず》、第三に月輪形《がちりんぎょう》である。

《大頭》大頭を作るには、本髑髏をはたらかさずして（意味未詳）、顎を作り、舌を作り、歯を付ける。また、麦漆《むぎうるし》の木屎《こくそ》（漆に繊維くずや木粉を練りまぜたもの）で骨の合わせ目などを埋め、髑髏に生身《しょうじん》の肉が付いているように、どこにも醜いところがないよう下地を作りあげるようにせよ。

次にその上を良質の漆でよくよく塗り重ね、箱の中に安置せよ。そのうえで、事前に話し合って了解を得ていた吉相の女人と交会《こうえ》し、その和合水（精液と経血を合わせた液）を髑髏に塗ること百二十回、くりかえし塗り重ねよ。また、毎夜、子丑《ねうし》の時に反魂香《はんごんこう》を焚き、その薫《かおり》を髑髏にあてるようにせよ。そのとき反魂の真言を千回唱えるようにせよ。

このようにして数日をかけ、すべての工程が終了したら、髑髏のなかに種々《くさぐさ》の相応物《そうおうもつ》（護摩法で行者と本尊が感応しあうために火に投じるゴマやケシなどの種々の呪物《じゅもつ》、加持物）、ならびに秘密の符を書いて納めよ。

これらの支度が完全に調《ととの》ったら、髑髏の上に銀箔と金箔をおのおの三重に貼り重ねよ。その上に曼陀羅を書き、書き終えたら、さらに金銀の箔を押すようにせよ。ついでその上に、先と同じようにまた曼陀羅を書くようにせよ。このように、押し重ね、書き重ねることをくりかえすのだが、略分《りゃくぶん》でおこなうときは五重ないし六重、中分《ちゅうぶん》なら十三重、広分《こうぶん》なら百二十重である。

曼陀羅を書く際には、すべて男女冥合《みょうごう》の二滞《にたい》（和合水のこと）を用いるようにせよ。舌と唇には朱をさし、歯には銀箔を押し、眼は絵の具で良家の子弟のように美しく彩色するようにせよ。あるいは玉《ぎょく》を入れて義眼としてもよい。面貌にはおしろいを塗り、紅をつけて見目麗《みめうるわ》しい美女の顔のようにつくれ。あるいは童子《どうじ》の顔のようにつくれ。どの部分にも貧相がないようにし、ほほ笑みを浮かべた表情につくり、怒ったような表情にならないようにしなければならない。

こうして本尊を建立している間は、人が近寄らない場所に道場をかまえ、種々の美味や美酒を用意し、細工人《さいくにん》と行者と女人のほかは道場内に入れず、何の憂い心もなく楽しみ遊んで正月三カ日のように日々を祝い、そうした祝いの言葉やふるまいを決して絶やさないようにせよ。

すでに髑髏本尊を作り終えたら、それを壇上に据えて山海の珍物《ちんもつ》・魚鳥《ぎょちょう》兎鹿《とか》（の肉）を供物《くもつ》として供え、反魂香を焚き、子・丑・寅の三時に種々の本尊祭祀をおこなうのである。そうして卯の時にいたれば、本尊を七重の錦の袋に包み入れるようにせよ。

こうして袋に籠めてのちは、たやすく開くことなく、以後は夜は行者が抱いて肌であたため、昼は壇に据えて山海の珍物・魚鳥などの美物《びぶつ》を集め供えて、本尊供養をおこなうようにせよ。昼夜このことに専心し、余念のないようにしなければならない。

こうして本尊を供養すること七年を満了し、八年目にいたると、本尊は行者に悉地を与えてくれるであろう。最上の成就を果たした者には、この本尊は言葉を発して語りかけてくる（髑髏が口をきくということ）。過去・現在・未来の三世《さんぜ》のことを行者に告げ知らせてくれるがゆえに、その言葉を聞いてふるまえば、行者はあたかも神通《じんづう》を得た者のようになる。中程度の成就を果たした者に対しては、本尊は夢を通して一切のことを告げる。最も低い成就者の場合は、夢うつつのお告げというものはないが、一切の願い事は意のままに成就するであろう。

※右に述べられている髑髏法は、平安時代には先行する法がすでに存在していた。それについては『秘教Ⅰ』第五章1「如意宝珠と髑髏信仰」を参照。

《小頭》小頭とは、大頭が（大きくて）持ちにくいので、大頭の頂上部分を八分に切りとって面像とし（頭頂部の骨片を人面形《じんめんぎょう》に加工すること）、別に霊木《れいぼく》で頭蓋部分を作って面像と組み合わせて（金銀の）箔を押し、曼陀羅を書き、和合水を塗り、相応物と秘符を籠め、先の大頭と同じように面貌を飾った本尊のことである。これを昼夜首にかけて養い供養することも、先の大頭と同じである。

《月輪形》月輪形とは、大頭の頂上もしくは眉間の部分の骨を小頭と同じ要領で切りとり、大頭のなかの脳の袋をよく洗って干して月輪形（に整えた骨片？）の裏に麦漆で伏せて、その袋のなかに種々の相応物と秘符を籠めること、また箔を押して曼陀羅を書き、和合水を塗ること、みな従前と同じである。

※右の部分は具体的にどう処理するのか不明な点が多いが、かりに右のように訳した。原文は「月輪形とは大頭の頂上若《もしく》は眉間等を前の如く取りて大頭の中なる脳の袋をよく干しあらひて月輪形のうらにムキ漆にてふせて、その中に種々の相応物秘符をこむる事、又薄（箔）を押し曼陀羅を書き、和合水をぬる事皆前の如し」。脳の袋とは脳脊髄《せきずい》を保護している髄膜のことだろう。

次に月輪の表側に、行者が常に念じている本尊を絵の具で描くようにせよ。また裏側には朱をさせ。このように仕立て終わったら、女人の月水《げっすい》（経血）を用いて染めた絹で九条の袈裟をつくり、それに包むべし。九重の桶（未詳）のなかに入れ、七重の錦の袋に入れて、首にかけて念持《ねんじ》することは従前と同じである。

およそ最初に髑髏を手に入れる作法から、最後に本尊として建立し終えるまでには、種々の異論や種々の故実、口伝がある。いま書き記してきたものは、そのなかのわずかに百分の一ほどの概要にすぎない。以上がすなわちかの邪法の行者の行儀作法のあらましである。

髑髏本尊を用いる理由

問う。この本尊に必ず髑髏を用いるのはいかなる理由からか。

答える。衆生の身中《しんちゅう》には三魂七魄といって、十種《とくさ》の神心《かみごころ》がある。衆生が死すれば三魂は肉体を離れて六道に生をうけ、七魄はそのまま娑婆にとどまって、かつての住処である遺骸を守る鬼神となる。人が夢に（死者を）見たり、死霊《しりょう》憑きになるのは、みなこの七魄がなしていることなのである。

人がこの髑髏をとってよくよく養い祭れば、（かつてそこに住んでいた）七魄は喜び、行者の所望にしたがって煩悩の欲望にかなう福徳を与える。また、曼陀羅を書き秘符を籠めれば、曼陀羅と秘符の威力によって通力《つうりき》自在となる。このゆえに、種々の髑髏本尊を建立するのである。

問う。なぜ和合水を塗るのか。

答える。衆生がこの世に生まれ出るのは、父母の二渧が種だからである。そのゆえに、（行者と女人の）二渧を髑髏に塗ることで、髑髏に籠もっている七魄を生み出させるのである。それはたとえば、水に出会ってもろもろの種子が発芽するようなものである。

そもそも人身の三魂七魄というものは、もとから二渧のなかに備わっている。二渧が母の胎内でだんだんとかたまって肉となり、次第に人の体となるのにつれて、魂魄も同じく成長し、あるいは智恵ある賢者と生まれるのである。こうした原理がある以上、いま二渧を髑髏に塗れば、二渧の三魂と髑髏の七魄（この七魄は二渧中の七魄ではなく娑婆の遺骸に残った鬼神としての七魄のこと）が結合して、生身の本尊となるはずである。魂のことを「をたましい（雄魂）」といい、魄のことを「めたましい（雌魂）」という。陰陽が互いに応じ合わないと生身にはなりがたい。そこで、（髑髏中の）陰魄と（二渧中の）陽魂を応じ合わせて生身の本尊とするために、和合水を塗るのである。

こうした理由があるため、和合水を塗る間、行者は女人を妊娠させないよう注意を払わねばならない（妊娠すると二渧の三魂が胎児に入り、髑髏本尊のほうにまわらなくなると考えられたためだろう）。もし和合水を百二十回塗る間に妊娠しなかったなら、その後は数を定めず妊娠するまでを期限として塗ればよい。これはまさしく子種の和合水を塗ることで、三魂を髑髏の七魄と応じ合わせるためである。

本尊を建立し終わってのちは、常に行者が肌身に添えて、大切に温め育てるような気持ちをこめて養い、（本尊を放置して）冷やすようなことはしない。ちょうど鳥が卵を温め、（そのなかで雛が）成長するようなものである。

※建立した本尊に魚鳥等の肉などを供え、夜は抱いて寝るのは、そうすることで本尊に塗りこめられた二渧の三魂と、もとから髑髏に宿っている七魄の結合と成長を促進するためであることが、この一節からわかる。つまり髑髏本尊の建立法とは、一種の人造人間（鬼神）創造の秘儀、西欧でいうホムンクルスの錬金術的創造なのである。その創造法のひとつであるパラケルススの法によれば、まず男子の精液を錬金術師の蒸溜器のなかで四十日間密封する。すると精液はやがて腐敗し、動き始め、次第に人間の形に似たものが現れてくる。ただしこの段階では、透明でほとんど実体がないので、これを注意深く「人間の血」で養い、四十週間、「馬の胎内にひとしい一定の温度に保つ」。すると、人間と変わらない生きた子どもが生まれるという。錬金術における蒸溜器は、母胎のアナロジーにほかならない。立川流では、蒸留器の代わりに髑髏という母胎同様の〝空《うつ》ろ〟の容器を用いる。立川流の二渧と同じように、西欧錬金術でも精液と血を使う。このように、立川流の本尊建立法は、錬金術の思想と著しく似通っている。中国道教の錬丹術《れんたんじゅつ》も男女の性愛のアナロジーを駆使していることは研究者が詳しく論証しているとおりであって、立川流の発想は、おそらく人間の深層心理に根ざした汎世界的なものにちがいない。

髑髏本尊を七年という歳月を限って温め養い祭るのは、この本尊建立法がもとより吒枳尼の秘術だからである。吒枳尼は文殊の化身である。また、竜女の応迹身《おうじゃくしん》は吒枳尼と同体である。かの竜女は八歳にして真実の悟りを開いた。それと同じく、この本尊も竜女のひそみにならって八年目から効験を施すに相違ない。ゆえに八年を待つのである。

※右の一節は『法華経』「提婆達多品《だいばだったぽん》」の竜女成仏の説話を踏まえている。南海の娑竭羅《しゃかつら》竜王の娘は、文殊が竜宮で説いた『法華経』の教えを聞いて、わずか八歳で無上の悟りを開いた。しかし、その話を聞いた智積《ちしゃく》菩薩は、「釈迦如来でさえ成道《じょうどう》するまでに無量劫《むりょうこう》の時を修行に費やしたというのに、八歳の娘に悟りが開けるわけはない」と疑い、舎利弗《しゃりほつ》も「女の身は穢れ多く、神となることさえできないのに、まして仏の身を得ることも悟りを開くことも、できるわけがない」といって、竜女の成道を信じなかった。

そこで竜女がひとつの宝珠を釈迦如来にさしだすと、釈迦はただちにそれを受け取った。このとき竜女は、智積菩薩と舎利弗に「世尊は宝珠を速やかにお受けとりになったか、そうではなかったか」とたずねた。両者が「速やかだった」と答えると、竜女は「よくご覧なさい。私が仏となるのに、それほどの時間はかかりません」といって、ただちに男子に変じて仏の姿を顕し、無数の者を無上の悟りに導いた。

以上が竜女成仏のあらましである。竜女は竜宮の至宝である如意宝珠を釈迦に捧げているが、如意宝珠は吒枳尼のもつ至宝でもある。この如意宝珠との連関から竜女の応迹身は吒枳尼としたものだろうが、如意宝珠には仏舎利（釈迦の遺骨）の意味もあり、これこそが東寺の秘法であった。したがって、この竜女成仏の説話は、髑髏本尊が実は吒枳尼＝竜女の至宝である如意宝珠だという密意もこめられていると立川流では解釈したのである。さらに、この提婆達多品は、仏教の通念である差別的な女性観（女性は穢れ多く成仏できないとする観念）を否定しており、その点でも女性の力を成道の肝心とする立川流の理論を補強する側面をもつ。立川流の間でこの説話がどれほど活用されていたかは不明だが、インドにおける本来の密教においては、女性の本具《ほんぐ》する性的な力（シャクティ）は、まさに開悟の肝心と見なされた。ちなみに如意宝珠は、その形態から母なる子宮、豊饒なる子宮のシンボルともなる。さらに髑髏のシンボルと見なすこともできる。

髑髏本尊の奇異なる効験

問う。この法が成就してのち、本尊が生身となって行者と物語りするときには、どのような姿かたちで現れるのか。

答える。本尊それ自体は建立の髑髏のままで、姿をあらためるということはない。ただ、よくよく修行をすれば、七魄が七鬼《しちき》の女形《にょぎょう》に変現して見えるときもある。あるいは七匹の野干《やかん》（キツネ）の形を現ずるときもある（本巻所収の『辰菩薩口伝』以下を参照）。吒枳尼の法を七野干の法というわけはここにある。あるいはまた、七仏の形像《ぎょうぞう》を現して、光明を放ちながら説法することもある。そのときどきの機に応じて現れるといわれている。

問う。いまこの本尊が変現したところの七仏の形像というのは、真実の仏菩薩なのだろうか。

答える。そうではない。鬼神の所変《しょへん》なのだから、実の仏菩薩ではない。七仏が説くところの法も、仏の実説であるわけがない。狐や狸が仏に化けて仏教の法門を説くことと、何ら違いはないだろう。こうしたことは、過去に例がないわけではない。月氏国《げっしこく》（インド）や震旦国《しんたんこく》（中国）の外道道士らの門流では、この髑髏の法をさかんに弄《もてあそ》んで、術の験を人々に施している。日本に伝承された高太夫の伝といわれるものも、かの道士の末流にちがいない。

『西域記《さいいきき》』に、馬鳴《めみょう》（二世紀ごろのインドの論師《ろんじ》・詩人、『仏所行讃《ぶっしょぎょうさん》』等の著者）が帳《とばり》を掲げ上げると、鬼神が逃げ去って口を閉じたという話がある。

かつて天竺に一人の婆羅門がいた。名を鬼弁《きべん》婆羅門といった。人目につくことのないかすかな住処をかまえ、帳を垂れていたので、だれの目にも見えなかった。その住処で、鬼弁はひそかに鬼神を祭り、三世のことどもを眼前の鬼神と語り合った。彼が通力をほどこすことの巧みさは目蓮尊者《もくれんそんじゃ》のようであり、弁舌をふるうことの巧みさは富楼那《ふるな》のよう、光明を放って説法することは、釈迦の出世のときのようであった。そのため、上は帝王から下は万民にいたるまでの在家も出家も、みなそろって鬼弁婆羅門に帰依《きえ》のてのひらをあわせ、貴賤ことごとくが渇仰《かつごう》して、鬼弁の前に出たら頭《こうべ》を垂れないということがなかった。けれども馬鳴尊者はこれを怪しみ、かの鬼弁の住処に出かけて様子をうかがってみると、鬼神を祭って世間をたぶらかしていることがわかった。そこで帳を引き上げ、鬼神を直視しながら理《ことわり》を説いてその非を責めると、鬼神たちはみな逃げ失せ、祭司である鬼弁一人がその場に残って、震えおののくこと際限《かぎり》がなかった。その後、鬼弁の験徳《げんとく》は失せ、通力も尽き果てて、夢から覚めて呆然としている者のようになってしまったのである。

右の話から、この（立川流の）法の七仏の形像が鬼神の所変だという理由を察するべきである。天台の山王講式《さんのうこうしき》の表白文に、この馬鳴の文を引いて「虚名は久しく現ぜず」と書いているのは、このことをさしている。

　また、この法の行者は、彼が本尊建立の法をおこなっているということをただの一人にでも知られたり、建立しているのではないかと推察されるようなことがあれば、法の成就はまったくありえない。かりに成就し得たとしても、その後の功験を失い、大難に遭うのである。その証拠は、いまの世間にはざらにあるはずだ。鬼弁も馬鳴に秘密を見抜かれてのちは威徳を失ったと『西域記』に見えている。しかるに現在では、この法は天下に満ち満ちて、すでに万人の口にのぼっている。（かくも広く知られている以上、）いよいよ功験などあるはずがないのである。

『万葉集』に、「忘れ草、わが下紐に、着けたれど、鬼の醜草《しこくさ》、言《こと》にしありけり」と歌われている。この歌の「忘れ草」「鬼の醜草」について、源《みなもとの》俊頼《としより》（一〇五五〜一一二九）が注して、以下のように述べている（『俊頼《としより》口傳《くでん》』）。

「昔、二人の兄弟が、親が死に失せてのち、親との別れが身にしみて、朝夕忘れることができなかった。いつも兄弟二人でともに親の墓のあたりに出かけては、泣いて帰るということをくりかえして月日を重ねていたが、悲しみがいよいよ募ってきたので、兄は、『親へのこの思いは消えることはなく、こんな状態がいつまでつづくかもわからない。このように嘆き悲しみつづけても、親の姿を二度と目にすることができるわけでもない。しかたのないことだ』と考えて、萱草（わすれぐさ）という草は人の思いを忘れさせてくれる草だという話を思いだし、その草を引き抜いて親の塚の上に植えたところ、親への思いが薄くなってきて、弟に誘われても気乗りしないことが多くなり、そのうちに出かけることもなくなった。

こうした兄の態度を恨んだ弟は、『やがては自分も兄の（非情な）心のようになり、親のことを忘れてしまうかもしれない。なんと悲しいことだろう。紫苑《しおん》という草は、心に思うことを忘れないようにしてくれる草だそうだ』と考えて、親への思いを忘れないよう、かの草を墓に植えたところ、それより以後はいよいよ忘れることがなくなり、月日を重ねても絶えることなく親の墓に常に通っていた。するとあるとき、塚のなかから音声《おんじょう》がして、『私はおまえの親の遺骸を守っている鬼神である。恐れることはない。親に対するおまえの孝心があまりに深いことが哀れでならないから、以後はおまえに悦びを与えることにしよう。その悦びとは、日中に起こる出来事を少しも違《たが》えず（事前に）夢で告げ知らせるということだ。夢の告げのままに物事をとりおこなうようにすれば、おまえの評判は帝王のお耳にまで達し、国の宝として重用《ちょうよう》されることになるであろう』といった。その後、約束のとおりに夢のお告げがあったので、弟は天竺・震旦・本朝の三朝きっての御宝《みたから》と敬われ、一生の栄華は並ぶ者がなかった」（この説話の出典は『今昔物語集』巻三十一第二十七話）

この因縁のとおりなら、つねに志を大切に守って失わないようにしておれば、墓場の鬼神が喜んで不思議な験徳をほどこしてくれるということだ。まして（髑髏を）身に添えて離さず、壇に据えてよくよく祭り養うなら、どうして霊鬼が何も告げないということがあろうか。これが真言の秘法である――ということ（を立川流行者らは主張するが、そのような主張）は、返す返すも根拠のないことである。わざわざ真言の秘法などといわずとも、このような霊験《れいげん》もあるのだということが大切なことなのである。俊頼の口伝のごときは、真言などは持ち出さずとも、親孝行の志によって不思議なしるしがあったと述べている。この話は人がみな知っているものではあるが、（遺骸を守る鬼神が夢告《むごう》するという）因縁が似ているから、ここに引いたのである。この例をもって、（何が大切なのかを）考えるべきである。

髑髏法の虚偽

以上、邪法の行儀ならびに効験のあらまし、またかの邪法の書に記されていることどもの内容は、右に述べてきたところから出るものではない。この法の秘事口決《ひじくけつ》についての小僧《しょうそう》の習学・研究は、まさに教法の根源にまでわたる徹底したものであった。広く世間でいわれていることを聞いてみると、諸人がこの法についてあれこれ弄している言説は、まったく小僧の見解の域に達していない。

越前国赤坂の新善光寺の弘阿弥陀仏のもとで初めて内の三部経や菊蘭の法などを見て書き写し、その後、上洛して五条坊門の地蔵堂でこの法の行者と出会って彼が所持する経教を写したが、それら秘伝書については上巻に詳しく書き載せておいたとおりである。それだけではなく、稲荷《いなり》・清水《きよみず》・嵯峨・法輪など京都周辺の辺地で立川流の行者から法を面授したが、その一々については詳しく書き述べるまでもない。また、住吉の内の丹生《にう》の北に住む海受房《かいじゅぼう》や、片山の郷《さと》の阿闍梨の弟子たちが、数巻の（立川流）秘記をたずさえて私をたずねてきたこともあった。これら重々の口決や種々の異説を見るにまかせて書き写し、聞くにしたがって記して、諸方の秘書の一切を類集《るいじゅう》し、六合の箱にまとめて保管してきたのだが、その数は大小五百巻をこえている。

私がこの法に接する機会を得た最初のころは、あれこれの疑問が解けなかったので、信心が起こることもなかった。また、ひょっとしたらこの法で説かれているとおりのことが起こるかもしれないと思ったので、（髑髏本尊建立などの）実修は一切おこなわなかった。ただこの法について広く尋ね歩き、経教の書写・収集にのみ専心してきたことは、右に述べたとおりである。

こうしたわけだから、いったいだれがこの私をつかまえて「おまえはこの法の源底を知らない」などといえるだろう。この法に惚れこむこともなく習い覚えてきたからこそ、私はこれが邪法だということを深く悟ることができたのである。

このうえは、ひたすら心を鎮めて、事のいわれを思うべきである。めったに得ることのできない人身を受けて生まれ、めったに遇うことのできない正法《しょうぼう》と出遇うという幸運に恵まれながら、邪法の器となって女犯の罪報を受けるなどということは、何にもまして愚かしいことである。のみならず、これがとるに足らない邪法だからといって、簡単に成就することができるというわけではまったくない。（本尊建立に必要な）閑静な一室ですら、思いのままに用意することは難しい。また、人に知られずにおこなうというのも、実に大変な煩いである。山海の珍物《ちんもつ》も調《ととの》えるのは苦労だし、好相《こうそう》の女人と気脈を通じておくということも容易ではない。そのどれをとっても、貧しくて私財の乏しい者には、とても実修にまで至ることはできないのである。

また、七年もの間、夜は本尊を温め、昼は養い祭らねばならないが、これもどれほど大変な苦労か知れないほどだ。そうしてようやくのことで達成した満願成就の境地はといえば、これがただひとときの栄華、夢のうちの楽しみにすぎないものであろう。

天の神々は、（財物《ざいもつ》や栄華など）世俗でのみ通用する道理（世諦《せたい》）を本来の面目としている。けれども世諦というものは、いつかは必ず消え去り、空しくなってしまう（無常）というのが実相である。そのゆえに、毘沙門天や吉祥天などの神々ですら、その悟りの境地を永遠に保つことはできがたい。ましてや鬼類がもたらすものなどは、十のうちの九までは、ただ転変して空しくなるだけでなく、ついには災いを運んでくるのである。

また、この法の行者を見てみると、実際に成就することは極めて稀である。ほんのわずかでも修法《しゅほう》を失敗すると、心を狂わせて外道のような姿に成り果て、あるいはただちに物狂いして糞穢《ふんえ》を食らい、畜類のようになる者もいる。今生《こんじょう》での（悪）報はいうまでもないことであって、この法の行者は臨終の段にいたれば明らかに狂乱する。また、思いがけない災禍にあって横死する例も多い。

この法成就のために費やした七年間の功労を、（世諦のためではなく）仏法のためにまるごと捧げるなら、大器は晩成するものであるから、そのおこないがたとえば少しく風変わりなものに見えようとも、現世と来世にわたる願いは必ず成就するであろう。

そもそも、いまの邪法の秘訣というのは、三魂を髑髏に依り憑かせて生身にすることを本望としているが、これ自体がはなはだ愚かなことである。淫《みだ》りがましく穢れた和合水を百回も髑髏に塗り重ね、一千日が間これを温めたからといって、三魂が髑髏に依託《えたく》することなどまったくありえない。その理由は、正しく識支《しきし》が入住した状態である羯羅藍《からん》は、母胎内にのみ所属するからである。この羯羅藍を、どうやって取り出そうというのか。

※仏教産科学の一般的な考えでは、父母の交合によってつくられる物質的な肉身に、中有《ちゅうう》にある識支（意識体）が飛びこんで赤子《あかご》の託胎となるとしている。「父母がひとつところに寄り集まり（一処聚集《いっしょしゅうじゅう》、交会による射精）、母が満精堪耐《まんせいたんたい》（性的結合によって母の体内に肉身の素材となる精水が満ちること）して、香陰《こういん》（中有の識のこと）がすでにその場に至る。この三事《さんじ》（男精・女精・香陰）がひとつに合会して母胎に入る」（『中阿含経《ちゅうあごんぎょう》』）と妊娠となるのである。カララン（羯羅藍）とは、こうしてできあがった胎児の最初期の形態のこと。父母の赤白二渧は色身（物質的な肉体）の素材であって、心（識）の素材ではない。したがって、どれほど和合水を髑髏に塗り重ねても、それで三魂（＝心＝識）が髑髏に宿り託《つ》くことはありえない。それを髑髏に依託させて髑髏を生身にしようというなら、カラランを髑髏に移し替えねばならないが、そんなことができるわけはないと心定《しんじょう》はいっているのである。

また、たとえ不可思議な術法によってこれをなし得たとしても、羯羅藍が母胎を離れたとたんに識支は去り、命根《みょうこん》はたちまち絶えてしまうはずだ。どうして死んだ骸《むくろ》に向かって所詮は徒労にすぎない生身の邪観をおこない、穢体《えたい》（和合水）を尊んで愚かにも三魂を依託させようなどと期するのか。

この秘決を信じねばならないというのなら、めんどうな作業を積み重ねながら死骸を生身にもどすことを願うより、すでに生身であるおのれの心の実相を観じる行につとめたほうがよほどよい。

『秘蔵記《ひぞうき》』（空海）には「我《われ》本来自性《じしょう》清浄心《しょうじょうしん》、最勝最尊の故に本尊という」とある。また『釈大衍論《しゃくだいえんろん》』（伝龍樹）は「言う所の法とは衆生心を謂《い》う。この心すなわち一切世間法と出世間法を摂す」とし、『大日経』では「浄菩提心は如意宝珠なり。世と出世の勝希願《しょうきがん》を満たせり」といっている。これら経教がいうところの諸仏出生の本懐、一代の聖教《しょうぎょう》の肝心とは、どれもがただひとえに自分自身の心の実相こそ真理だと教えることにあるのではないか。

※「我本来自性清浄心」とは、われわれが本来そなえている心は、それ自体がおのずから清らかで穢れのないものだということ。「衆生心」とは人々が本来そなえている真理そのものの心のことで、世間と出世間のことがらの一切はそのうちに含まれているとする（『大乗起信論《だいじょうきしんろん》』の説）。また「浄菩提心」とは清浄な菩提心（悟りに向かおうとする心）のこと。密教では、この心こそが一切如来の境界に入るための門だとする。これらの教説は、結局、われわれの心こそが真理の体現にほかならないということを説いている。だから、不変不壊《ふへんふえ》の宝を得たいのなら、心の外に何かを求めるのではなく、わが心そのものの実相を観じるべきだというのが心定の主張なのである。

哀しいかな、如来の実語《じつご》は俗耳には抵抗があって容易に受け入れられず、邪人の謀説は心に染みて執着《しゅうじゃく》すること著しい。みな前世の業《ごう》によってそのようになっているのである。おのれの機根の下劣をこそ、最も恥じるべきである。愚かな小僧ですら、すでにそう分別した。ましてや賢いはずの智者なら、この邪法を知ってしかも随《したが》わないという姿勢であるべきであろう。

なぜ髑髏法が邪法なのか

問う。いまこの法の達成された境地のありさまを聞いていると、なるほど仏法にもとづく法ではないとしても、さしあたってはきわめて迅速な巨益《きょえき》があるもののように思われた。ならばこの法の行者がこれをおこなって世間の希望や願いを成就してやることに、なんの不都合があるだろうか。神子《みこ》や陰陽師《おんみょうじ》たちの道も、まったく仏法ではないが、それでもみなさかんに世の中に広まっている。この法だけが強く忌み嫌われなければならない理由があるとも思えないのだが。

答える。巫女《みこ》は梓弓《あずさゆみ》の弦《つる》を叩いて神降ろしをおこない、陰陽師は幣《ぬさ》を操作して冥衆《みょうしゅ》を驚かす。これらは実に仏法ではないとはいうものの、なかなか正直におのれの道を行じて仏法を汚すことなく、またそのゆえに精進潔斎《しょうじんけっさい》して不浄を先とすることもなく、狂惑なく、虚妄もない。だから天衆神祇《てんしゅじんぎ》が冥加《みょうが》を与えることもあり、竜神八部神がその祈りを聞き届けてくれることもある。それだから魑《ち》魅魍魎《みもうりょう》の難を払うこともできるし、予想外の災禍の憂いも止むのである。これらは大いなる国の宝である。また、彼らは自分たちがおこなっている道はすべて仏道からはずれた外法だと知っているから、自分たちの道をおこなうだけでなく、心あるほどの者なら重ねて仏法の修行もおこなうから、より一層、出離の障害になることもないのである。

ところがいまこの邪法は、これを仏法の肝心と邪《よこし》まに執着している。ゆえに業障《ごうしょう》を懺悔することなく、悪行《あくぎょう》も恐れず、長く精進の行から離れ、深く菩提の道を塞ぐことまちがいはない。そうであれば、たとえひとときの小益があったとしても、これによって地獄・餓鬼・畜生道の三途《さんず》に落ちる重い業となるに相違ない。どうしてこれを恐れないでいいわけがあろうか。

問う。真言宗では「森羅の万象は即法身《ほっしん》である」と説いている。ほんの一微塵であっても、胎金《たいこん》両部《りょうぶ》、理智の曼陀羅でないということはない。ゆえに髑髏の七魄も、まったく法身の体を離れるものではないはずだ。ならば、この髑髏本尊を三部の諸尊（仏部・金剛部・蓮華部の三部、すなわち胎蔵界曼陀羅の全仏神）、五智の如来（大日・阿閦《あしゅく》・宝生《ほうしょう》・阿弥陀・不空成就の金剛界五仏）と観じて修行していけば、やがては究極の法身の如来になるのではないか。この観点から信じ修法するのであれば、どうして邪法として捨て去られる理由があろうか。

答える。経は「毘盧遮那《びるしゃな》の性《しょう》は清浄、三界五趣《さんがいごしゅ》の体はみな同じ。妄念に由るが故に生死《しょうじ》に沈《ちん》し、実智に由るが故に菩提を証す」と説いている。三界（輪廻世界である欲界・色界・無色界の三界）、五趣（われわれの現実生活の業報《ごうほう》によって主たる転生先となる五つの世界、地獄・餓鬼・畜生・人間・天の五道）に存在する命あるものと命なきものの一切は、大日如来の清浄の体性を本来そなえており、ただのひとつとしてこの性から漏れたものはないのだから、平等一理という観点から要約して「森羅の万象、皆法身」と説くのである。

ただし（本性において等しく清浄であっても、その人生が）妄念にとらわれたものか、真理とつながった智恵（実智）にもとづくものかの差別《しゃべつ》によって、凡人と聖人の違いが生じる（と経文《きょうもん》には説かれている）。妄念を土台として法を行ずるものを外法と呼び、実智によるものを内法という。覚定《かくじょう》の外道（未詳、ヨーガなどの外道禅をいうか）が座禅を修するが、その禅は仏教経典の説く禅の教法に深く背いているし、頼耶《らいや》外道（あらゆる意識の根源である阿頼耶識《あらやしき》から一切万物が生じるとする説を奉じる仏教の一派、法相宗《ほっそうしゅう》もそこに含まれる）は、心に映じる一切は実在しない表象であり、実在するのはただ識のみだと観じるが（原文「頼耶外道が唯識を観ぜし」）、これもまったく仏法のなかの真の識の理解ではない（真言・天台ともに唯識説をとらない）。

同じ仏法に含まれるとはいっても、真実か虚妄かによって邪と正が異なることは、右のとおりである。したがって、この法の行者が、たとえ本性清浄の心をそなえていて、かりに「髑髏はこれ曼陀羅の体なり」と観じたとしても、それはまったく仏の説くところではなく、迷妄の心から立てられた邪法である。そのようなものを、どうして真の仏法の行法と等しいものとすることができようか。

※以下、真言宗の教理や立脚点に関する問答がつづく。その要旨は、「即事而真《そくじにしん》」（この現象世界がそのまま真実常住の真理の具現世界と見ること。空海以来、真言宗が根本宗旨とした）に立脚しているのが真言宗なのだから、その万事・万象肯定の立場から見れば、立川流も邪教ではないのではないかという反

論に対し、「即事而真」や「法爾《ほうに》」「草木国土悉皆成仏《そうもくこくどしっかいじょうぶつ》」などの悟りの境地を言い表した言葉は、どれも正しい修行によって開悟したときにおのずから開けてくる境地のことをいっているのであって、正法も邪法も平等一如《いちにょ》という意味ではない。顕教であれ密教であれ、「諸悪莫作《しょあくまくさ》、衆善奉行《しゅぜんぶぎょう》は仏法通満《ぶっぽうつうまん》の大地盤」だと心定は説く。

また、立川邪教の行者はひとときの栄華のために邪法をおこなっていると心定は批判しているが、東寺や天台宗諸大寺の貴顕《きけん》の僧らもひたすら世間の財を貪り、執拗に官位を求めているではないかという問いには、「末代の凡夫や僧侶は、その心がたとえ純善ではなくて名声や利得に寄せる思いが深く、利他の行が欠けているとはいっても、あえて女犯を行ずることはなく、魚肉をも味わず、仏法を損ねることもせず、聖人を汚さない。また、学んだところの行業は、まさしく法身仏（大日如来）の直説《じきせつ》、金剛《こんごう》薩埵《さった》の秘奥《ひおう》の法である」と答え、その応験《おうげん》として旱魃《かんばつ》時の降雨、天変時の鎮妖星《ちんようせい》等を挙げて、正法にのっとった「真言不思議の加持力」を称揚する。また、興法利人《こうぼうりにん》の方便を第一とするのが真言宗だから、人に利益をほどこすが、そうして利益をこうむり他者を利することの功徳を知るからこそ、人は修学に励み、修学に励むからついには悟りの道に入るのであって、これと立川流の邪法を混同することはとんでもない誤った見解だという趣旨のことが述べられるが、その部分は略して最後の性愛に関する密教説の部分を訳出する。

密教秘奥の教えの真意

問う。いちいちの疑問について批判することはやめて、これからは深く真の道に入ろうと思う。ただ、心中になお得心できないことが残っている。重ねてこれを明らかにしていただきたい。（中略）『瑜祇経』と『理趣経』の二経、ならびに『無行経《むぎょうきょう》』等は、真正の真理を説きあらわした金言、仏法の肝心である。諸宗ともにこれを仏の真説と認め、その教法は天下にあまねくおこなわれている。いまこの真実の教法である『瑜祇経』の中に、「馬陰蔵三摩地《めおんぞうさんまじ》」のことが説かれている。また『理趣経』の観自在の段には、「三毒の自性《じじょう》清浄」が説かれているが、この文を受けた『理趣釈経《しゃっきょう》』には、「二根交会して五塵大仏事《ごじんだいぶつじ》を成ず」と述べられている。また『無行経』では「貪欲即是道《とんよくそくぜどう》、恚癡亦復《いちやくぶ》然《ぜん》（貪欲は即ちこれ道、恚癡もまたまたしかり）」といっている。これらの文の意味は明瞭である。いかなる理由があって、この男女冥合のことを真説と認めないというのだろうか。

※「馬陰蔵三摩地」とは、馬の男根のように常には腹中に蔵されている仏の男根の相（陰蔵相）を瞑想すること、またはその瞑想によって獲得される境地。「三毒の自性清浄」とは、三毒すなわち貪（むさぼり）・瞋《じん》（いかり）・癡《ち》（おろかさ）の三大煩悩は悟りを障害する毒と見なされているが、本性においては清浄であって真理を体しているということ。「二根交会して五塵大仏事を成ず」とは、男女の二根が交わることにより、色《しき》・声《しょう》・香《こう》・味《み》・触《そく》の五種の感覚の対象が働いて即身成仏という大仏事が成就するということ。「貪欲即是道、恚癡亦復然」は、「貪欲」はそのままで悟りに通じる道であり、憎み怒る「恚」や、愚かさである「癡」の煩悩も、貪欲の場合と同じで、それ自体が真理に通じる道（「即是道」）だということをいう。これらは女犯肉食を即身成仏の至極とする立川流の理論的根拠としてさかんに援用された。

答える。不審は覚りの源である。さらに疑いの氷が融けるなら、どうして一実《いちじつ》の水に帰らないということがあろうか。まず『無行経』の文意だが、すぐれた比丘が「貪欲は即ち道に非ず」と説くのは、凡夫や外道の徒《やから》がひたすら三毒五欲を刺激するかりそめの感覚対象に執着するところの、その情《じょう》執《しゅう》を遮断するためである。次に善根の比丘が「貪欲は即ちこれ道」と教えるのは、まず最初に「貪欲は即ち道に非ず」と説いて凡夫・外道の情執を払い除いたうえで、ようやく（次の段階である）邪《じゃ》正一如《しょういちにょ》の真理を知らしめるのである。

たとえば小乗教では「常・楽・我・浄」を四種の転倒した見解であると説き、「無常・無楽・無我・無浄」が真理だと教えるが、『涅槃経《ねはんぎょう》』は常・楽・我・浄・無常・無楽・無我・無浄の八者を束ねて「八倒」（八種の誤った見解）であると説くことで、無我の法のなかにある真我を悟らせるようなものである。これらはみな隔歴《かくりゃく》の思い（真理と真理でないものを分け隔てて考える誤った見解）を融解させて、開会《かいえ》の門（注参照）に引き入れるための方便なのである。

※たとえばこの世は常住だという見解も、この世は無常であって仏の世界のみが常住だという見解も、ともに真理ではない。このように真理をへだて（隔）分かつ（歴）見解に対し、真言宗や天台宗は、あるがままのこの世界、この衆生心が真理の現れだと説く。それが真言でいう「即事而真」であり、天台でいう「本覚円融《ほんがくえんにゅう》」である。こうした立場を密教以前の段階で端的に言い表したのが『法華経』で、声《しょう》聞《もん》・縁覚《えんがく》・菩薩の三乗（成仏のための三つの教え）を、本質的に異なる三つの教えだと理解する誤った

考えを〈開〉き、三乗とはつまるところ一乗（一つの乗り物＝真理に至る教え）を三様に言い表したものにすぎず、最終的には一乗に帰するのだと〈会《え》〉得《とく》するための道を説いた。これが右の文章に出る〈開会〉の門である。『涅槃経』が「八倒」によって「無我」を超えた「真我」を説くのも同じことで、その目的は隔歴の思いを融解させて真理に導き入れることにある、ということを心定はいっている。

次に、『瑜祇経』の「馬陰蔵三摩地」とは、先徳が「蓮華三昧《ざんまい》」と解釈した（つまり蓮華のように清浄なる菩提心が、一切の穢れを離れているという瞑想の境地を馬陰蔵三摩地というのである）。また、『理趣釈経』の「二根交会」とは、その次の文章に「自《じ》（自分＝主体）の五鈷《ごこ》と彼《ひ》（相手＝客体）の蓮華との理智冥合」と見えている（二根の交会とは、五股杵＝行者自身と蓮華＝仏尊がひとつになることを象徴的に言い表したものだということ）。

およそ密教においては、経や注釈書の平文はすべてが秘密の言説（密号《みつごう》）を仮に普通の用語に充てて述べるというのが常の習いなのであって、正流の口伝を得ないと、その深い意味は測りがたい。（弘法大師の）『弁顕密二教論《べんけんみつにきょうろん》』（密教と顕教を比較し、前者の優位性を論じた書）は、「声聞と縁覚の小乗二乗の凡夫は、ただ句の表面的な意味を解するだけで、その文字にこめられた秘密の意味を理解することはできない。ただ文字の相を解して、文字の密号を知らない。表面的な句の意味をもって、秘められた文意を傷めてはならない」といっている。大師の炳眼《へいがん》は明らかである。また、（同じく大師の）『十住心論《じゅうじゅうしんろん》』（詳しくは『秘密曼荼羅十住心論』）。人の心のありようを十種に分け、その段階的な発展を論じると同時に教相判釈《きょうそうはんじゃく》を展開した論書）は、「密号を知る者は麒麟の角より希である」と述べている。

なかでも『理趣釈経』のことは、弘法大師と伝教《でんぎょう》大師の両祖の間でかわされた問答の文がある。この二大師が御存世のとき、弘法大師は『理趣釈経』をはなはだ深い教えを説いたものと（唐国で）受け習って、（帰国後）真言宗の肝心となさった。一方、伝教大師はこの教えを受けずに帰朝なさった。そして帰国後、『理趣釈経』にはなはだ深い教えが秘められているとお聞きになり、弘法大師のもとに手紙を出して経典の借覧を願い出たが、弘法大師はその御返書で、「秘蔵ノ奥旨《おうし》ハ文ヲ得ルヲ貴《たっと》シトセズ、唯ダ心ヲ以テ心ヲ伝ルニ在レバ、文ハ是レ糟粕《そうはく》（残りかす）也、文ハ是レ瓦礫《がれき》ナリ。糟粕・瓦礫ヲ受ルハ、則《すなわ》チ粋実至実《すいじつしじつ》ヲ失フ。真ヲ棄テテ偽ヲ拾フハ愚人ノ法ナリ、愚人ノ法ハ汝《なんじ》随《したが》フベカラズ、亦《また》求ムベカラズ」と説かれたのである。

この手紙の心は、たとえ『理趣釈経』を貸し出したとしても、口伝を受けずに文字面ばかりを追ったのでは、どうして平文の奥に隠された密意を了解することができようかということである。すでに高い禅定《ぜんじょう》の境地を得ていた伝教大師にして、なおこの戒めをこうむられた。ましてや末世愚昧の迷妄の人が、明師《みょうし》の口伝も受けずに、わずかに経文の文字面のみを追ったとしても、どうしてその深い意義を推し量ることができようか。『理趣釈経』の文の解釈については、すでにこのとおりである。『瑜祇経』の文もまた、これと同じことである。

およそ顕教は随他意《ずいたい》（仏が相手の素質や能力に応じて法を説くこと）の顕露《けんろ》の教えだから、広い知識をもつほどの人なら、文の意味を読みとり、そこに自分の見解を加えて、義理をわきまえるくらいのことはできる。けれども密教は内的な悟りを伝える秘密の教えだから、たとえ智恵があり、博覧の人であっても、必ず師にしたがって秘訣を相伝しなければならない。もし本人の自由に任せて師に依《よ》らないなら、これを越三昧耶《おっさんまや》の罪（伝法を受けずに他者に密教の秘法を伝える罪）と名づけて、深く戒められたのである。

そのゆえに、『文義要集《もんぎようじゅう》』には、「自証の至極は我が心に帰すといえども、聞法《もんぽう》の因縁は必ず化他《けた》によるべし。およそこの教の心、ことに他力を重くす。凡聖たとひ異なれども因縁はこれ同じ。その故なんとなれば、内証《ないしょう》境界は甚深難思《じんしんなんし》にして、一々の軌則あへて自由ならず。師資稟承《ししほんしょう》（師から受法すること）して必ず伝授す。付法《ふほう》絶えずして顕宗《けんしゅう》に越えたること、この故なり。誤ることなかれ」と述べられている。秘密仏教という秘宗《ひしゅう》の深い心を知りたいと思うのなら、その教えに入門して修行し、明師の秘決を受けるべきである。

受法用心集巻下《まきのげ》　終

越前国豊原の誓願房《せいがんぼう》心定、末代の為にこれを記す

第六章　『宝鏡鈔』

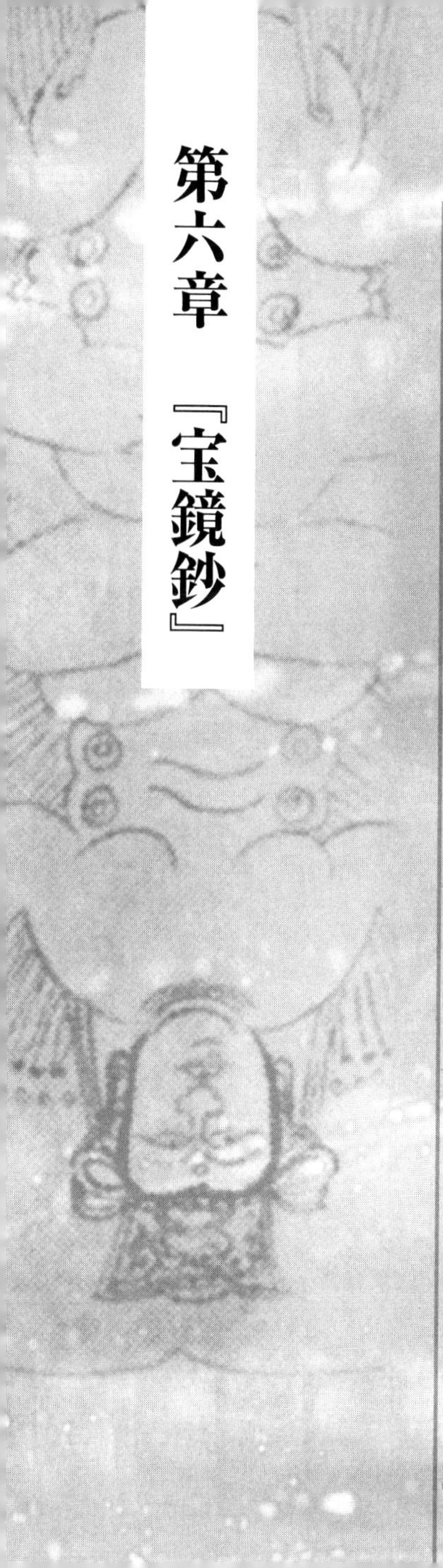

正月	乙・辛・乾
二月	甲・丙・庚
三月	乙・丙・丁
四月	丁・癸・乾
五月	甲・丙・庚
六月	甲・乙・丁
七月	坤・巽・艮
八月	壬・乾・巽
九月	乾・壬・癸
十月	坤・巽・艮
霜月	壬・坤・艮
雪月	庚・辛・癸

解　題

立川流弾劾の書として『受法用心集《じゅほうようじんしゅう》』と並び称されてきたのが、この『宝鏡鈔《ほうきょうしょう》』である。著者は宥快《ゆうかい》。興国《こうこく》六年（ないし承和《じょうわ》元年・一三四五）京都に生まれ、十九歳で高野山宝性院《ほうしょういん》信弘《しんこう》に師事。さらに、山城国の名刹・安祥寺《あんじょうじ》の興雅《こうが》について、小野三流のうちの一つである安祥寺流を嗣法《しほう》し、高野山における密教教学を大成して応永《おうえい》二十三年（一四一六）に示寂《じじゃく》した。

宝性院の院主であることから、宥快の学派は宝門と呼ばれる。南北朝時代を代表する真言宗の碩学の一人として知られ、東寺の杲宝《ごうほう》（一三〇六～六二年）とともに「真言教学中興の祖」と並び称された。この杲宝・宥快の時代は立川流がすでに日本各地に蔓延しており、密教の総本山である東寺や高野山にまで、「邪流」の教義が浸潤していた。この憂うべき状況を打破すべく、杲宝は後醍醐《ごだいご》天皇の師として権勢を誇った文観《もんかん》弘真（一二七八～一三五七年）の著書千余巻を焼却したといわれ、宥快もまた、立川流中興の祖と目された文観を弾劾すべく、この『宝鏡鈔』を著したのである。

宥快による文観批判については、守山聖真氏による精密な批判があり、宥快のいうように文観が立川流の偽書・印信《いんしん》を偽作したり、「荼枳尼《だきに》を祭って呪術をおこなった」と断定することはできない。とくに、金剛峯寺《こんごうぶじ》衆徒による弾劾が効奏して文観が東寺を追われたという宥快の説がまちがっているという守山氏の考証は、『宝鏡鈔』を読むに際して銘記しておく必用がある。

東寺追放が真実でないのなら、追放された文観が甲州に流され、配地で子をもうけて呪法を授けたという『伝灯広録《でんとうこうろく》』（祐宝《ゆうほう》）の説にも疑いが生じてくる。祐宝によれば、真言宗を追われた文観は、自らの男児には『観音経秘鍵』『浅間湯殿祭文敬白《せんげんゆどのさいもんけいはく》』を授けて呪願乞食《じゅがんこつじき》に努めさせ、女児には慈覚《じかく》大師所伝の招魂呪術を学ばせたうえで、「霊記」と称して死霊《しりょう》の招魂・口寄せ商売をおこなわせたというが、根も葉もないフィクションである。とはいえ、『宝鏡鈔』には立川流の血脈《けちみゃく》や高野山内における同流の浸潤ぶり、「煩悩即菩提」という大乗仏教の大テーゼにまつわる邪見・曲解などが詳しく論じられており、南北朝期の立川流の動向を知る上で、欠かすことのできない資料となっている。

以下は『宝鏡鈔』の全訳である。現代語訳に際しては守山聖真『立川邪教とその社会的背景の研究』（東京・鹿野園）収載の翻刻を用い、原文にある割注は〈　〉、訳者の注は（　）で表した。ただし、空海の著作については既訳を引用した関係で、注の形式が異なる部分がある。それについては、引用の箇所に記した。空海著作の訳文は筑摩書房版『弘法大師空海全集』を用い、『空全』と略して訳者を記した。『首楞厳経《しゅりょうごんきょう》』『大日経疏《だいにちきょうしょ》』など多数の経論が引用されているが、一部に脱字等がある。それらについては大正大蔵経によって修正し、訓については国訳一切経および昭和新纂国訳大蔵経に従ったが、一部、宥快の読み方に従って訳した部分がある。

小見出しは筆者が付し、適宜改行をほどこした。原本に小見出し、改行はない。

『宝鏡鈔』本文

密教の唯一の嫡流は弘法大師だという事

真言密教は大日覚王《だいにちかくおう》（大日如来）がお説きになり、（大日如来・金剛薩埵《こんごうさった》・龍猛《りゅうみょう》菩薩・龍智《りゅうち》菩薩・金《こん》剛智三蔵《ごうちさんぞう》・不空《ふくう》三蔵・恵果阿闍梨《けいかあじゃり》・弘法大師の）八祖によって相承《そうじょう》されてきた秘密の教えである。この教えは、仏のこのうえなく尊い最高の教え、すべての宗教を超越した境界《きょうがい》と呼ばれる。まことに極重の罪業《ざいごう》を滅し去り、救いがたい人々をも覚りの境地へと導く。速《すみ》やかに仏の覚りを実証するのは、ただこの密教あるのみなのである。

そこで昔の賢人たちは、密教の教えを求めて唐国に留学し、真言の法を伝授して八家におよんだ。東寺には、八家のうちの五家が伝承されている。弘法大師・宗叡僧正《しゅうえいそうじょう》・恵運僧都《えうんそうず》・円行和尚《えんぎょうおしょう》・常暁《じょうぎょう》和尚である。また、他門（天台宗）にも三伝がある。伝教《でんぎょう》大師・慈覚《じかく》大師・智証《ちしょう》大師である。これ以外の宗派に、同様の入唐求法《にっとうぐほう》があったということは、いまだ聞いたことがない。密教という法門がいかに殊勝なものであるかを、これによって察すべきである。

以上の八家のうちでも、弘法大師が相承なさった法を、密教の嫡流《ちゃくりゅう》としている。そのわけは、高祖大師である法身《ほっしん》大日如来から始まって大唐国青龍寺《しょうりゅうじ》の恵果和尚にいたるまで、法そのものは師から弟子へと嫡々相承されてきたが、金剛界と胎蔵の両部の法の全体をひとつのまとまった体系として伝えることはおこなわれなかった。（恵果の代になってようやく両部の法の一括相承がおこなわれたが、）数多くの附法《ふほう》の弟子をもったことで知られる恵果和尚ですら、両部を受け継ぐに足る器だと認めたのは、唐国の義明供奉《ぎみょうぐぶ》と日本の弘法大師の二人のみであった。この両名以外の弟子が授かったのは、金剛界・胎蔵いずれか一界の法のみであり、金胎両部を貫通する深奥の教えにあずかることはなかった。したがって、それらの弟子が密教の正統な継承者でないことは、明らかであろう。

弘法大師以後に入唐した諸師は、みないずれか一界のみを相承した宗匠《しゅうしょう》から、密教を授かっているが、彼らを恵果の正嫡《しょうちゃく》とみなすことはできない。伝教大師は、善無畏《ぜんむい》三蔵のお弟子の順暁《じゅんぎょう》阿闍梨に師事して真言密教を学んだが、この順暁もまた、善無畏の正統な後継者ではない。さらに、伝教大師が大唐国で学んだ密教そのものも、部分的なものにすぎない。それゆえ伝教大師は、帰国後に弘法大師を訪ね、高雄神護寺《たかおじんごじ》で弘法大師から灌頂《かんじょう》を受けたのである。

このように、両部の習学を許されたのは、弘法大師と義明供奉の二人のみだが、義明供奉は、瓶から瓶へと水を移し替える（瀉瓶《しゃびょう》）ように、自分が受け継いだ法を弟子に移し替えようとはいわなかった。また義明には、それにふさわしい附法の弟子もいなかった。したがって、ひとり弘法大師のみが、恵果和尚の正嫡なのである。

『御請来目録《ごしょうらいもくろく》』には、こうある。

「（恵果）和尚は（たちまち（私を）ご覧になるや）笑みを含んで、喜んで申されました。『私は以前からそなたがこの地にこられているのを知って、長いこと待っていました。今日会うことができて大変よろこばしいことです。私の寿命も尽きようとしているのに、法を授けて伝えさせる人がまだおりません。……』」（『空全』第二巻・真保龍敞訳、カッコ内は引用者注）

このように、恵果和尚自身が、すでに附法の弟子はいないとおっしゃっている。つまり、義明も瀉瓶の弟子ではないのである。また、授法には、それにふさわしい資質というものがある。弘法大師は、まさにそのただひとりの器だったのである。

広沢流と小野流の血脈

さて、大師のお弟子には、灌頂の道場に入壇して金胎両部の法を授かった人が、すこぶる多い。中でも、十大弟子は弟子たちの棟梁で、実慧《じちえ》と真雅《しんが》（空海の弟）が上首である。この両者の嗣いだ法統が、今日にまで伝えられている。

ただし、両者のうちでは、真雅が受け継いだ法を本《もと》とする。真雅の附法は源仁《げんにん》〈南池院《なんちいん》と号す〉で、源仁のもとに益信《やくしん》と聖宝《しょうぼう》の両僧正がある。益信は広沢流の根本である。その法流は、益信僧正―寛《かん》平《ぴょう》法皇―寛空《かんぐう》僧正と続き、以下のように相承された。

（一）済信《せいじん》僧正〈広沢流という呼称はここから始まる〉―長和《ちょうわ》親王〈性信《しょうしん》、大御室《おむろ》と号す〉―寛助僧正―

- 覚法《かくほう》親王〈御流《ごりゅう》と号す〉
- 信証《しんしょう》僧正〈西院《にしのいん》流と号す〉
- 永厳《ようごん》法印〈保寿院《ほじゅいん》流と号す〉
- 聖恵《しょうけい》親王〈華蔵院《けぞういん》流と号す〉
- 寛遍《かんぺん》僧正〈忍辱山《にんにくさん》流と号す〉
- 覚鑁《かくばん》上人《しょうにん》〈伝法院《でんぽういん》流と号す〉
- 真誉《しんよ》阿闍梨〈高野持明院《じみょういん》流と号す〉

以上、広沢六流

（二）高野御室《おむろ》覚法―覚成《かくぜい》僧正―隆遍《りゅうへん》〈慈尊院《じそんいん》流と号す〉―賢隆

（三）寛意《かんい》〈観音院《かんのんいん》大僧都・性信の附法の弟子〉―兼意《けんに》〈成蓮院《じょうれんいん》〉―心覚《しんかく》〈常喜院《じょうきいん》流と号す〉

以上のとおり、広沢流には九つの流派がある。この九流に金玉方保寿院《きんぎょくがたほうじゅいん》を加えると、十流となる。ほかにも、成就院《じょうじゅいん》流〈（寛助の附法の）実瑜《じつゆ》僧正以下の法流〉、真乗院《しんじょういん》流などがある〈また、厳覚が相承した広沢流もある〉。

次に小野流〈醍醐寺開祖の聖宝僧正の本願である。尊師と号す〉は、

（一）聖宝僧正―観賢《かんげん》僧正〈般若寺《はんにゃじ》僧正と号す。大師廟に入って親しく弘法大師を拝した人である〉

—淳祐内供《しゅんにゅうないく》〈石山寺（に隠退した石山内供）〉—元杲《げんこう》僧都—仁海《にんがい》僧正〈小野流の呼称はこの仁海のときに始まる。仁海は雨僧正と号す〉と伝えられ、以下のように相承された。

成尊《せいそん》僧都〈小野僧都と号す〉

- 範俊《はんじゅん》僧正—厳覚大僧都
  - 宗意《そうい》〈安祥寺流と号す〉
  - 寛信《かんしん》〈勧修《かじゅう》寺《じ》流と号す〉
  - 増俊《ぞうしゅん》〈随心院《ずいしんいん》流と号す〉
  - 以上、小野三流
  - 静誉《せいよ》〈石山に住すなり〉
- 義範《ぎはん》僧都—勝覚《しょうかく》僧正〈三宝院《さんぼういん》流と号す〉
  - 定海《じょうかい》〈三宝院流と号す〉
  - 賢覚《げんかく》〈理性院《りしょういん》流と号す〉
  - 聖賢《しょうけん》〈金剛王院《こんごうおういん》流と号す〉
  - 以上醍醐《だいご》三流。
  - 小野・醍醐は合わせて六流である
- 明算《めいざん》阿闍梨〈高野中院《こうやちゅういん》流と名付く〉

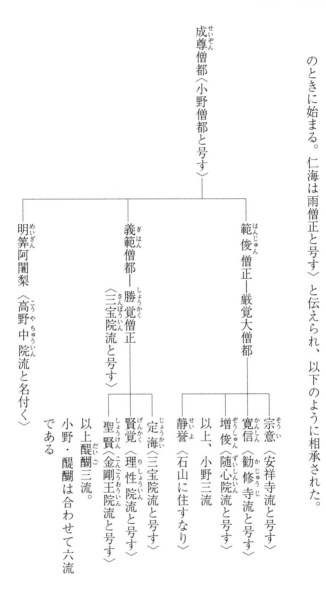

（二）観賢の附法。

壱定《いちじょう》律師―定助《じょうじょ》―法蔵―仁賀《にんが》―真興《しんごう》〈小島流と号す〉―勝覚《しょうかく》―定海《じょうかい》―元海《げんかい》―一海《いっかい》〈松橋流と号す〉―雅海―全賢―浄真―頼賢―真慠《しんじょう》―俊誉《しゅんよ》―公紹《こうしょう》―信恵《しんね》―叡尊《えいぞん》〈律家。西大寺《さいだいじ》流と号す〉

以上が小野六流だが、ほかにもまた三流があり、合わせると九流となる。さらに西大寺流を小野流として立てれば十流となり、これらから分かれた流派も数流ある。

立川流という邪義の発生とその教義

問う。真言宗の教えが諸宗の中でも最高のものであり、ただちに成仏にいたる一直線の道だということは、ほんとうにそのとおりである。とはいえ、世も末になると、邪《よこしま》なものと正しいものが混乱してくる。もし邪路《じゃろ》に入ったなら、成仏の正道《しょうどう》からかけ離れてしまう。東を西とするようなもので、見解が顚倒《てんどう》すれば、わが身の成仏など達成できようはずもない。なにが邪でなにが正なのか、いちばん知りたいのは、まさにこのことだ。

答える。玉《ぎょく》と石《せき》は見分けることがむずかしく、鼠《そ》と璞《はく》（干し鼠）の判別も容易ではない。邪と正の分別《ふんべつ》はそう簡単なことではないが、とはいえ一説にこういわれている。

醍醐寺三宝院の権僧正《ごんそうじょう》の弟子〈僧正の舎弟〉に、仁寛《にんかん》阿闍梨〈のちに蓮念《れんねん》〉という人があった。罪科をこうむらねばならないわけがあって伊豆国に流され、かの国で（密教阿闍梨としての）渡世《とせい》を為して、妻帯の俗人や肉食汚穢《にくじきおわい》の人たちに真言を授け、弟子としたのである。さて、武蔵国立川というところに、陰陽師がいた。仁寛に師事して真言密教を学び、自身が身につけていた陰陽道に密教を混ぜ合わせた。この邪正混乱・内外《ないげ》交雑《こうざつ》の法を立川流と称し、真言密教中に一流派を構えた。これが邪法のはじまりだというのである。

立川流が所依の経典としている書物等の名は、ほぼ「誓願坊記《せいがんぼうき》」一巻（『受法用心集』）の中に記されている。必要のある人は、同書をたずねてみるとよい。

立川流の教義においては、男女陰陽の道をもって即身成仏の秘術となし、成仏得道の法はこれ以外にはないと、妄《みだ》りがましく愚かな説を立てている。こうした説は魔説であり、無間地獄《むげんじごく》に通じる業だというのは、かねて如来が説かれたとおりだが、愚人はそれを知らず、はなはだ深秘《じんぴ》の法だとみなして執心している。どうして立川流は正見《しょうけん》真実の智だなどといえようか。いえるわけはないのである。

『大仏頂首楞厳経《だいぶっちょうしゅりょうごんきょう》』にいう。

「貪欲《とんよく》に潜行し、眼耳鼻舌《げんにびぜつ》をみな浄土となし、男女二根は即ちこれ菩提涅槃《ぼだいねはん》の真処《しんじょ》なりなどと好んで口にする。かの無知者は、この穢れた言葉を信ずる。これを蠱毒厭勝《こどくえんしょう》の悪鬼と名づく。老年になると魔となり、その人自身を悩乱する。迷惑をこうむり、無間地獄に堕ちる因縁をみずからつくっているのだということを、（憑かれた人々は）知らない」

こんな無間業の人を、どうして真言行者と呼べようか。『大日経疏』もこういっている。

「無間業の人で、なおかつ自分を利益《りやく》し、他人も利益する自利利他の妙果《みょうか》をみごとに達成するなどということは、ありうることではない。そうであるから、密教を行じようと思うものは、あくまですぐれた師匠を探し求め、何に関しても表面的な理解ではつかむことのできない微妙《みみょう》な意味をよく師から学びとり、完全にはっきりと了解《りょうげ》すべきである」

かの立川流は、のちに越中国に流布し、（同流の嗣法である）覚明・覚印の師弟が、二代にわたって高野山に参籠した。そのとき、かの邪流の印信・書籍が数多く山内に流布した。それらは「教相大事《きょうそうだいじ》の口伝」などと呼ばれ、多くが今日まで伝わっている。もとからの愚人は、それらを習って「これぞ密教究極の教えだ」などと思いこむが、そんなものは密教の正統な実践法でもなければ、教義にかなったものでもない。包みこまれたただの石くれを、貴重な玉石扱いするようなものである。よくよく明師《みょうし》にたずねて、それは何流の口伝か、いかなる人が書いたものなのかを糺《ただ》すべきである。あるいはまた、小野流や広沢流の知徳兼備の高僧の名を借りて書かれた偽書もあるようだ〈真偽を尋ねるべきである〉。高野山の（金剛院）明澄や賢誓（観信房）などの名が見られる（中院流の）血脈相承書の中にも、多くの邪法が含まれている。これは人が推し量るような丹生《にゅう》大明神のご託宣ではない。

立川流を習った人は、多くは冥加《みょうが》（神仏の恵み）を得られない。その行者と法は、高野山ではほぼ断絶している。まだ若干残っているかどうかは、私は知らない。『堀出法』『飛行自在法《ひぎょうじざいほう》』『渡天大事《とてんのだいじ》』『千足不二大事《せんぞくふにのだいじ》』『三世常恒法《さんぜじょうこうほう》』『御入定何重大事《ごにゅうじょうなんじゅうのだいじ》』など、これに類した立川流の秘伝書が多数あるが、詳細を載せることはできない。一によって万を察していただきたい。

また、関東方面には、御流や三宝院流と称する立川流の書籍・口決《くけつ》が多い。『野沢余揷《やたくよそう》』『理趣経《りしゅきょう》切出《きりだし》』『師資並座《ししへいざ》』など、枚挙にいとまがないほどだ。

あるいはまた、みずからの名利《みょうり》のために、立川流とはいかなる血脈関係もない大師や貞観寺《じょうがんじ》勝覚《かく》以下の知法《ちほう》の高僧の名を借りて、愚人が偽作した書籍も多い。『高祖大師法』『醍醐三尊帖大事《さんぞんじょうのだいじ》』『随心金剛法』など、このたぐいの偽書も数百巻はある。また、『円満鈔』『阿字観三十重口決』『心王《しんのう》心数灌頂《しんじゅかんじょう》』『十八会灌頂《え》』『我友之六月鈔』などは一種類ではない。

さらに、立川流の経軌《きょうき》中には『即身成仏経』『菩提心経』『文殊経』『虚空蔵経《こくうぞう》』『法出経』『真言出現本地偈《しゅつげんほんじのげ》』『秘肝鈔』〈秘肝鈔には本物と偽物がある。尋ねるべし〉の偽書がある。

また、正統な密教経典である『瑜祇経《ゆぎ》』『理趣経』『菩提心論』にことよせた邪見の印信・書籍も多く、『柿袋』と号して『二経〈瑜祇・理趣経〉一論（菩提心論）大事口決』を（立川流の所依の経論として）載せているものもある。

「成尊が範俊に授けし口伝《くでん》」云々と、事実のごとくその名を註している書籍については、謬《あやま》りがあればこれを捨て、とるべき実があればこれをとるというように心がけていれば、まちがいはないだろう。仏菩薩や経・律・論の三蔵に通じた高僧の名を借りて愚人の書に注釈することは、妄語と邪見の過ちを犯すことであり、大いに恐れなければならないことである。

文観と立川流

問う。弘真《こうしん》僧正〈文観房のことである〉という人がいる。この人が書いたという〈立川流関係の〉書物が世間に多数流布しているが、真偽はどうなのだろうか。

答える。彼が相承した法の門流や、書いた鈔物《しょうもの》については、十分に調べなければならない。正しい門流につらなっている人々は、それについてはみな知っているからまともにはとりあわないが、事情に暗い不案内の人はこれを信じて受け入れ、あるいは高慢の心を起こし、あるいは邪な見解を抱くようになる。そのわけは、弘真が仏菩薩や祖師大師の名を借りて偽書をつくりあげているからである。

そのため、これを相伝した者は、他の人々は見ることのできない大事だと習い、自分と同じ門流や、自分自身のほかは誰も知らない特別に重要な秘事だなどと思いこむ。たとえ真実の秘事だとしても、強《あなが》ちに自分こそ抜きん出て優れているといった慢心を起こせば、その人は正しい見解の持ち主ではなくなる。ましてや、（立川流のような）瓦礫に執着して黄金や宝物《ほうもつ》と思いこみ、自分は他の人々を凌駕していると慢心するような者に、神仏の冥加があろうはずはない。

こうしたわけで、弘真の門流は（彼の出身寺である）醍醐寺の本所《ほんじょ》には一人もいない。また、これを習う者に冥加があることは絶えてなく、ほとんどは無駄骨に終わる。また、凡智の常識をもって好き勝手に法身仏《ほっしんぶつ》の内的な悟りについて論評し、これによってこれを学ぶ者も、邪な見解を抱くに至る。このことを、よくよく理解しておくべきである。

弘真僧正の略歴を、やや詳しく明らかにしておこう。この人は醍醐報恩院《ほうおんいん》の憲深《けんじん》僧正の末流である。憲深僧正の法流は、実深《じつじん》僧正、覚雅《かくが》法印、憲淳《けんじゅん》、道順《どうじゅん》と相承されたが、この道順の弟子に、隆誉《りゅうよ》僧正と弘真僧正がいた。隆誉は道順僧正の正嫡としてその法を嗣ぎ、大和国南法華寺《みなみほっけじ》で逝去した。けれども弘真は、道順の瀉瓶《しゃびょう》の弟子ではない。その他大勢の弟子の一人にすぎない。したがって、その受法もまったきものではなかった。ところが、後醍醐天皇ご謀反《むほん》の企てのとき、弘真は祈禱によって天皇の帰依を得ることに成功し、天皇の治世の間は威勢を誇った。

※憲深（一一九二～一二六三）侍従・藤原成通《なりみち》の子。出家して叔父にあたる醍醐寺・成賢《じょうけん》に密教を学び、醍醐三宝院で伝法灌頂を受けた。建長三年（一二五一）、醍醐寺三十五代座主。その法流を報恩院流（幸心方）といい、憲深を流祖とする報恩院流は後世大いに盛行した。憲深の法流は実深（一二〇六～七四、ないし七七）が受け継いで報恩院流の二世となり、公卿・源顕房《みなもとのあきふさ》の子の覚雅が実深の附法の弟子となった。この覚雅から報恩院流を継承したのが憲淳である。

※憲淳（一二五八～一三〇八）公卿・近衛良教《このえよしのり》の子。覚雅のもとで密教を学び、国師《こくし》僧正と号した。密教に深く傾斜した後宇多院《ごうだ》（後醍醐天皇の父）の帰依を受け、院に伝法灌頂を授けた。その後、後宇多院は精力的に他の法流も吸収し、自分の手で法流の統一を図るべく運動し、自分の意に沿って動く道順（？～一三二二）に三宝院流を継承させるよう憲淳に働きかけた。憲淳はこれに難色を示し、報恩院や本尊、秘蔵の聖教《しょうぎょう》などをひそかに弟子の隆勝《りゅうしょう》に譲ったが、後宇多院はさらに圧力をかけて報恩院流を道順に継がせよと要求し、最終的に道順が報恩院流を継承、後宇多院の後援を得て醍醐寺座主に就き、真言

宗のトップである東寺一の長者《ちょうじゃ》にのぼりつめた。嗣法問題で破れた隆勝は、自分が憲淳の正嫡の弟子だという主張を曲げず、憲淳から受け継いだ寺宝などをもって鎌倉に下り、執権・北条貞時《ほうじょうさだとき》の庇護を受けている。

弘真は、もともとは律宗の僧だが、（真言宗に転じて）僧正にまで昇進した。その間、あちこちで聖教を披見して千余巻の書籍をつくり、重々大事の印信三十余通を、醍醐寺に伝わった秘伝であるとして造作している。多くは借名の偽作だが、無知の者はこれを密宗《みっしゅう》最極《さいごく》の法だなどという。とんでもないでたらめな話である。

また、弘真は吒枳尼《だきに》の法を行じ、呪術をもって効験《こうげん》を立てた。弘法大師の書き物を集めて筆跡を写し、印信や口決をつくった。その類はすこぶる多い。

彼はまた、後醍醐天皇の権威を後ろ盾に東寺の寺務に栄達し、（東寺一の長者のみが修することを許されている）後七日御修法《ごしちにちみしほ》をおこなっている。このとき京都の諸門跡は、文観の威勢を恐れて口を閉ざしたが、高野山の衆徒は奏聞を経て弘真を東寺の門徒から追放した。その弾劾状には、こう訴えられている。

金剛峯寺衆徒の弾劾状

金剛峯寺衆徒が誠恐誠惶《せいきょうせいこう》して謹言す、特に天裁を被《こうむ》りて東寺勧進聖《かんじんひじり》・文観法師《ほっし》が猥《みだ》りに（東寺）

長者に補され、ほしいままに宗務を掌《と》ることを停止《ちょうじ》されんことを請う状
右、謹《つつし》んで旧貫（旧慣）を考えるに、大唐国長安《ちょうあん》城の左街に伽藍がある。隋国文帝《ぶんてい》の勅願によって建てられた寺で、名を大興善寺《だいこうぜんじ》（のちの青龍寺《せいりゅうじ》、空海が恵果について密教を嗣法した寺）という。他方、わが国平安城の東京にも精舎《しょうじゃ》がある。桓武聖王《かんむじょうおう》の叡願によって創建された寺で、名を教王護国寺（東寺）という。かの不空三蔵の訳経《やっきょう》を納めたこの寺は、かたじけなくも五智の灌頂を天竺・大唐・本朝の三朝を通じて授かってきた弘法大師伝燈の密教道場である。密教が百王のために親しく三密加持をほどこし、鎮国安民の秘術となってきたという点では、天竺・大唐・本朝ともに違いはない。けれども、密教の教法が永遠にその地で栄えるよう計算し尽くされているという点では、本朝の教王護国寺は、天竺・大唐の異朝をはるかに凌駕している。
弘仁《こうにん》十四年十二月二日の官符《かんぷ》に、「東寺は平安京遷都のみぎり、鎮護国家のために柏原先朝《かしわばらせんちょう》（桓武天皇）がご建立になった。わが朝は、この寺をもって最頂とする」とある。また、祖師大師は、「東寺はこれ密教相応の勝地、馬台《まだい》（日本）鎮護の眼目である。帰依して敬うときは、王化《おうけ》は照明して花夷（開けた地と未開の地、すなわち全国）も太平である。怠って崇めざれば、朝廷に妖害、国に災乱がある」と述べられている。わが朝の安泰と危亡は、もっぱらこの寺の興廃にかかっているということを、よくよく了知しなければならない。
伏して惟《おもんみ》るに、わが君の仁は上宮法皇《じょうぐうほうおう》（聖徳太子）の十七条憲法に基づく仁政に均《ひと》しく、その

徳は唐国の太宗《たいそう》皇帝の鴻業《こうぎょう》を超えている。逆浪《げきろう》は翻じて四海清く、世に潜む争乱の種もみごとに抑えられて、天下は穏やかに治まっている。五畿七道はことごとく周武《しゅうぶ》一統《いっとう》の太平を誇り、全官僚と一切の人民《にんみん》は、みな漢の高祖《こうそ》が定めた三章の制法（法は三章のみとして法政の簡略化を図った高祖の政策）を謳歌している。この間、元弘《げんこう》元年には後醍醐天皇が東寺に御幸《ごこう》して、御仏《みほとけ》の護国の尊容を拝され、建武《けんむ》の新政が成ってのちも密林（東寺）に再臨されて、雁塔供養《がんとうくよう》の勅願を遂げられた。そのご信仰は他事を超え、密教を賞することは余宗を凌駕した。わが宗門の光華《こうげ》は、まさにこのとき輝きわたったのである。

ところがここに、一人の僧侶もどきが現われた。名を文観という。もとは西大寺末寺の播磨国《はりまのくに》北条寺の律僧である。この文観は兼ねて算道《さんどう》を学び、卜筮《ぼくぜい》を好み、もっぱら呪術を習って修験《しゅげん》の力を発揮した。貪欲心はすさまじく、驕慢《きょうまん》の思いもはなはだしかった。平安京に入ると、朝廷に取り入って証道《しょうどう》上人の職を掠《かす》め取り、ついに自らが東大寺勧進聖《かんじんひじり》の座についた。

この男は隠遁壊色《いんとんじょうしょく》（壊色は僧衣の染めに用いる濁色）の僧侶の身でありながら、謬《あやま》って国を動かすやんごとなき貴人たちの席に列《つらな》り、世間には智識の聖人《しょうにん》と号し、宗門内では醍醐寺座主《ざす》を称した。ひとえに名利の欲につながれ、かつて慙愧《ざんき》の心もない。いまだ鳥を装う蝙蝠《こうもり》の狡猾な気質を改めることもなく、ふだんは鳩のように温和なふりをしているが、時に応じて獲物を狙う鷹のような目付きに変わるのがこの男の本性である。

にもかかわらず、この文観は（後醍醐天皇によって）東寺の一の長者に任命され、ほしいままに法務を掌握している。まさに表現のすべすら見あたらぬ未曾有の珍事というべきである。

※東寺一の長者は真言宗のトップで、阿闍梨の第一位と位置づけられたことから「一の阿闍梨」ともいった。玉体安穏と鎮護国家のために修される真言宗最大の秘儀・後七日御修法《ごしちにちのみしほ》は一の長者の指揮下でおこなわれる。さらに一の長者は、僧綱所《そうごうしょ》（綱所）長官の正法務《しょうほうむ》も兼務した。僧綱所は律令体制下の仏教行政を掌《つかさど》る役所として発足したもので、古くは薬師寺や西寺に事務所が置かれたが、十二世紀中葉までには東寺に移った。その後、律令制の解体とともに僧綱所も形骸化するが、正法務という僧職は仏教界における権威の象徴として、名目が存続した。文観は真言宗を束ねる東寺一の長者と仏教界を束ねる正法務に任ぜられ、文字どおり仏教界の頂点に君臨したのである。

とはいえ、後醍醐帝の御意向を憚《はばか》って出家も在家も文観から目をそむけ、朝廷の威勢を怖れて貴賤ともに口を閉ざしている。昔、野干《やかん》（狐）が帝釈天に対したとき、その野干は（卑しい獣の身でありながら）天衣《てんね》の高座に座して法を説いた。いま文観は、吒枳尼《だきに》を祭って天皇の龍顔に謁《えっ》し、事を奏している。帝釈天に説法した野干と文観と、どこが違っているといえるであろうか。たとえ世間がつまらぬ小術《しょうじゅつ》を好んだとしても、その好みに迎合して密教の無上の大法《たいほう》を修させるようなことは、断じてあってはならない。軽はずみに法を用いれば、たちまち宗門全体の傷となる。すみやかに文観を排斥し、よろしく東寺一の長者を罷免すべきである。

文観は、もとより祖師大師の門徒ではない。もとをただせば小乗の律師である。そもそも呪術や偽経偽典を習うようなことは、正統な仏教から外れた異端の末裔の俗風にほかならないではないか。重ねて祖師大師の旧記（『御遺告《ごゆいごう》』）を調べてみるに、こう述べられている。

「嵯峨天皇より東寺を賜った。このうえない喜びで、それを真言秘密の道場とした。決して他宗の者をいっしょに住まわせてはならない。これは排他的な心でいうのではない。真実の法を護るための手立てなのである。（『法華経』方便品《ほうべんぼん》にもあるように）完全無欠な妙《たえ》なる法でも、（それを理解できない）五千人の心がおごったやからがいる。東寺は広いといっても、顕教《けんぎょう》を学び真言門でない異なった者の住するところではない。

どうしてこのようなことをいうのか。去る弘仁十四年（八二三）正月十九日に、わたくしに永久に東寺を賜り預けられた。そのときの勅使《ちょくし》は、藤原良房《ふじわらのよしふさ》公卿《くぎょう》であった。勅書は別にある。すなわち、（東寺が）真言密教の道場となることがすでに決定されたのである。東寺は師から次の師へと相伝して道場となすべきである。どうして真言門以外の者を入れて、みだりがわしく入り乱れることができようか。

わが弟子となろうとする者であって末《すえ》の世に後から生まれた弟子のうちで、（衆僧《しゅうそう》を取締る）僧綱《そうごう》の役に就く者は、戒を受けて出家してからの年数の順によるのではなく、最初に仏道の成就したものを東寺の長者にすべきである」（『空全』第八巻、遠藤祐純訳、カッコ内も遠藤の注）

朝廷から発せられた承和官符も、「道はこれ密教。他宗の僧を雑住《ぞうじゅう》せしむるなかれ」と命じているとおりで、実際、東寺の一の阿闍梨（一の長者）というのは、実慧僧都から益信僧正に至るまでの九十余代については、みな密家《みっけ》の棟梁、自門の宗匠のみであった。（祖師大師が入定した）承和の暁《あかつき》より、建武の聖朝《せいちょう》にいたるまで、五百余年間の宗務に勧進聖や異門の僧が混じったなどということは一度もなかった。

ああ、その地位にふさわしい器の者を選任することが賢王の善政だというのに、いったい誰が先王の徳行《とくぎょう》を違《たが》えたのか。他宗門の異類を制することは、われらが師の雅言《がげん》だというのに、どうして大師の遺誡に背くのか。文観の立ち居振る舞いをつくづく観察するに、そのおこないは僧にあるまじきものである。戒律を第一とする律家の僧のとき、彼は破戒無慚《はかいむざん》であった。真言宗に入ってからは、密教の弟子なら誰もが守るべき三昧耶戒《さんまやかい》を犯した。彼が歩んでいる道は、正道でもなければ、遁世出家の道でもない。すでに僧俗いずれの道からもはみ出て、どちらからも受け入れられないやからである。武勇を好み、兵具《ひょうぐ》を蓄えるような者が、どうして一の阿闍梨位に昇ったのか。文観に化けた天魔が、仏法を滅ぼそうとしているのか。不審の鬼神が姿を変えて、僧宝《そうほう》を悩まそうとしているのか。世のため法のために、この事態を恐れねばならない。慎《つつし》まねばならない。

昔、南天竺《なんてんじく》に凶悪な婆羅門がいて、密華園《みっかおん》（密教の花園）を破壊した。この婆羅門を降すために、（密華園の門徒の一人は）奥砂子平《おうさしひょう》の法（如意宝珠法とも降三世《ごうさんぜ》法とも転法輪《てんぽうりん》法ともいわれる調伏《ちょうぶく》法）を修し（て婆羅門を退け）た。今日、東寺には異類が居座って法務職《ほうむしき》を汚している。この者を排斥するために、金剛峯寺の衆徒はかく奏上するのである。諺に、口は災いのもとといって、最初に批判がましい言葉を口にすることをはばかる風潮があるが、この現状を見るとき、どうして理をもって非のあるところを糺し、後の弟子達の戒めとせずにおられようか。よって高祖空海の遺記を捧げて、末代の弟子の愁訴《しゅうそ》を上聞《じょうぶん》に達せんとしたのである。

われらが請い願うところは、朝廷がすみやかに文観の東寺一の長者ならびに金剛峯寺座主職の停止を決せられ、仏法の繁栄が次に下生《げしょう》する弥勒菩薩の龍華樹《りゅうげじゅ》の春色のときまで変わることなく、天皇の威光と感化が遙か先の星宿劫《せいしゅくごう》の未来仏の暁光《ぎょうこう》のときまで続くことである。

衷心からの切なる願いをおしとどめることができず、衆徒一同が誠惶誠恐して謹言する。

建武二年五月　日

金剛峯寺衆徒等上《たてまつ》る

文観の偽書の弊害

文観房弘真の人となりは、右の弾劾状によって察していただきたい。私がこのような文書を掲げて註するのは、たんにかの人を誹《そし》らんがためではなく、ただ後学《こうがく》の人々が邪路に入ることのないようにするためである。

弘真流（真言立川流のこと）の書籍は、さまざまなところで流布している。とくに多いのは大和国と越中国だが、その一々については、とても述べきれない。ちかごろ〈後西堂《ごさいどう》の〉周輔蔵主《しゅうゆうぞうす》が、鎌倉あたりから持ってきたものがある。かの弘真自筆の聖教は、嵯峨辺《あたり》で焼かれた。立川流の行者も、あらゆるところに満ちあふれている。最初に生まれたのは武蔵国だが、越中国と大和国も、武蔵国についで立川流の行者が多い。（彼らが持ち回っている）立川流の書籍がどれほどの数になるかは見当もつかない。

このように、正統な密教中に流入した邪流は多いが、なにかと憚りがあるので、具体的に書くことは避けたい。（内実を知りたい者は）明師についてたずねるとよいだろう。京都の東寺、高野山の金剛峯寺とも、邪正の混雑が多いようだが、多くはそのことに気づいておらず、みな混雑のままに習い伝えている。また、邪流が混じっていることはほぼ知ってはいるが、門流の情に囚《とら》われ、しかじかの門流、しかじかの流祖の末弟などと称して、邪正混雑の法をそのまま伝えている者もいる。外道《げどう》・邪見の人は、みなこれである。

そもそも、一生に定まった道などなく、正法には遇《あ》いがたい。いたずらに紙墨《しぼく》を費やして空しく年月を過ごし、財宝を投じて苦労を重ね、邪流を書し、邪流を伝授したとしても、現世における冥加はなく、後生《ごしょう》においては無間地獄に入る。これ以上嘆かわしいことはなく、これ以上の悲劇もない。自分もよくよく真理の世界に腰を落ち着け、正しい見解をもった師を探し求め、正しい法流を受け継ぎ、自分も他者も救われの道に入る自利利他・二利の行を修すべきである。前世から善業を積んできた純熟の人のために、破邪顕正《はじゃけんしょう》の旨を提示しておく。

立川流と空魔・天魔・蠱毒魔勝の悪鬼

さてまた大和国三輪の宝篋《ほうきょう》上人〈蓮道房《れんどうぼう》〉の書籍等にも、邪見の法門が多い。その著『一滴鈔《いってきしょう》』などは立川流の法門である。この類の鈔物や口決などの印信は、偽書と思ったほうがよい。総じて宝篋の門流中には邪義がある。何流かは自ら尋ねてほしい。

『首楞厳経』の第九巻には、こうある。

「すなわち空魔《くうま》がその心腑《しんぷ》に入って『堅固に戒律を守るのは（自分一個の救済をめざす）小乗のおこないだ』と悪口《あっこう》をいい、『（大乗の）菩薩は空を悟る。一切皆空と悟ったうえは、何の破戒行為があるものか』と、ささやきかける。その結果、空魔に憑かれた者は、信心深い帰依者の前で酒を飲み、肉を食らい、さまざまな淫らで穢れたふるまいに及ぶのだが、魔力が働いているために、それを見ている者に疑いや批判の念を生じさせない。この鬼心が久しく留まっていると、糞尿を飲食すること酒肉に等しく、何もかもが空だと唱えて仏の戒律を破り、人を惑わして罪をつくり、精神の統一を失って煩悩の海に沈むようになるのである」

また、同経の第六巻はいう。

「性欲を断たないままで禅定《ぜんじょう》を修する者は、砂や石を蒸して飯にしようとするようなものだ。無限の時を経ようとも、その砂石はただの熱砂と呼ばれるだろう。なぜなら飯というものは、もとより砂や石くれからできるものではないからである。あなたが性欲を断たないままの体で仏の妙果《みょうか》を求めるなら、たとえ妙なる悟りを得たと思っても、そのすべては性欲から派生している。根底にある婬欲の心のままに生きれば、その人は地獄・畜生・餓鬼の三悪道を輪廻して、そこから抜け出ることはできない。この状態で、どうやって如来の涅槃《ねはん》の境地をつかみとることができようか。婬欲の心が起こったら、必ず心身ともにその煩悩を断ち、断つという心の働きもまた、仏の悟りの境地の中で消え去るようにと冀《こいねが》うべきである。かくのごとき説を、名付けて仏説とする。これと異なるものがあれば、それは波旬《はじゅん》（悪、殺者）の説である」

また、〈第九巻は〉いう。

「そのとき天魔は、その便りを得て精を飛ばし、人の口に憑いて経法《きょうほう》を説く。彼は自分に天魔が憑いていることに気づかず、また自ら『私は無上涅槃を得た』というのである。この人は、かの根源にあるものを求める善男子《ぜんなんし》のところへ出向いて（『宝鏡鈔』原文はこの部分に文字の脱落がある。原典によって補った）座を敷き、法を説くのだが、その身に威勢の強い神が下っているため、求める者を制圧し、法を説かずとも、そこに集まっている聴衆の心を自然と虜《とりこ》にしてしまうのである。

これら魔に憑かれた人々は、『悟りを完成した仏の真理の体というものは、いま現にここにあるわれわれの肉体上で実現するのであり、それ以外ではありえない』と説く。『父が子をなし、その子が父となってまた子をなすというように相生《そうしょう》していくことが法身の常住であり、この相生が絶えることはない』といい、『いま現在こそが仏国土であり、ほかのどこかに浄居天《しょうごてん》などの天界・浄土や仏の金色《こんじき》の相があるわけではない』と説く。その人は、これらの教えを信奉して、まず正常な心の働きを忘失し、全身全霊を捧げることで、未曾有の奇跡を得るのである。

これらは愚かな迷妄にほかならない。彼は錯覚して『私は菩薩である』と主張し、錯覚を推し進めることで戒律を破り、ひそかに貪欲を行じる。好んで『眼耳鼻舌はみな浄土である。男女の二根は、すなわち悟りに至る真実の門である（男女の二根は即ち是《こ》れ菩提涅槃の真処《しんじょ》なり）』と口にする。かの無知のともがらは、この穢れた言葉を信じるのである。

これを『蠱毒魘勝《こどくえんしょう》の悪鬼』という。（外道の信者・行者が）年老いて魔となり、みずからを悩乱するのである。天魔が満足して憑いていた人の体から離れると、その人は弟子と師ともに王から刑罰をこうむる。そなたは悟りを開いて輪廻から抜け出したと思っているが、邪見に迷って無間地獄に堕していると知らないのである」

煩悩即菩提の意味とは何か

問う。「煩悩即菩提」という思想は、大乗仏教の妙旨《みょうし》である。『諸法無行経』は、「淫欲は即ち道である。恚《い》（瞋恚《しんに》＝いかり）と癡《ち》（愚癡＝無知）も同じだ。淫欲・恚・癡の三毒の中に、無量の仏道がある」

と説いているし、天台宗の論書（『摩訶止観』）にも、「央掘摩羅《おうくつまら》はいよいよ殺し、いよいよ慈心を起こした。祇陀《ぎだ》と末利《まり》は、ただ不飲酒戒《ふおんじゅかい》を破ることで善因を積んだ。和須蜜多《わすみた》の淫行はそのまま梵行であり、提婆達多《だいばだった》は邪見の人であって、かつ未来に仏となることを約束されている」と説かれている。

※央掘摩羅　前五世紀頃のコーサラ国の賊人。バラモン教の師から千人を殺して千本の指を切るよう命ぜられ、千人目に母親を殺そうとしたときに釈尊と出会い、ついに出家して仏弟子となり、悟りを開いたという（『賢愚経《げんぐきょう》』）。

※祇陀　舎衛国・波斯匿王《はしのくおう》の太子。熱心な仏教信者で、祇園精舎建設のために土地や資財を提供した。戒律の中に不飲酒戒があるが、祇陀は酔って乱れるような振る舞いがないなら、交際の席で楽しく酒食を共にするのは社交上の娯楽であって悪行ではないと釈尊に訴え、釈尊も「祇陀はすでに智恵方便を得ている」と称えて、祇陀のような飲酒は「まさに福を生み出すものであり、罪とせられることはない」と答えた（『未曾有因縁経《みぞういんねんぎょう》』）。

※末利　波斯匿王の夫人。一説に奴婢の娘であるという。『勝鬘経《しょうまんぎょう》』の主人公・勝鬘の母。波斯匿王が怒りにまかせて宮廷料理人を殺そうとしたが、機転を利かせた末利夫人が不飲酒戒を破って美酒などで王の怒りを鎮め、料理人の命を救った。釈尊はそのおこないを褒め、「破戒ならず。（夫人は）善功徳を得る」と称えた（『未曾有因縁経』）。

※和須蜜多　インドの南方・除難《じょなん》国の遊女。婆須蜜多とも書く。遊女でありながら、すでに欲を離れて清浄な悟りの境地に達しており、菩薩の道を求めてやってきた善財童子《ぜんざいどうじ》を教導した。遊女のなりわいは淫行だが、和須蜜多は欲の迷いからとうに脱却しており「私は神々にとっては天女、人にとっては遊女、

神霊にとっては非人（天界の住人や竜神・鬼神・夜叉衆など人間とは異なる神霊の総称）の女になる」と説き、婬欲など欲望のとりことなっている者を執着のない境地に導くと教え諭した（『華厳経』）。親鸞のために女身をとって現れた観音菩薩と同じ方便。

※提婆達多　釈尊の従兄弟で阿難尊者《あなんそんじゃ》の兄。出家者は魚肉や乳酪や塩を摂らず、屋内に入ることなく森に住み、ボロのみをまとわねばならないなどの厳格な戒律を主張して釈尊から離反し、独自の教団を立ちあげた。仏教側からは嫌忌され、死後、最下層の地獄に落ちたと伝えられる。ただし、輪廻転生をくりかえしたのち、人間界に生まれて自力で悟りを開き、辟支仏《びゃくしぶつ》（縁覚）になるといわれる（『増一阿含《ぞういつあごん》経《きょう》』）。

さらにまた、華厳宗の論書には、「真理は迷妄の末までも包み込み、迷妄は真理の根源に透徹する（真該妄末《しんがいもうまつ》、妄徹真源《もうてつしんげん》）」（『華厳五教章』木村清孝訳）と説かれているし、「三毒（貪瞋痴《とんじんち》）に遇って三徳（智徳・断徳・恩徳）が円満具足する」（『金師子章雲間類解《こんじししょううんかんるいげ》』）とも説かれているのである。目を真言宗に転じると、（祖師大師が）こう釈している。

「もしも、如来の無量なる徳の秘名《ひみょう》を明察《みょうさつ》し、厳《おごそ》かに徳によって荘《かざ》られた秘密なる蔵を深く開くときは、地獄・天堂、仏性・無仏性、煩悩・菩提、生死《しょうじ》・涅槃、辺邪・中正《ちゅうしょう》、空・有、偏向・円満、二乗・一乗、これらはみな人間が本来持っている仏の名字である。どれを捨てどれを取るということがあろうか」（『空全』第一巻、福田亮成訳、なお、「辺邪」から「一乗」までは『宝鏡鈔』では略されているが、全文を掲げた）

（祖師らがこのように説かれているのに）あなたはいったいいかなる理由で「煩悩即菩提は邪見の類だ」と主張するのか。

答えよう。仏教の真理にもとづいて煩悩即菩提を議論することは、大乗仏教本来の正統な議論にはちがいない。とはいえ、言葉の真実の意味も知らずに単純に妄情を認め、煩悩はそのまま覚りへの道だと考えるなら、地獄・餓鬼・畜生の三途《さんず》に沈むだろう。これを邪見というのである。

真実の煩悩即菩提とは、天台宗のいわゆる「三諦即是《さんだいそくぜ》」や「陰入皆如《おんにゅうかいにょ》」の道理によって説かれるものであり、真言宗の「六大無碍」や「阿字本不生《あじほんぷしょう》」の道理に基づいて、惑道・業道・苦道の三道流転の衆生を、万象の本源である真理世界へ運ぶということがいえる。真言の道の神髄にまで心境が進み、表面的な解釈では到達できない真言陀羅尼などの密語の奥深い意味に通達《つうだつ》し、（弘法大師のいう）「なにものも捨てず、またなにものも取らない（焉捨焉取《えんしゃえんしゅ》）」覚りの境地を開いたなら、どうして因ってくる理由も知らずに、ただ妄情にまかせて煩悩即菩提などと唱えるわけがあるだろうか。

密教でいう「父母《ふも》」とは、理（胎蔵）と智（金剛界）から生まれた理念のことであり、「理智不二《ふに》の仏」という名はあっても、（肉体身などの）実体はない。もし「三毒即仏（貪瞋痴の煩悩がそのまま仏である）」「一切迷倒即仏《いっさいめいとうそくぶつ》」という言葉が方便でないのなら、自然のありのままが仏ということになる。そうであるなら、顕教・密教など無用の長物ではないか。

問う。（あなたがいわれるとおり）煩悩即菩提と知るということは、すなわちなぜそうなのかの根源を知ることだ。一方、凡夫は煩悩即菩提とも知らずに煩悩を起こし、（無意識に）業《ごう》をつくり、その報いを受けている。とはいえ、凡人・聖人《しょうにん》ともに、始めもなければ終わりもない存在だという点で変わりはない。ならば、教えを設けても無意味というべきではないか。

答える。耳に煩悩即菩提の教えを聞き、口で煩悩即菩提を説いているとしても、心がその深い意味を理解していないなら、もともとの凡夫の情を保持したままで覚りを得ることに執着《しゅうじゃく》し、ますます煩悩を行じ、輪廻の時を長引かせることになるだろう。そんなことで、どうして如来の一切智々《いっさいちち》を証得し得ようか。即身成仏の到着点に到りたいのなら、瞑想の教えに依って自分自身の心を観じ、その瞑想中に阿字（𑖀）・鑁《ばん》字（𑖪𑖽）・唵《おん》字（𑖌𑖼）等を思惟《しゆい》し、わずかに見ただけのものも、常に見ているものも、自由自在に駆使できるだけの一切智々を得るべく努めるべきである。正しい教えを顚倒して、邪路に入るべきではない。

『大日教疏』はこう説いている。

「第三には、この吉祥草《きっしょうそう》（茅）をもって、智恵の働きを表象するのである。この草の両辺には、多くの鋭い棘がある。もし（修法壇前の敷物に）座臥してこの草を手に執った場合、方便のない者はかえって傷を受ける。しかし、もし棘に逆らわずに手を添えて保護すれば、棘も害をなすことはできない。他のすべての存在物や現象も、またこれと同じである。もし真理の教説に従ってこれを見るなら、あらゆる塵穢れや憂い悩みにも、みな浄化の用がある。けれども、もし方便を失えば、智身がひどく損壊されてしまう。そのゆえに、吉祥草を法門の表象とするのである」

法印権大僧都宥快これを記す

時に明応《めいおう》八己未年卯月二十六日

第七章　『辰菩薩口伝』

解　題

辰《しん》菩薩とは辰狐《しんこ》王すなわち吒枳尼《だきに》天を指す。本書は吒枳尼にまつわる秘口伝をまとめたもので、神奈川県横浜市・金沢称名寺《しょうみょうじ》の聖教の一部を構成しており、吒枳尼の功徳、とりわけ死に臨んだ者の血肉をねぶって成仏に導く吒枳尼の働きが大日如来の慈悲による救済だと強調しており、中世における吒枳尼天信仰をうかがう上で好個の史料となっている。

中世密教には、陰陽道における式盤《ちょくばん》に相当する天地人盤があり、陰陽師が式盤を操作することで式神《しきがみ》などを操作できると信じられたように、密教行者も天地人盤を操ることで天部の神々や鬼神を使役できるものと信じられた。これを盤法といい、五大明王や聖天《しょうてん》（歓喜天《かんぎてん》）などを本尊とする盤法がおこなわれたが、吒枳尼も盤法本尊中の一尊で、訳出したのはその関連史料のひとつである。

吒枳尼関連の盤法が称名寺に伝わった経緯は明らかではない。同寺の伝書によれば、この法は大日如来―金剛薩埵《こんごうさった》―龍猛《りゅうみょう》―龍智《りゅうち》―金剛智《こんごうち》―珍賀《ちんが》（唐国・青龍寺）と相承され、日本には空海とともに入唐留学した天台僧の円賀《えんが》が伝えたことになっているが（『頓成悉地口決問答』）、円賀に入唐の経歴はなく、時代も空海より百年ほど後なので事実とは見なせない。円賀は天台の入唐僧・円珍《えんちん》の誤記ではないかと思うが、円珍の入唐も空海より後であり創作された血脈である。

称名寺の吒枳尼関連聖教は、鎌倉時代の学僧で称名寺二代住持の劔阿《けんあ》（一二六一〜一三三八年）を中心にまとめられたものらしい。金沢文庫職員（現・上智大学文学部教授）の西岡芳文氏は、劔阿より十六歳下の弟子である秀範《しゅうはん》が「外部で伝授を受け、それを劔阿が受けるという手続きで、称名寺に秘法が導入された」ものと推定している（『陰陽道×密教』「総説」金沢文庫）。秀範から吒天法を受けた劔阿は、それを弟子の什尊《じゅうそん》に伝えたらしく、西岡氏によれば什尊は延文《えんぶん》四年（一三五九）、称名寺に辰狐王菩薩の社殿を建立したというから、称名寺の吒天法は十三世紀中頃から十四世紀にかけて盛んに修されたものと思われる（盤法の作法等は『秘教Ⅰ』第五章参照）。

現代語訳に際しては金沢文庫の翻刻（『陰陽道×密教』所収）を用い、適宜小見出しを付した。

1、「如意宝珠王菩薩口決」

安然口決《あんねんくけつ》に云う。

『法華経』「方便品」の「諸仏智恵、甚深無量《じんしんむりょう》」という二句八字は、無所不至印《むしょふしいん》のことである。中台八葉院《ちゅうだいはちよういん》の中央に座す大日如来のことである。大日如来は過去・現在・未来の十方全世界で活動しているすべての仏の智恵の本体（性）そのものなので、「諸仏の智恵」というのである。この智恵は、人と天部の神々と声聞の悟りを得た人と縁覚の悟りを得た人と、および三種の菩薩が獲得するところの七種の智恵（七方便）のことではない。なにもかもが円満にそなわって欠けたところのひとつもない、仏の究極の智恵のことをいう。ゆえに「甚深」なのである。

この智とは、大日如来の法界体性智《ほっかいたいしょうち》のことである。智を分類すると五智になる。第一に法界体性智、第二に大円鏡智、第三に平等性智《びょうどうしょうち》、第四に妙観察智《みょうかんざっち》、第五に成所作智《じょうしょさち》である。

大日如来の法界体性智を、仏がみずからの悟りの境界を味わい楽しんでいる法悦の境地（自受法楽《じじゅほうらく》）の智とし、大日如来から現れ出た三十七尊の瞑想境における智（示現三十七尊三昧地《さんまじ》智）とする。いわゆる五智・四波羅蜜《はらみつ》・十六大菩薩・八供養・四攝《ししょう》の智、ないしは無量無辺の智が現出したものとする。

※安然（八四一～九一五頃）　比叡山で円仁の弟子となり、広く顕密の仏教を体得。金胎両部の灌頂《かんじょう》を受け、伝法阿闍梨《でんぽうあじゃり》位に就く。後年、叡山の五大院を建立して五大院大徳とも密教大師とも尊称された天台教学の大成者。この口決は後代の偽書である。

※三十七尊　三十七尊は金剛界曼荼羅のうちの中心区画である成身会《じょうじんね》に描かれる三十七体の諸尊の総称。中央の大日如来を取り囲んでいる四仏（阿閦《あしゅく》・宝生・弥陀・不空成就の四如来）、四波羅蜜（宝・業・法・金剛の四波羅蜜菩薩）、十六大菩薩（金剛薩埵・金剛王・金剛愛・金剛喜・金剛宝・金剛光・金剛幢《どう》・金剛笑・金剛法・金剛利・金剛因・金剛語・金剛業・金剛護・金剛牙《げ》・金剛拳の十六菩薩）、八供菩薩（嬉《き》・鬘《まん》・歌・舞の内四供養菩薩と香・華・燈・塗香《ずこう》の外四供養菩薩）、四摂菩薩（鉤《こう》・索《さく》・鎖《さ》・鈴《れい》の四菩薩）の

全体をいう。成身会は根本会とも呼ばれる金剛界曼荼羅の中心であり、三十七尊は自受法楽の境地で円満自足している大日如来の智恵が、外部世界に向かって展開した姿にほかならない。口決はそのことをいっている。

これはすなわち金剛界曼荼羅の五部の如来（大日・阿閦・宝生・弥陀・不空成就の五如来）が掌《つかさど》る五智であり、金剛界曼荼羅の九つの世界（九会）に座す諸尊の智であり、『金剛頂経』の十八会曼荼羅諸尊の智である。

この智のみなもとである完全なる仏（大日如来）が、衆生済度の方便として藍婆羅刹女《らんばらせつにょ》（仏教を守護する十羅刹女の第一の鬼神）に変身なさった。そこでこの仏の世界（五部如来・九会・十八会曼荼羅の総体＝金剛界曼荼羅＝智曼荼羅）を、智恵門というのである。

※羅刹女　羅刹女は『法華経』の説く仏教守護の鬼神。藍婆《らんば》・毘藍婆《びらんば》・曲歯《こくし》・華歯《けし》・黒歯《こくし》・多髪《たほつ》・無厭《むえん》足《ぞく》・持瓔珞《じようらく》・皐諦《こうたい》・奪一切衆生精気《だついっさいしゅじょうしょうけ》の十鬼女をいう。同経の「陀羅尼品《だらにぼん》」では、羅刹女が釈尊に向かい、「我等また『法華経』を読誦し受持せん者を擁護して、その衰患を除かんと欲す」と表明している。「安然口決」では、絶対的な智の当体である大日如来が衆生のために羅刹女に化身・示現して施福救済にあたっているというストーリーのもとに展開され、それを説いているのが『法華経』だとして、以下の秘説を述べる。

『法華経』の「授学無学人記《じゅがくむがくにんき》品（九章）」まで説き終えた釈尊は、大威徳生《だいいとくしょう》印を宣《の》べたもうた。これは宝幢《ほうどう》如来の智のことである。その前の「信解《しんげ》品（四章）」に「威徳特尊」の名が見え、「化城喩《けじょうゆ》品（七章）」にも「威徳世尊」とあるのがその証拠で、方便として藍婆羅刹女に化現した宝幢如来のことをいったのである。「提婆達多《だばだった》品（十二章）」から「従地涌出《じゅうじゆじゅつ》品（十五章）」までは、文殊師利《もんじゅしり》印の説法である。文殊菩薩は、方便として曲歯羅刹女に化現した。「見宝塔《けんほうとう》品（十一章）」は金剛不壊印の説法で、開敷華王《かいふけおう》如来のことである。この如来は、方便として華歯羅刹女と現れた。「如来寿量品（十六章）」には蓮華蔵印が説かれている。阿弥陀如来のことである。この仏は方便として多髪羅刹女と示現した。「分別功徳品（十七章）」から「常不軽《じょうふきょう》菩薩品（二十章）」までは、弥勒迅疾持《じんそくじ》印の説法である。弥勒菩薩は無厭足羅刹女と化現した。「如来神力《にょらいじんりき》品（二十一章）」から「妙音《みょうおん》菩薩品（二十四章）」までは万徳荘厳印を説かれたもので、天鼓雷音《てんくらいおん》如来のことである。この仏は持瓔珞羅刹女に化現した。「方便品（二章）」から「妙荘厳王本事《みょうしょうごんのうほんじ》品（二十七章）」までの二十六品は、『法華経』の本論部分（正宗分《しょうしゅうぶん》）である。この正宗分を通して、大日八印が説き示されている。これこそが大日如来が自身の悟りの内証を身密によって表現なさった八印、一切如来の智印である。また、大日如来が外に向かってその智を放出したことにより表出された吒枳尼天の印、三部三重の諸尊およびそれを取り巻く天部諸神の諸印である。

最後に吒枳尼天が、方便として奪一切衆生精気羅刹女と現れた。この十羅刹女・八葉九尊は、すべて吒枳尼天が化身することで出現した肉身の仏神である。羅刹女は、『法華経』を受持《じゅじ》・読誦《どくじゅ》・解《げ》説《せつ》・書写する法師を擁護する〈筆記者注＝これが安然和尚の口決である〉。

※八印　大日如来の八印は『大日経』に説かれており、胎蔵曼荼羅の中心に置かれている中台八葉院の四如来（宝幢・開敷華王・阿弥陀・天鼓雷音仏）と四菩薩（普賢・文殊・弥勒・観音）に配当される。行者が本尊と一体となるための観法（本尊観）をおこなう際に用いられる八印で、①大威徳生《だいいとくしょう》印、②金剛不壊印、③蓮華蔵印、④万徳荘厳《ばんとくしょうごん》印、⑤一切支分生印、⑥世尊陀羅尼印、⑦如来法住印、⑧迅疾持《じんしつじ》印の八印からなる。「安然口決」は、この八印説を『法華経』にあてはめて秘釈したもののようだが、ほんらい『大日経』（胎蔵曼荼羅）の所説である八印に、『金剛頂経』（金剛界曼荼羅）を接続している。また、八印には含まれない無所不至印を大日＝藍婆羅刹女とし、吒枳尼天の印を欠いて七印しか挙げていないなど、随所に混乱がみられる。正統な密教阿闍梨の所説でないことは明らかで、「安然口決」としているのは権威付けのための仮託とみてまちがいないが、口決筆者の狙いは八印そのものにあるのではなく、如来と菩薩と天部の働きの一切が吒枳尼天（辰狐王菩薩）に集約されると主張することにある。

※奪一切衆生精気羅刹女　取一切精《しゅいっさいしょう》ともいう。その働きについては、「一切衆生の煩悩の悪気を奪除して菩提の善法を長養する」（『新纂仏像図鑑』）と説明されており、臨終に際して衆生の煩悩を喰い尽くすとされた吒枳尼の働きと共通するところから、吒枳尼の化身と考えられるにいたった。この羅刹については、次の「智証大師口決《ちしょうだいしくけつ》」および「大師口決」で詳しく説明されている。

以下は私（称名寺・秀範か）の注記である。

『法華経』「方便品（二章）」の「諸仏智恵甚深無量」は無所不至印のことで、大日如来である。それゆえ智恵門という。「授学無学人記品（九章）」の章末までは大威徳生印で、宝幢如来である。「法《ほっ》師《し》品（十章）」は如来支分生印で、普賢菩薩である。「提婆達多品（十二章）」から「従地涌出品（十五章）」までは文殊師利印である。「如来寿量品（十六章）」は蓮華蔵印で、阿弥陀如来である。「分別功徳品（十七章）」から「常不軽《じょうふきょう》菩薩品（二十章）」までは弥勒迅疾持印である。「如来神力品（二十一章）」から「妙音菩薩品（二十四章）」までは万徳荘厳印で、天鼓雷音仏である。「観世音菩薩普門品（二十五章）」、「陀羅尼品（二十六章）」、「妙荘厳王本事品（二十七章）」の三品は観世音陀羅尼の印明で、観音である。

※私注の筆者は、「安然口決」の混乱を正し、『法華経』との整合性をもたせるために、ほんらい八印中に含まれていなければならない普賢菩薩と観音菩薩を加えている。

【八葉蓮華・八尊配当図】

大日如来	藍婆	一名
宝幢如来	毘藍婆	二名
普賢菩薩	曲歯	三名
開敷華王如来	華歯	四名
文殊菩薩	黒歯	五名
阿弥陀如来	多髪	六名
観音菩薩	無厭足	七名
天鼓雷音如来	持瓔珞	八名

弥勒菩薩　　皐諦　　九名

（羅刹女の後に記された人数は羅刹女数を表す）

私見では、この八葉九尊は大日如来の化現で、最後の化身が吒枳尼天である。この吒枳尼天が、十番目に示現した。名を奪一切衆生精気羅刹女という。ゆえに『法華経』の十羅刹女とは、八葉の九尊および大日の化現である吒枳尼天の示現化作身《けさしん》なのである。

2、「智証大師口決」

智証大師口決に云う。すべての命あるもの（衆生）がそなえている五臓のうち、羅符蔵《らふぞう》を八分肉団《はちぶんのにくだん》（心臓）といい、八分肉団を奪い取って自分の食用としている羅刹女鬼を、奪一切衆生精気という。衆生の精気は羅符蔵八分肉団の内にある。その八分肉団とは、すなわち自性清浄覚悟の蓮華である。その葉々には無量無辺の数があるが、根本は八葉である。

※智証大師円珍《えんちん》（八一四～八九一）　延暦寺第五世座主《ざす》で天台宗寺門《じもん》派の祖。入唐留学して諸国で顕密両教をくまなく修徳し、一千巻を超える経典を持ち帰った。帰国後は天台教学の根本経典である『法華経』と、密教の根本経典である『大日経』の顕密一致を説き、天台密教の礎を築きあげた大阿闍梨だが、この口

決も円珍のものではない。

※羅符蔵　羅符蔵という言葉は大蔵経にも見当たらず未詳だが、五大中の火大《かだい》を意味する種字ラ（𑖨）の符蔵（腑臓）の意と考えられる。心臓（紇哩駄耶《きりだや》）は火の臓器にほかならない。

※八分肉団　八分肉団は肉団心ともいい、心臓を意味する。種々の経論に出る紇利陀耶や乾栗駄《けんりつだ》がそれで、心臓が八葉蓮華の形をしていると考えられたところから八分肉団と呼ばれた。『秘教Ⅰ』四三五ページに記したとおり、吒枳尼天（奪一切衆生精気羅刹女）は臨終者の心臓を取って喰らうことを、大黒天から認められた（『大日経疏』）。口決中の「自分の食用としている」は、このことを指している。

蓮華の東の葉を相葉《そうよう》と呼ぶ。南の葉は性《しょう》葉、西の葉は体《たい》葉、北の葉は力《りき》葉、東南の葉は作《さ》葉、西南の葉は因《いん》葉、西北の葉は縁《えん》葉、東北の葉は果《か》葉と呼び、中台（中心部分）は報台《ほうだい》と呼ぶ。

冒頭の相葉は本《もと》であり、最後の報台は末《すえ》である。この蓮華を、九尊如来（八葉それぞれに座す八仏と中台の大日如来）が中道実相と化現した姿とする。そのゆえに、これを究竟《くきょう》という。全宇宙に遍満している妙理には、高下の差別は存在しない。ゆえにかくいうのである。

八葉上には四仏と四菩薩が端座している。大日如来は結跏趺坐《けっかふざ》して中台に座している。その無量無辺の蓮華の上に、仏や菩薩や明王等が端座したもうのである。

※相葉　相葉から究竟までは、『法華経』「方便品」の十如是《じゅうにょぜ》のこと。十如是とは、宇宙の実相を十の視点から分析的に述べたもので、「相」は形相、「性」は内的本性、「体」は相と性の本体、「力」は潜在的能力、「作」は潜在的能力の顕現、「因」は直接原因、「縁」は間接原因、「果」は結果、中台の「報」は後世の

報果を意味する。以上の九如是は個々独立したものではなく、ただひとつの真理の現れにほかならない。そこでこの真理の実相を「本末究竟《ほんまつくきょう》」と呼び、あわせて十如是とするのである。

※心臓は、人体内において全宇宙に遍満している妙理（大日如来が示した真理、『法華経』の説く十如是）を体現した臓腑にほかならない。その心臓を吒枳尼天が取って喰らうということは、吒枳尼天こそが現実世界で仏の働きを実現し、宇宙そのものを実現している十如是の帰結としての肉身であり、究極の救済者なのだということを示そうとした口決である。こうした考え方は、次の「大師口決」で詳細に展開されている。

3、「大師口決」

吒枳尼王とは何か

大師口決に云う。いわゆる吒枳尼の印相は、右拳で腰を押し、左掌を仰向けにし、舌をもって血を舐《ねぶ》るかたちにつくる。このかたちは、吒枳尼天の救済の働きの理を表している。理とは、九法界（地獄・餓鬼・畜生・阿修羅・人間・天上・声聞・縁覚・菩薩の九つの境界）の衆生が生まれながらその身に具えている仏性《ぶっしょう》（仏としての本性）のことであり、妙なる真理の姿そのものである。

修行や学習によって得られた真理の身体（修徳の法身）を、白狐王（辰狐菩薩＝吒枳尼天）という。

白狐王は、智恵の舌で（死に臨んでいる者の）無明の血を舐め尽くすことにより、その人の根源的な煩悩一切を拭い去り、生まれながらに具えていた（蓮華座で象徴される）仏性を開かせる。この仏性開顕を、ほんらい清浄な悟りの境地である蓮華によって示すのである。

八葉蓮華の中台に端座なさっている大日如来と、八葉に座している四仏四菩薩の九尊は、絶対的な真理の身体（自性法身）そのものだとしている密教の教えは、このことを指している。

※吒枳尼は「修徳の法身」であり、大日如来とその現れである四仏四菩薩は、真理の当体である「自性法身」だということが、まず最初に示される。生きる衆生を相手に現実世界で働くのは、一切をあらしめている真理そのものの自性法身ではなく、自らの活動によって獲得された修徳の法身だから、衆生に大日如来の功徳霊験を現すのも、修徳の法身である吒枳尼天ということになるわけである。続く文章で、この考え方が展開されていく。

一切衆生の身中には、大日如来の八印（によって象徴される心臓）が具わっているが、その八印を諸尊によって表すことは、吒枳尼王の為すわざ（所為）である。そのゆえに、吒枳尼王を三世諸仏の母という。

大日八印の諸尊は、吒枳尼王の所為によって（現象界に）顕れる。大日如来は、方便の力をもって吒枳尼王の姿で化現し、九尊は藍婆等の九人の羅刹女身を化作する。この九羅刹女と、最後に化現する吒枳尼王の羅刹女身（奪一切精気）とを合わせて、十羅刹女というのである。

吒枳尼王の働き

奪一切衆生精気は、衆生が抱えている無明妄想の精気を奪い取り、如来蔵（凡夫の心中にある仏となりうる可能性）に食い入る。そこは妙覚海《みょうかくかい》（仏の無上の悟りの世界）である。胎蔵界を華蔵《けぞう》海といい、金剛界を密厳《みつごん》海という（が、この両界すなわち仏の悟りの総体が妙覚海であり、衆生の如来蔵はこの妙覚海を生まれながらに具えている）。

※花蔵海と密厳海　華蔵海は『華厳経』で説かれる蓮華蔵世界のこと。毘盧遮那仏《びるしゃなぶつ》（大日如来）の浄土であり、清浄無垢の蓮華から生じた世界なので、蓮華蔵世界や華蔵界などと呼ばれている。また、密厳海は『大乗密厳経』で説かれる密厳浄土のことで、こちらも仏の身口意《しんくい》の三密《さんみつ》によって荘厳《しょうごん》された大日如来の浄土と説かれる。空海に仮託された口決の筆者は、この二つの浄土を胎蔵曼荼羅と金剛曼荼羅の両部曼荼羅に配当している。ところで、真言宗ではわれわれが現に生きているこの世界そのものが、また凡夫の身心そのものが、ほんらい浄土だと主張する。凡夫が生まれながらに仏性を具えた存在であるのと同じように、仏の清浄な悟りの世界である華蔵海・密厳海も、どこか別の場所にあるのではなく、われわれ凡夫の生きている世界のなか、われわれ自身の内にある。そのことを覚らせるために、奪一切衆生精気は「衆生が抱えている無明妄想の精気を奪い取り、如来蔵に食い入る」というのである。

吒枳尼王の腹中には、ヴァ字（）の智水が満々と湛えられており、一切衆生を即身成仏させることに関しては、吒枳尼王以上の力をもつものは存在しない。

手のひらや月によって象徴され、心という言葉によって表されているところの心というものは、胸間の五臓の中心にある六符蔵（六つの腑臓）のうちの心の符蔵、八分の肉団、すなわち八葉蓮華のことである。その蓮台に、自性清浄の天輪（心月輪《しんがちりん》か）がある。そうした理由があるので、吒枳尼天印で用いられる左手掌のことを心《しん》といい、月《がつ》と呼ぶのである。また、舌を以て左の掌を舐めるという所作は、所願の成就を表すのである。

『法華経』と吒枳尼王

天の日輪が胸間に至って、地水火風空の五つの元素のうちの水〇《すいだい》となる。その水〇の上に、八葉の大蓮華王がいる。大蓮華王が住している場所は胸の間である。

王は数限りない蓮華と化して、ヴァン字（）の智水海中に蓮華を散らし置く。これが（蓮華を蔵する海という意味の）華蔵海である。日常生活のなかで仏道を行じ、声聞・縁覚という二乗の教えを堅守して、その境地から動こうとしない（頑迷な）菩薩は、これを知ることも見ることもない。だから華蔵海は、（二乗不退転の菩薩には知見されない秘密の海という意味で）密厳海とも呼ばれる。

※水〇　ここでいう水とは、仏教が世界の根源元素としている五大（地大・水大・火大・風大・空大）のうちの水大のこと。〇も水を象徴している。五大にはシンボルとしての色や形などが配当されており、地は黄色・正方形、水は白・正円、火は赤色・三角形、風は黒・半月、空は青・団形（蓮華葉ないし宝珠の形）で表される。五輪塔は、この五大を具象化している。水〇は、この五輪五大の象徴である正円

を表している。

※ヴァン（）　ヴァンは金剛界大日如来の種字（その仏を象徴する梵字）。漢字で鑁《ばん》と表記する。水輪（五大の水大のこと）、塔婆、大悲、金剛、智身、灌頂、殊勝、周遍、心、密など多様な意味を持つ。

大乗教の最初の段階に入った菩薩から、修行が進んで仏の正しい悟りに到達した菩薩までは、このことを知っている。また、無上の悟りを開いた仏（妙覚仏）は、これを完全に究め尽くしており、水大に座す大蓮華王の上に住されている。それゆえその境地を妙覚海という。

釈迦如来は二処三会《にしょさんえ》において、このことを明らかにお説きになった。そこでこの説法を、『妙法蓮華経』という。一方、大日如来は、御自身の宮殿である法界宮に、このことを秘蔵された（秘密の教えとしたという意）。ゆえにこれを蓮華胎蔵というのである。

※二処三会　二処とは『法華経』が説かれた場所である霊鷲山《りょうじゅせん》と虚空の二処。三会とは、霊山会《りょうぜんえ》（序品から法師品まで）・虚空会（宝塔品から属累品《ぞくるい》まで）・霊山会（薬王品以下）の三つの会座《えざ》。この二処三会によって説かれた教えは、蓮華というシンボルによって表される妙《たえ》なる法なので、経題が『妙法蓮華経』になったとする。吒枳尼が心臓を舐めて衆生を成仏に導く鬼神とされているため、心臓の象徴である蓮華を経題にもつ『法華経』と関連づけたのである。なお、「明らかにお説きになった」と訳した部分の原文は「顕ニ説ク」で、『法華経』が顕教の教えであることを示す。対する密教の教えが、大日如来の蓮華胎蔵、すなわち『大日経』である。

釈迦如来が説かれた『妙法蓮華経』の擁護者を、奪一切衆生精気と呼ぶ。大日如来が説かれた三部の秘法（胎蔵界曼荼羅を構成する仏部・蓮華部・金剛部の秘法）の守護者を、吒枳尼王等と呼ぶ。十二大威徳天や無数の金剛天などは、みなこの吒枳尼王の化身である。

天女子

吒枳尼王の法を記した経軌などには、三大王子のことが説かれている。これは仏部・蓮華部・金剛部の聖衆《しょうじゅ》のことである。すなわち仏部の聖衆は天女子、蓮華部の聖衆は赤女子、金剛部の聖衆は黒女子という。

また、こうも説かれる。肉団（心臓）が無明の煩悩の闇に閉ざされている凡夫の心を舐《ねぶ》り尽くせば、（煩悩の闇がとりはらわれて）五方の如来の智恵（五智）が完全に顕れる。この智恵のことを天女子という。仏陀神王というのが天女子の秘密の号である。

赤女子

五智如来が説かれた密厳浄土の秘教を『金剛頂経』等といい、華蔵世界の所説を『大日経』等という。また、大日如来が七処八会において説かれた教えを『華厳経』、四十九会で説かれた教えを『方等経』『宝積経』、室内で説かれた教えを『維摩経』、四処十六会で説かれた教えを『般若経』、二処三会で説かれた教えを『法華経』、倶尸那《くしな》城（釈迦入滅の地クシナーラー）で説かれた教えを『涅槃経』という。

（さらに仏教以外の教えに属する）大梵王宮で説かれた教えを四韋陀《しいだ》典（四種のヴェーダ聖典）といい、（須弥山頂上に住まう帝釈天の城である）喜見城で説かれた教えを欲論（未詳）という。

これらの内典（仏典）と外典（仏教以外の教典）で用いられている文言と、文言が意味する内容を合集して一身と化した聖衆を、赤女子と名づく。ゆえに赤女子の密号を達磨《だるま》神王という。

※欲論　喜見城は天人が遊び戯れる美麗そのものの楽園の一種で、浄土世界のモデルともなっている。欲望が充足される世界なので、それにまつわる諸説を総称して「欲論」といったものか。

※達磨神王　この達磨は中国禅宗を開いた達磨大師のことではなく、法を意味するダルマを神格化したもの。原文は「達广神王」。先の天女子が仏陀、赤女子がダルマであり、次項の黒女子の密号が「僧伽」すなわちサンガ（仏教の出家集団）とされているので、天女子・赤女子・黒女子を仏法僧の三宝に配当していることがわかる。

黒女子

胎蔵曼荼羅の中台八葉院の四維に座している四菩薩（東北の普賢菩薩、東南の文殊菩薩、西南の観自在菩薩、西北の弥勒菩薩）や、四菩薩の化身である菩薩・明王・声聞縁覚を合集して一身と化した聖衆を、黒女子という。その密号は僧伽《そうぎゃ》神王である。

部類眷属と吒枳尼王の本体

吒枳尼王には五大王子がある。五大王子は金剛界曼荼羅の五部（仏部・金剛部・宝部・蓮華部・羯磨《かつま》部）の聖《ひじり》である。八大王子がある。胎蔵曼荼羅の中台八葉院の八尊である。

また、空中では金胎両部（金〇）の北斗七星、九執《くしゅう》、二十八宿の形をとって示現する（星神については『秘教Ⅰ』第二章を参照）。これらは即ち天魔である。地上では十二神、三十六禽《きん》の形をとって示現する。これらは即ち常随魔《じょうずいま》である。

さらに自在天子、大自在天子、梵天王、帝釈天王、三光天子（日天子・月天子・明星天子）、四大天王、夜叉王、羅刹王、焔摩王、大山府君《たいざんふくん》王等は、いずれも方便のために肉身をとって示現した吒枳尼王の化身である。五帝龍王（陰陽道で祭る青赤白黒黄の龍王）と大歳八神（陰陽道で祭る八将神）は、金剛界の五智如来と胎蔵中台八葉院の九尊による示現だが、これら諸神も吒枳尼王の化身である。

ゆえに、一切の天魔・地魔・常随魔は、すべて吒枳尼王の化身である。その印明は別紙に記してある。

『法華経』「陀羅尼品」に説かれている奪一切衆生精気とは、吒枳尼王のことである。鬼子母神《きしもじん》は吒枳尼王の母で、その子とは三大王子や五大王子らである。吒枳尼王の式法によれば、その眷属は一万三千七百五十八。ある経には、五大王子はそれぞれ一万八千の鬼王眷属をもつとあるので、それに従えば九万の眷属となる。また、式法では八万四千の眷属といっている。『法華経』に「及び眷属」と説かれている眷属とは、これらのことである。

※**式法**　式法とは、吒枳尼天法を修するときに本尊として用いられた式盤《ちょくばん》の建立法ならびに修法の次第、霊験功徳などを説いた儀軌《ぎき》の一種。式盤は陰陽道の占術盤である式盤（『秘教Ⅰ』第一章参照）から取りこまれたものと思われる。本尊として用いられる式盤をいかにつくり、いかに操作・祭祀するかが修法の眼目で、称名寺には辰狐王菩薩（吒枳尼）のほかにも、聖天・歓喜天の式法書が伝えられている。元来は中国をルーツとする法と思われ、同じく式法と銘打たれた経が、大正新脩大蔵経に収録されている（『五大虚空蔵菩薩速疾大神験秘密式経』金剛智訳）。この経でも本尊となる五大虚空蔵の式盤の作り方が最初に説かれており、白檀もしくは若柏桂（未詳）もしくは樹齢百歳の霊木を用いて天盤と地盤を作り、五大虚空蔵や北斗七星などを描くことが説かれている（辰狐王菩薩の式盤は天盤・地盤・人盤の三盤構成で、より複雑化されている。『秘教Ⅰ』第五章参照）。西岡芳文氏によれば如意輪観音や五大明王などの式法書も東寺などに伝えられているといい、「いずれの儀軌にも速やかに多大な霊験が得られることが特筆されている」（『陰陽道×密教』金沢文庫）。

※**眷属**　眷は慕う・愛する眷愛の義、属は付き従う隷属の義で、配下の郎党をいう。秘決筆者のいう「及び眷属」は、『法華経』「陀羅尼品」の「羅刹女、鬼子母、ならびにその子、及び眷属と倶に仏所に詣で」という文章を引いている。

また、奪一切衆生精気女を如意宝珠菩薩と名づく。または辰狐王菩薩と呼び、吒枳尼王菩薩ともいう。これらの羅刹女は、つねには死体置き場である逝多林《せいたりん》（尸陀林《しだりん》の誤記）で気ままに暮らしており、そこから人間世界に遊行して、大小諸国を守護し、一切の衆生に利益を与えている。

また、十方三世の一切諸仏が、法身・報身・応身の三身と、すべての徳を合集して体としたのが天女子なので仏陀神王といい、十方三世の一切諸仏の所説、過去・現在・未来（已今当《いこんとう》）にわたる八万四千の法門のすべてを集めて体としたのが赤女子なので達磨神王といい、十方三世の一切の菩薩僧・声聞僧・縁覚僧を集めて体としたのが黒女子なので僧伽神王という。

その深い意味は、一切衆生の無明の血を舐り尽くして、本有の三宝と顕すことこそが、吒枳尼王の仕事だということである。そこで吒枳尼王の三大王子を、仏（仏陀神王）・法（達磨神王）・僧（僧伽神王）の三宝と顕したのである。

これは秘密中の最秘である。甚深の教えのゆえに、他者に披見させてはならない。自らが体得して開くべき法門（己心中法門）だからである（以上で「大師口決」は了）。

以下は私（称名寺・秀範か）の考えである。

吒枳尼王如意宝珠王菩薩は、大日如来が塔中でお覚りになったもので、本覚のうちの智法身《ちほっしん》如来の示現である。ゆえに生き変わり死に変わりをくりかえす生死の戦場にあっては、中道の甲冑《かっちゅう》を着して四魔（五蘊《ごうん》魔・煩悩魔・死魔・天魔）邪敵を降伏し、密塔に入っては中道の善力をもって怨憎《おんぞう》の思いを遮断する中道の将軍王である。それゆえ（密教行者は）甲冑の印明（護身法で用いられる被甲護身《ひこうごしん》の印と真言）を四魔降伏に用いる。この密意を指して、「大日如来は変化身と現れて四魔将軍を降伏する」というのである。深秘深秘、最秘最秘、なおなお口決を聞くべし。口決は別紙にまとめて記載してある。それを尋ねよ。

また、天女の形をとるわけは、中道の法界体性智の一理を悟って、一切衆生にわが子に対するものと同様の慈悲を垂れ、開顕される以前の凡庸な智にとどまっている衆生の無明の血を舐めて浄め尽くし、衆生の本来の姿である清浄な三部の聖衆や、仏教を外から守護する天部などに立ち帰らせるからである。この天は諸仏を生み出す母である。ゆえに天女形なのである。

吒枳尼王と呼ばれている天は、大日覚王（大日如来）がその大慈悲のゆえに衆生を利益し、救済するために化生したものにほかならない。この天は諸仏能生の父母である。そこで吒枳尼王が三世諸仏の慈悲父母だということを顕わさんがために、天女形を示すのである。

〈秘中の秘なり。更々他人に見するべからざるなり〉

※以上が安然、円珍、大師（どの大師か不明）の口決の全訳である。このあとに、円珍が入唐時代、青龍寺の法全阿闍梨から授かった「八葉形配当図」にもとづいて記したと称する「十如是秘尺」が付されているが、すでに訳してある部分と重複するので略した。

編述者の秀範は、最後に「観音・法華の深奥は当尊（吒枳尼天）を以て入眼《じゅげん》すべきものなり。当尊の三昧地《さんまじ》（禅定境）に入るは、即ち真言・法華の肝腎なり。即位水丁《かんじょう》（即位灌頂＝『秘教Ⅰ』第四章参照）、独り三井（園城寺《おんじょうじ》）に在るは、即ちこれらの大事なり」と述べている。称名寺に遺る他の辰狐王関連の口決も、天台密教・天台教学にもとづく解釈が著しい。天台宗所依の経典である『法華経』や、天台教学の中心である「中道」の強調などはその最たるものである。称名寺そのものは真言寺院だが、吒枳尼・

辰狐王に関する口決類は明らかに天台系の教理が主流になっており、真言系の立川流とは別途に展開された天台系吒枳尼信仰の地下水脈が想定される。

第八章　『天台灌頂玄旨』

解　題

「天台灌頂玄旨《てんだいかんじょうげんし》」は中国天台宗の開祖・天台大師智顗《ちぎ》（五三八～九七年）が遺し、中国天台第七祖の道邃《どうすい》から日本の最澄に伝えられたとされる秘文書だが、智顗はもちろん最澄とも無関係で、本覚論に立脚する中世の天台僧が創作した偽文書である。一心三観《いっしんさんがん》を修することによって諸法の実相である円融《えんゆう》の三諦《さんたい》を得知すべしという教えそのものは、智顗の「止観《しかん》の法門」に発して天台宗根本の教義となった。この「止観の法門」の真髄を「一言」で伝えているのがこの「天台灌頂玄旨」（「一言記」）だとして、玄旨帰命壇ではこれを受法者に授けたのである。

翻訳のテキストは三田村玄龍編『玄旨壇秘鈔《げんしだんひしょう》』所収の「天台灌頂玄旨」を用いた。ただし、訳出したのは、同文書のうちの前後の付文《ふぶん》を省いた智顗の印信《いんしん》とされる部分である。印信自体は短文だが、そのまま訳しても意味が通じ難いと思われるので、大幅に文を補っている。原文の読み下し文を末尾に付けたので参照していただきたい。※は筆者による注である。

1、『天台灌頂玄旨』本文

一言三諦《いちごんのさんたい》　刹那《せつな》成道《じょうどう》　智者（智顗）記
半偈《はんげの》成道

鏡　一心三観《いっしんさんがん》　智　一心三観

鏡　一言一心　智　一現

一言の妙法とは、小乗教、諸大乗教の通説である通教《つうぎょう》、小乗にはない大乗特有の教えである別教、完全な教えである円教（天台宗）の四教を完全に修了し、一切を学び尽くした無為の境地に立って、空諦《くうだい》・仮諦《けだい》・中諦《ちゅうだい》の三つの個別の真理からも離れたときの「現前円明《げんぜんえんみょう》」、すなわち目の前に現れているものの一切は円満で完全なものだという悟りの境地のことである。これを「一言の三諦」という。

※世界を成り立たせている真理を分析して、空だとか、仮であるとか、中であるとかいったように限定せず（空・仮・中の三諦については『秘教Ⅰ』第六章2以下を参照）、三諦は円満で完全な姿で眼前にあ

ますところなく顕現していると一言で悟ることが一言の妙法であり、それを一言の三諦というのである。

この一言の三諦は、禅定《ぜんじょう》に入って智恵の光と一体融合化する瞑想の境地であり、十方の賢聖が悟りに至るための門である。百億の教えや修法《しゅほう》も、この一現（一言）から生じるのであり、無明・行・識・名色《みょうしき》・六処・触《そく》・受・愛・取・有《う》・生《しょう》・老死の十二因縁も、この一言の三諦の妙なる働きから起こる。

まさに知るべきである。この世界を実体のない空と見ること、空と見ないこと（仮と見ること）、空であり仮でもあって、いずれにも偏しない中道のものであると観ずること、の三種の見解は、この現に目の前に展開されている世界が本来具しているところの三つ真理（三諦）である。

その三つ真理は、目の前の現象界におのずから完全にそなわっており、見たり聞いたり認識しようとしたりする心の働きを離れて、手を伸ばせば届く肘の長さの距離に、ただあるがままに顕れている。

※肘の長さは一尺六寸。これを十倍すれば釈迦の身長とされる一丈六尺となり、百倍すれば宇宙大の法身《ほっしん》釈迦すなわち毘盧遮那仏《びるしゃなぶつ》（大日如来）の身長とされる十六丈になる。したがって、肘は釈迦が説いた真理の象徴にもなっており、同時に、真理の世界は、浄土のように隔絶した彼方にあるのではなく、手を伸ばせば届く距離にあるということもあわせて表現している。すなわち、真理は「只一肘ニ在《ただいっちゅうにあ》」るのである。

そうであるから、真理をつかむために無限時間ともいうべき長大な劫々《こうごう》の修学《しゅがく》修行を労さずとも、現前円明の真理をつかめば、その人は瞬時に究極の悟りの位に住することになる。

われわれの五体を形成している皮肉筋骨は、智恵に通じてはいない。また、時々刻々と湧き起こってくる煩悩の念は、現象界の対象にへばりついている。（そうではあるけれども）自分の心は迷いの世界にも悟りの世界にも直《じか》にあまねく広まっており、わが五体の中には全宇宙を成り立たせているあらゆる法が収められている（それが真如《しんにょ》世界の実相であって、この眼前の世界と一念をおいて、ほかに真理の世界というものは存在しないのである）。

対象物を目で追おうとすると、その広さや狭さに幻惑されて正しく見ることができないが、そうした広狭に惑わされずに、よろしく眼前に顕現している真理そのものに住すべきである。

両眼を開いて、色《しき》・声《しょう》・香・味・触《そく》の五種の感覚器官の対象である世界を見たときに現れてくるのは、まさに縁にしたがって生じたり滅したりする現象世界という真理の相（随縁真如）にほかならないはずである。

また、感覚器官を閉じて無念の瞑想に入っているときは、まさに生じたり滅したりすることのない不変の真理の相（不変真如）とともにあるはずである（そして、この随縁真如も不変真如も、目の前に現れているものは円満で完全なものだという真理の現れにほかならない）。

そのゆえに、この一言を聞けば、あらゆる法はここに成就し、釈尊が説かれた一代の聖経《しょうぎょう》も、この一言に包含されている。

悟りの境地に住している智者は、迷いの世界をおのれの認識の対象とし、迷いの世界に住む智者は、悟りの世界をおのれの認識の対象としている。このように、認識の対象（境）と、認識の主体である智恵（智）というものは互いに冥合《みょうごう》し、迷いの境地である凡位にも、悟りの境地である聖位《しょうい》にも等しく薫習《くんじゅう》して常住不変である。

※天台本覚論では、われわれが認識の対象としている世界＝境は、それを観照し把握する智恵と一体不二《ふに》のものであると理解する（境智不二）。したがって、世界という客体は、智恵を蔵するわれわれの心から生じているものだといっても同じことになる。境は智であり、智は境であって、境智は相即《そうそく》しているというのが本覚論の立場なのである。これは凡夫であろうと仏であろうと、変わりはない。

（境と智を別々のものと考えたり、凡と聖は異質のものだというように二元論的に真理をとらえるのではなく、境智は相即しており、凡と聖も真如の立場から見れば不二であって、この現にある世界において常住不変の実相を顕しているのだと悟れば、すなわち「境智互《たがい》ニ冥シテ凡聖ニ薫シテ常恆《じょうこう》ナリ」と悟れば、）これを瞬時の成道という（一瞬のうちにすべての真理が顕現していることを悟るからである）。

※本覚論書のひとつである『本理《ほんり》大綱集《たいこうしゅう》』には、「念々の三千」という言葉がある。念とは、外界（境）の刺激に反応してそれを記憶にとどめる記憶作用のことで、この念が瞬間瞬間に積み重なって意識内容となる。念は瞬時に生まれて瞬時に消えていくので、刹那の意味でも用いる。「念々」とはその刹那のことであり、「念々の三千」とは、その一刹那、一刹那に一切時（三千）があるということ。つまり、瞬間のうちにあらゆる真理が現れているということで、これも本覚門がくりかえし説いたことである。

また、煩悩と、その煩悩にもとづいて起こる業《ごう》と、業の報いである苦しみの三道（地獄・餓鬼・畜生）を、存在の三つの様態（三性《さんしょう》）と解すれば、諸悪もたちまち真善である。これを半偈《はんげ》の成道というのである。

※三性とは法相宗《ほっそう》の根本教義で、①遍計所執性《へんげしょしゅうしょう》、②依他起性《えたきしょう》、③円成実性《えんじょうじっしょう》のことをいう。①は、ほんらい実体性のない万有を実体だと誤認する心、およびその誤認の対象、②は万有はすべてが因縁によって生じているとする認識、およびその対象、③は無常で実体のない万有をあらしめている真如。この三者はいずれも実体性がなく空である。そこで「三性三無性《さんむしょう》」という。この説は、闇夜に縄を見た愚人が、それを本物の蛇だと思って驚き恐れるたとえで説かれる。縄を蛇と誤認するのは①遍計所執性である。けれども愚人は、覚者から「それは蛇ではなく蛇のように見える縄だ」と教えられることで、その正体を知る。これが②の依他起性である。しかし、縄というのも、その本性ではなく、麻（真如）をなって縄という仮の姿にしたもので、初めから縄という実体が存在していたわけではない。これを③円成実性という。この蛇・縄・麻は、すべてそれ自身の原理によって存在できる実体ではないので空という。この理論に従うなら、煩悩・業・苦も空であり、実体がないということになる。そこで、「諸悪もたちまち真善」としたものだろう。

「半偈の成道」の意味は未詳。真理の半分だけを得た成道の意味か。本覚門では、一切空を究極の真理とせず、この印信でも説かれているように、「現前円明」の三諦を説いた。その立場から見れば、三性三無性もまだ徹底した悟りではないということで、半偈の成道としたと仮に解釈しておく。

2、『天台灌頂玄旨』読み下し

智者（智顗）記

一言三諦　刹那成道
　　　　　半偈成道

鏡　一心三観　　智　一心三観
鏡　一言一心　　智　一現

夫一言《それいちげん》ノ妙法トハ、四教円《まどか》ニ畢《ひっ》シテ、絶学无為《むい》ノ三諦ヲ離ル。現前円明《えんみょう》ナリ、是《これ》ヲ一言ノ三諦ト謂《い》フ。諸仏ノ定光三昧《じょうこうざんまい》、十方賢聖《けんしょう》ノ通門ナリ。百億ノ教行《きょうぎょう》モ此《こ》ノ一現ヨリ生ジ、三四《さんし》ノ流転《るでん》モ此ノ妙用ヨリ起ル。マサニ知ルベシ、見《けん》ト不見ト中際《ちゅうざい》、本来具ス所ノ三諦也《なり》。眼前《げんぜん》ニ一現ヲ示ス、法《ほう》然《ねん》トシテ具足シテ見聞覚知《けんもんかくち》ヲ離レ、只一肘《ただいっちゅう》ニ在《あ》リ、故ニ劫々ニモ労セズ、刹那ニ究竟《くっきょう》ノ本位ニ住ス。皮肉筋骨ハ智ニ冥《くら》シ。一念ノ心慮ハ境ニ薫《くん》ス。我心直《じか》ニ迷悟ニ遍シ、五体全《まった》ク三千ヲ収ム。広狭眼《まなこ》ニ遮《さえぎ》ルト雖《いえど》モ、宜《よろし》ク一現ニ住スベシ。両眼ヲ開テ五塵《ごじん》ノ境《きょう》ヲ見ル時ハ、応《まさ》ニ随縁真如《ずいえんしんにょ》ナルベシ。五眼ヲ閉ジテ无念《むねん》ニ住スル時ハ、マサニ不変真如ナルベシ、故ニ此ノ一言ヲ聞《きき》テ万法《ばんぽう》ココニ達シ、一代ノ修多羅《しゅたら》、一言ニ含ム。仏界ノ智者ハ九界ヲ境ト為シ、九界ノ智者ハ仏界ヲ境ト為ス。境智互《たがい》ニ冥シテ凡聖《ぼんしょう》ニ薫シテ常恆《じょうこう》ナリ。此ヲ刹那《せつな》ノ成道ト謂フ。三道ヲ即《すなわ》チ三性《さんしょう》ト解スレバ、諸悪タチマチ真善ナリ、是ヲ半偈《はんげ》ノ成道ト名《なづく》ル也。

第九章　『摩多羅神私考』

解題

以下に紹介するのは、東叡山《とうえいざん》寛永寺《かんえいじ》真如院《しんにょいん》の天台僧・覚深《かくじん》大僧都が元文《げんぶん》三年（一七三八）に著した私記『摩多羅神私考《またらじんしこう》』の全訳である。覚深は生没年等未詳。三浦周行が編述した『伝教大師伝』の資料解題に、同じ著者である覚深非際の『伝教大師伝』（仮名伝）が収録されており、同書は元禄《げんろく》二年（一六八九）の刊行なので、十七世紀後半から十八世紀前半の人物と推定される。

『秘教Ⅰ』第六章でも書いたとおり、摩多羅神の出自については諸説があって確定しているとはいいがたい。ただ、近世天台・真言の密宗においては忙怛哩《またり》神（夜叉族の女天）と同体とする説が唱えられており、『密教大辞典』も「摩怛哩《またり》または忙怛哩とも書く。孔雀経に一個の夜叉神として摩怛哩夜叉住於施欲国と説けるもの、これ摩怛哩神の起源なるべし」と述べるとともに、梵語の摩怛哩は「母」の義なので、大黒天眷属の七（ないし八）母女天が摩多羅神と結びついたものと推定している。

覚深の『摩多羅神私考』は、右の摩多羅七母女天説を論じたもので、背景には日光東照宮や寛永寺で主祭神として祭られている三所権現中に摩多羅神がふくまれていることを正当化するという動機があった。摩多羅神は素性の知れない怪しい神などではなく、胎蔵界曼荼羅にも描かれているほどの（ただし描かれているのは摩多羅神ではなく七母女天）、純密における仏教外護の神だということを主張するために本書をまとめたのである。

この私記には、『密教大辞典』の引く『仏説大孔雀明王経』中巻の文は出ないものの、摩多羅七母女天説で必ず引用される『大日経疏《だいにちきょうしょ》』や、天台の大学僧として名高い杲宝《ごうほう》の『理趣釈秘要鈔《りしゅしゃくひようしょう》』、島根県出雲市の鰐淵寺《がくえんじ》に伝わる摩多羅神の道場観という珍しい資料なども紹介しており、近世以降の摩多羅神観が簡潔にまとめられている。

翻訳に際しては上杉文秀『日本天台史』別冊附録の収録写本をテキストとしたが、読書の便宜のために適宜改行をおこない、引用文の欠落部分は原典によって補った。

『摩多羅神私考』本文

慈眼《じげん》大師（天海）は日光山に東照三所《とうしょうさんじょ》大権現を祭り、天下太平をお祈りになった。三所のうちの東照大権現（徳川家康）と山王権現は、広く世間に知られている。けれども摩多羅神については、天竺の神なのか、中国の神なのか、あるいは日本の神なのか、素性が明らかでない。中国の神ではなく、日本の神でもないとないとなると、事情に不案内な者がこの神の存在に疑いを起こすことは、あって当然というべきだろう。

私もこの神については、長年いかなる神なのか探り求めてきた。『瞿醯経《くけいきょう》』（大正蔵〇八九七）その他の儀軌《ぎき》にも、ところどころに摩多羅神の名は出てくるが、翻訳されたものがなく、またその神の三《さ》昧耶形《まやぎょう》（仏神のシンボル図形）もわからない。

大神（東照大権現）を奉安する宮に祭られている神なので、どうにかしてこの神の素性を知りたいものだと書物を読むたびに思い返していたが、『大日経疏』第十一巻を調べていたところ、「忙怛哩天あり、自ら真言あり、能く一切人の為に大疾疫を作《な》す」という文に出会った。真言宗の杲宝は、「忙怛哩天は七母女天なり」と釈している。されば忙怛哩天は七母女天なのである。誰の首書《しゅしょ》（本文上欄に記される頭注）かは不明だが、忙怛哩天の頭注に、「摩多羅神、これを行疫神《ぎょうやくじん》と云う」とあるから、摩（忙）怛哩はすなわち摩多羅である。哩と羅は相通《そうつう》するから、摩怛哩は摩多羅と同じ神である。

※杲宝（一三〇六～六二）　南北朝時代の真言宗の代表的な学僧。東寺（教王護国寺）観智院第一世。膨大な著作を遺しており、『杲宝記』八巻は国宝に指定されている。覚深が引用している杲宝の文は『理趣釈秘要鈔』十一巻。「七母女天は『大日経疏』第五にいわく、七魔怛哩、訳して七母という。皆女鬼也。その形悉く皆黒色なり」とある。

摩怛哩のことは『大日経疏』第五巻に「七摩怛哩、訳して七母《しちも》と云う」とあり、また十巻に「閻羅《えんら》王（閻魔《えんま》天）七母に七姉妹がある。七母の名は余経（『七母鬼神経』）に従う。みなその名をもって真言となす。今、七母天共通の総真言を左に説く。

摩《ま》怛《た》哩《り》弊《び》也《や》

梵語の摩怛哩は、漢訳でいう〝等〟の意味である。一ではなく多数という義（一に非ず衆多の義）であって、七姉妹らのことを指している」とある。

※『大日経疏』十巻からの引用文は「みなその名をもって」から「……左に説く（皆以本名作真言也。今説総者如左）」までの文が脱落しているので、原文から補った。摩怛哩弊也は閻魔七母の通用真言。「南麼三曼多渤馱喃（ノウマクサンマンダボダナン）」の帰命句と、願いが達成されることを祈る末尾の成就句「娑婆訶（ソワカ）」の間に、真言の本体である「摩怛哩弊也」を挿んで唱える。

摩怛哩弊也というのは七母天の真言である。この真言で摩怛哩といっているのは等の義で、七母女天のことである。七母は閻魔王の姉妹である。そうであるなら、慈眼大師が三所に安置なさった摩多羅神は、天竺の神であり、胎蔵界曼荼羅の中にも存している。ゆえにこの神のことは、密教から出たのである。

※**七母天**　胎蔵界曼荼羅の外金剛院の南方に水牛に座す閻魔天が描かれ、その周囲に閻魔天の眷属である黒闇后《こくあんこう》（閻魔王の后で吉祥天の妹の黒闇天）や冥府神の一柱である太山府君、心臓を喰らう荼枳尼《だきに》（吒枳尼）衆などとともに七母天が描かれている。七母天は摩怛哩神であり、摩怛哩神は摩多羅神なので、胎蔵界曼荼羅に存しているというのである。

以上のとおりであるから、摩多羅神の神体ならびに祭祀・修法等の作業の仕方は、明らかに知ることができる。ここまで述べても、疑いを抱く人の中には、摩怛哩と摩多羅とはほんとうに同体であろうか、牽強付会《けんきょうふかい》の説ではなかろうかといって肯《がえ》んじない人もいるだろう。その疑いを解消しよう。

摩多羅神の行用《ぎょうゆう》（次第書や私記の類）を数多く集めて調べると、摩多羅神の修法は阿弥陀如来を本《ほん》地《じ》としておこなう法になっている。その理由も知りがたいのだが、雲州鰐淵山（現出雲市の古刹の鰐淵寺）の古蔵に伝来する行用の道場観を見ると、こう説かれている。

月輪《がちりん》の上に《キリーク》字があり、《キリーク》字は蓮華座となる。蓮華座上に《カーン》字がある。その《カーン》字が利剣となり、利剣変じて大聖《だいしょう》不動尊となり、利剣変じて摩訶加羅《まかから》大黒天神となる。七つの荷葉座《かしょうざ》（蓮の葉を伏せた形の台座で天部に用いる）がある。その座上に《ウーン》字があり、変じて鎚《つち》となる。鎚は変じて七母天となる。身色は白色、天女形のごとし。（以上、道場観）

摩多羅神の道場観に七母女天を呼び出して観想しているのは、『大日経疏』の（「七摩怛哩、訳して七母と云う」という）文と符節が合している。摩多羅は「一に非ず衆多の義」だから、摩多羅神が七母女天であることが、いよいよはっきりとわかる。

小子《しょうし》（著者の覚深）の思うに、摩多羅神は行疫神であって、一切人のために大疫を流行させる凶神であるにもかかわらず、東照三所のうちに勧請なさったことは不可解で、そこに籠められた深淵なる意図は測りがたいことではあるのだが、天下太平、子孫繁昌を祈るについては、この神に及ぶものはないであろう。無道の人が国家を乱し、万民を苦しめるときには、剣戟《けんげき》によってこれを治め、これを害する。この神は流行神《はやりがみ》となって、わずか一念でも逆心を起こす者があるときは、刃ではなく大疫をもってこれを罰し、天下を太平に作《な》さしめたまう。この行疫は、摩多羅神の徳でなくてなんであろう。

右に述べたとおり摩多羅神の出所は明白であって、ことに大日如来の等流身《とうるしん》なのであるから、この神をわずかでも疑うようなことがあってはならない。大師（慈覚大師＝円仁）がこの神を祭られたことには、深い所以《ゆえん》があるのである。

※等流身　大日如来がとるとされる四種の法身（自性身・受用身・変化身・等流身）の一つで、等流法身ともいう。大日如来が他を利益《りやく》するためにとる法身は受用身・変化身・等流身の三身で、受用身は完成した菩薩に法楽を与えるときの化身（報身に同じ）、変化身は未完成段階の菩薩や声聞・縁覚・凡夫らを利益するときの化身、等流身は仏界を除く九界のそれぞれに応じた姿で利益するときの化身とされる。夜叉などの鬼神や龍神など異形の神々は等流身にふくまれるので、摩多羅神や七母女天もそのひとつということになる。

※大師　『秘教Ⅰ』第六章でも書いたとおり、摩多羅神は円仁が留学先の唐国から日本にもどる際に船中で感得し、帰国後、阿弥陀仏の法を行じる叡山の常行堂《じょうぎょうどう》に勧請したと伝えられる（『渓嵐拾葉集《けいらんしゅうようしゅう》』第三十九）。覚深はそのことをいっている。

一、古書の行用の裏書きに、「常行三昧を守護したまう」とある。当山の常行堂に摩多羅神を安置しているのは、この意による。

元文三戊午歳（一七三八）三月十八日

東叡山真如院　覚深　謹誌

【著者紹介】

藤巻一保（ふじまき・かずほ）

1952年、北海道に生まれる。中央大学文学部卒。宗教研究家。作家。宗教における神秘主義をテーマに、雑誌・書籍などで幅広く執筆活動を行う。

著書に、『第六天魔王と信長』（悠飛社、1991年）、『真言立川流』（学習研究社、1999年）、『安倍晴明』（学習研究社、2000年）、『日本秘教全書』（学習研究社、2007年）、『アマテラス』（原書房、2016年）、共著に、『北の五芒星　安倍晴明』（春陽堂書店、2000年）、『七人の役小角』（桜桃書房、2000年）、『安倍晴明『簠簋内伝』――現代語訳総解説』（戎光祥出版、2017年）、『秘説 陰陽道』（戎光祥出版、2019年）など多数。

装丁：堀 立明

秘教《ひきょう》Ⅱ
現代語訳《げんだいごやく》で読《よ》む秘儀《ひぎ》・呪法《じゅほう》の根本史料《こんぽんしりょう》

二〇二二年五月十日　初版初刷発行

著　者　藤巻一保
発行者　伊藤光祥
発行所　戎光祥出版株式会社
東京都千代田区麹町一‐七
相互半蔵門ビル八階
電　話　〇三‐五二七五‐三三六一（代）
ＦＡＸ　〇三‐五二七五‐三三六五
印刷・製本　モリモト印刷株式会社

https://www.ebisukosyo.co.jp
info@ebisukosyo.co.jp

ISBN 978-4-86403-419-7